上海市社会科学创新研究基地/工作室、上海市高校高原学科项目资助

世界传媒产业评论

（第13辑）

International Media Industry Review [Vol.13]

吴信训　主编

Editor in Chief: Xinxun Wu

中国国际广播出版社

主　办

上海市社会科学创新研究基地/吴信训工作室·
上海大学文化繁荣与新媒体发展研究基地

上海市高校人文社会科学重点研究基地·
上海大学影视与传媒产业研究基地

协　办

中国新闻史学会—传媒经济与管理研究委员会

编委会

张振华　原中国广播电视协会副会长，原《中国广播电视学刊》主编、高级编辑

陆小华　新华社国家高端智库学术委员会专职副主任、中国政法大学教授、博导

罗以澄　武汉大学新闻学院教授、博导

胡正荣　中国教育电视台总编辑、教授、博导

唐绪军　中国社会科学院新闻与传播研究所所长、教授、博导

童　兵　复旦大学新闻传播与媒介化社会研究国家哲学社会科学创新基地主任、教授、博导

喻国明　北京师范大学新闻与传播学院执行院长、教授、博导

戴元光　上海政法学院文学院院长、教授、博导

Robert Picard　英国牛津大学路透研究中心主任、教授

Daniel Kübler　瑞士苏黎世大学政治学系主任、教授

Bernardo Diaz Nosty　西班牙马拉加大学新闻传播学院前院长、教授

B. K. Kuthiala　印度马克汉拉查图福迪国立大学副校长、教授

目　　录

◆ 媒体融合环境下的新闻传播教育

◆ 媒体融合中的传媒产业

◆ 跨文化交流与观察

Catalogue

◆ Journalism Education under the Circumstance of Media Convergence

◆ Media Industry for Convergence

◆ Cross-Cultural Communication and Observation

◆ 媒体融合环境下的新闻传播教育

创新新闻学及其七个特点

——密苏里新闻学院在新闻教育和实践中的创新

迈克尔·麦金　章于炎

章于炎　高星　李珩　王静茹　韦茂彦　周天天/译

摘要： 如今美国拥有多家新闻研究院或媒体实验室，其宗旨是在新闻与传播的领域里，不懈地研究和实验将新闻和信息内容传递给受众的新方法，以及制作新闻和信息内容的新模式。这些研究院或实验室以密苏里大学新闻学院的雷诺兹新闻研究院、哥伦比亚大学新闻研究生院的托尔数据新闻中心、哈佛大学的尼曼新闻实验室和麻省理工学院的媒体实验室为代表。雷诺兹新闻研究院的迈克尔·麦金教授多年在密苏里新闻学院教授“媒体融合新闻”课程，并长期组织学生实验和实施将新闻与新兴科技相结合的各种创新项目。麦金教授和章于炎博士总结在新闻教育领域里实施创新的多年经验，归纳出创新新闻学的七个特点。它们是“包容性”“视觉性”“沉浸性”“移动性”“核实性”“以用户为中心”“可测量性”等。

关键词： 创新新闻学　七个特点

目前，为了探索向受众提供新闻和信息内容的新方式以及生成新闻和信息的新途径，美国的几家著名的新闻研究机构或媒体实验室正在致力于在新闻和传播领域开展相关研究和实验。仅举几例，比如密苏里大学新闻学院（MSJ）的雷诺兹新闻学院（RJI）；哥伦比亚大学新闻研究生院的托尔数据新闻中心；哈佛大学的尼曼新闻实验室；以及麻省理工学院（MIT）的媒体实验室。

杰里·威斯纳（1986）是前麻省理工学院名誉主席和美国前总统约翰·肯尼迪的科学顾问。他强调了将计算机科学和传播相结合的重要性。他指出：“基于我们目前对计算和传播的了解，二者结合，将会在未来几十年内快速发展，极大地扩展人类的创造能力。”而尼曼新闻实验室的本身就是试图帮助新闻界在互联网时代找到自己的未来所做的一个尝试。尼曼新闻实验室的研究人员和学者们正在“推动新闻业的未来”（“关于尼曼实验室”，n. d.）。作为哥伦比亚大学新闻学研究生院的一个机构，托尔数据新闻中心一直在探索科技的发展如何改变新的实践和被消费的模式——特别是当新闻消费者开始寻求判断新闻的可靠性、标准和可信度的时候（“任务”，n. d.）。

与麻省理工学院媒体实验室、尼曼新闻实验室和托尔新闻研究中心相似，密苏里大学新闻学院于2004年成立唐纳德·雷诺兹新闻研究院，使用最先进的资源去测试和展示新技术。雷诺兹新闻研究院还尝试了新的方法来制作、设计和提供新闻信息和广告，并举办可在全球实时流媒体直播的会议（“关于雷诺兹新闻研究院”，n. d.）。此外，雷诺兹新闻研究院的工作跨越了新闻业的各种专业，包括媒体融合、媒体内容编辑和方法、广告的演变、管理创新和新技术的影响等（“关于雷诺兹新闻学院”，n. d.）。因此，雷诺兹新闻研究院的院外和院内研究员的实验项目一直在启发并引领密苏里新闻学院的教职员工和学生去探索新闻和信息生成、传递的新兴方式。

迈克尔·麦金教授是密苏里大学新闻学院媒体融合新闻副教授、密苏里大学未来媒体新策略的负责人，同时也是密苏里新闻学院未来实验室的领导人。该实验室是雷诺兹新闻研究院的实验型新闻中心和新技术测试中心。同时，作为密苏里新闻学院媒体融合系的缔造者，他也长期担任密苏里大学信息技术委员会委员。除担任媒体融合系教授外，麦金教授还担任雷诺兹新闻研究院的副主任。此外，麦金教授致力于引入普适计算①技术改革新闻学教育，他是密苏里新闻学院与技术导向型的企业开展合作的负责人，这些合作伙伴包括苹果公司、Adobe系统公司、赫斯特创新计划、美国电报电话公司AT&T、斯普林特（移动通信）公司Sprint等。除此之外，麦金教授曾在世界各地的媒体公司及新闻传播院校讲学，也曾帮助南京大学、汕头大学及俄罗斯莫斯科国立大学设计了各自的媒体融合课程。麦金教授还与密苏里大学计算机技术专业的教授长期合作教授相关课程，给新闻学院和工程学院的学

① 据维基百科：普适计算（Ubiquitous computing [ubicomp]、pervasive computing），又称普存计算、普及计算、遍布式计算、泛在计算，是一个强调和环境融为一体的计算概念，而计算机本身则从人们的视线里消失。在普适计算的模式下，人们能够在任何时间、任何地点，以任何方式进行信息的获取与处理。普适计算是一个涉及研究范围很广的课题，包括分布式计算、移动计算、人机交互、人工智能、嵌入式系统、感知网络以及信息融合等多方面技术的融合。

生讲授如何在手机应用客户端、人工智能与新闻业相结合和传感器等领域进行相关项目的研发。在对媒体融合领域进行长期的研究和实际课程教学的过程中，麦金教授着重探索如何运用新兴技术生成和传输新闻和信息内容。根据这些丰富的研究和实践经验，他总结出创新新闻学的七个特点。

章于炎博士于2000年在密苏里大学攻读硕士学位期间开始重点研究媒体融合新闻学。当时，美国总媒介公司（Media General Inc.）在佛罗里达州坦帕市建立了新的新闻中心，将四个媒体机构相融合（Strupp，2000）。在坦帕新闻中心内，专注于不同媒体平台的记者们彼此的距离被拉近，他们通力合作，率先在美国进行了跨媒体融媒新闻的报道。章博士实地调研了坦帕新闻中心、位于堪萨斯的《劳伦斯世界日报》、位于佛罗里达的《萨拉索塔先锋论坛报》，以及芝加哥论坛报公司，对以上媒体中的38位编辑、记者及媒体经理进行了深度访谈。这些新闻和媒体经验的业界人士都是媒体融合新闻的实践者，他们也在多媒体平台上报道新闻和进行广告销售具有成熟的经验和见解。在进行了四轮深度访谈后，章博士完成了他关于媒体融合的博士论文，并于2008年五月取得了博士学位。在进行博士答辩时，密苏里新闻学院时任院长、媒体融合专业奠基人之一迪恩·米尔斯博士称，章博士“是美国对媒体融合最了解的研究者之一”。

麦金教授和章博士在媒体融合新闻学上有相似的见解，他们已多次在中国实施以媒体融合新闻和创新新闻为主题的教学和业界培训项目。他们曾为众多的国内新闻记者及新闻院校师生进行培训，传授媒体融合经验。此文由麦金教授及章博士共同撰写。

一、创新新闻学

大多数来自世界各地的新闻工作者及新闻传播院校的师生都是通过雷诺兹新闻研究院研究成员的成果了解这个组织的。以下提到的仅仅是近年来雷诺兹新闻研究院研究员的所有研究与探索项目的一部分。

尼基·厄舍（Nikki Usher）教授于2014至2015学年担任雷诺兹新闻研究员。厄舍教授是乔治华盛顿大学副教授，主要研究营利性新闻初创企业，尤其是新兴数字新闻机构，旨在调查新兴技术的融入是否能重振新闻业，并且为读者提供更多获取媒体内容的机会。维克多·埃尔南德斯（Victor Hernandez）于2015到2016学年远程担任雷诺兹新闻研究员。他用八个月的时间探索了可穿戴设备对媒体的新闻中心所带来的影响。他的研究为未来的测试与实验打下了坚实的基础。威斯特里资讯公司（Westerly Partners）经理合伙人迈克·维勒（Mike Wheeler），互动多媒体协作通信联盟（Interactive Multimedia and Collaborative Communications Alliance）新技术主任大卫·丹托（David Danto）曾在 2016 至 2017 学年担任雷诺兹新闻研究员。他们利用新技术设计并测试了一种新型低成本、可拓展的视频录制及存档系统，可以被运用在公共社区的会议及活动中。

作为雷诺兹研究院副主任，麦金教授的职责之一就是管理其研究员项目。但我们在本文中所要强调的是麦金教授如何从雷诺兹研究院研究员们的项目中获取创意，进而组织密苏里新闻学院学生在新闻学习和实践中进行创新。因此，我们提出的“创新新闻学”指的是一种新闻学习和实践方法。这种方法基于“密苏里方法”，即“提供真实新闻媒体和战略传播机构中的实践训练”（“密苏里大学新闻学院”，n. d.），在新闻教学、学习和实践中应用前沿技术创新。当然，新闻和传播领域里的创新层出不穷，因而能够应用于新闻学教育的创新也存在无穷变化。当下，我们归纳出创新新闻学的七大特点。

二、创新新闻学七大特点

基于近年来创新和新闻学教育相结合的实践经验，我们归纳出创新新闻学七大特点。

特点一：包容性

针对包容性，需要指出的是，我们的创新新闻学教育始于我院的战略传播专业的学生。原因有三。第一，战略传播专业的学生在我们录取人数中占比超过百分之五十。第二，这一领域学生参加我们的竞争性很强的顶石实践项目（即类似于毕业设计的项目）“MoJo Ad”，一家致力于研究如何将千禧一代吸引入广告传播的学生公司。第三，在 MoJo Ad，战略传播专业教学中也会把全班学生分成大约八个小组，学生根据公关或广告公司的实际运作模式，在小组中分别担任客户策划、研究员、数字专员、媒介策划、艺术指导、内容经理等职务。这种创新的传播课程也就是我们一直致力于在课程设置中所推广的，运用创新的教和学方式进行战略性传播和新闻课程教学的方式。

我们虽不直接负责 MoJo Ad 顶石课程[①]的教学，但麦金教授多年来负责融合新闻领域的顶石课程教学。以项目和用户为核心的学生团队们已与 BBC、《纽约时报》、《华盛顿邮报》、多家新闻创新公司以及密苏里新闻学院自有媒体等开展合作。麦金教授一直致力于为他的学生提供更多跨学科的顶石课程。多年以来，媒体融合及广电新闻学生在麦金教授的课上组队、研究、概念化、制作并推广了一个探究纪录片摄制者工作的全新播客。这个学生团队与密苏里大学拥有的、同时又是美国全国公共广播电台 NPR 分台 KBIA 公共广播电台及哥伦比亚当地全国闻名的纪录片电影节“真/伪电影节”（True/False Film Festival）合作才最终制作完成这个博客节目。我们的学生和新闻媒体，都受益于这些包容不同艺术、人文、社会和自然科学的合作。

关于包容，我们还认为更多人应当记住 2015 年密苏里大学校园骚乱期间的那些展示了平和又值得被尊敬的游行示威画面（Stewart & Kingkade, 2015）。然而令人悲伤的是，那个描绘了愤怒的梅丽莎·克利克助理教授试图将一位学生记者推离示威者的画面，却仍令人难以忘怀。我们希望更多媒体能够同公众分享那些展示着平和又值得被尊敬的有色人种学生游行示威的画面，更多媒体能够把关于有色人种学生们痛苦经历的信息广而告之。

特点二：视觉性

创新新闻学第二大特点即视觉性。密苏里新闻学院“年度国际图片”（Pictures of the Year International）和“年度校园图片”（College Pictures of the Year）竞赛已分别有 75 年和 73 年历史。密苏里新闻学院教授们在主办“年度国际图片”（A Brief History of POY*i*，n. d. ）和“年度校园图片”（History，n. d. ）这两项赛事和培养世界级新闻摄影人才等方面取得了显著成就。每年，这两项赛事评比都在哥伦比亚举行，密苏里新闻学院学生有机会参与到评奖过程中，现场观摩评委们如何评比世界级的摄影和摄像作品。课堂上，密苏里新闻学院教授指导学生如何自己为新闻中心、机构和校外客户制作优秀的视觉作品。2016 年，密苏里新闻学院一名学生凭借关于一名变性女孩及其家庭的作品，赢得了当年“年度校园图片”竞赛中“个人多媒体讲述”类银奖（COPY 71 Winners List，n. d. ）。

密苏里新闻学院教授们在探索使用新兴技术和设备来拍摄图片和视频作

① 顶石课程（Capstone Course）通常指美国大学本科最后阶段进行的综合性课程，旨在增强学生综合运用所学知识的能力。

品的新方法上成果丰硕。借助无人机，教授们训练学生从延伸的和不同的角度报道新闻事件。紧随内布拉斯加州林肯大学瓦特·韦特教授，密苏里新闻学院是全美第二个开设无人机新闻课程的新闻与传播学院。自 2013 年春季学期起，比尔·艾伦、维克托·范姆、里奇·肖、贾德·斯利夫卡等教授一直讲授无人机新闻课，训练学生们如何安全、道德、专业地在图片和视频新闻报道中使用无人机。此外，我们也为美国媒体提供无人机新闻工作坊。

特点三：沉浸性

创新新闻学的第三个特点是沉浸性。自 2015 年起，密苏里新闻学院就开设了多门教授 360 度和虚拟现实视频拍摄技巧及艺术的课程。2016 年，麦金教授指导的由密苏里新闻学院学生小伯克利·拉夫雷斯（Berkeley Lovelace Jr.）、海利·里德（Haley Reed）及泰勒·中川（Taylor Nakagawa）组成的顶石课程团队到纽约与美联社合作进行了纽约第二大道地铁线路建造项目的报道。纽约市政府早在 1920 年就提出修建这条地铁线路。密苏里新闻学院和美联社的合作项目，旨在通过融合虚拟现实和 360 度视频技术的多媒体报道，调查这条线路的建设情况。美联社战略和公司发展部总监弗朗西斯科·马可尼（Francesco Marconi）评价道："这个沉浸性的报道让读者们身临其境地了解到地铁线路的修建情况，如同深处地下隧道中。同时，他们也更加能了解修建工作对周围社区的经济意义与社会意义"（Marconi，2016）。

2015 年 10 月，密苏里新闻学院无人机新闻课程的师生加入了由美国密苏里哥伦比亚 Story Up 工作室（Hill，2015）组建的六人团队。为报道密苏里州哥伦比亚市民梅尔·韦斯特（Mel West）向赞比亚残障人士捐赠全地形轮椅的故事，这支团队专程前往非洲，利用无人机、多镜头设备和特殊剪辑软件，制作出超高清沉浸式虚拟现实视频报道。

特点四：移动性

创新新闻学第四个特点为移动性。如笔者先前提到的，麦金教授与计算机科学专业的一名教授共同教授"融合媒体报道、编辑与营销"课程，指导学生开发移动媒体应用程序、人工智能和传感器等技术在新闻领域的应用。过去十年，麦金教授在春季学期教授的这一课程以密苏里新闻学院年度技术展示活动为结束。2016 年技术展示的获胜团队研发了 Recordly，一款通过苹果手表与苹果手机录制、标记并且实时将语音转为文字的移动端采访录音应用程序，并于 2017 年 9 月正式上线。为增强对该项学生研发成果的宣传和推介，麦金教授以雷诺兹新闻研究院的名义带领获奖团队前往硅谷，向苹果公司高管及产品经理展示了这款应用程序。如今，Recordly 已在苹果手表应用商店中正式上线，它被用户们评价为一个能够同时满足媒体工作者对采访录音和语言转文字的需求，通过苹果手表可轻易进行遥控操作，标记重要段落的“报道生态系统”（Apple Store Preview，n. d.）。

正如密苏里新闻学院媒体融合副教授所评论道，很多老的报人已经认识到，移动性已经成为新闻业的一项长期传统：记者到达现场，收集信息，将最新消息迅速传达给受众（Slivka，2014）。也许正是因为移动端工具与技术的流行，新闻报道才能如此迅速、便捷、高效。因此，笔者一直强调创新新闻学的移动性。密苏里新闻学院已经开设了移动端新闻课程，向学生传授如何利用外部辅助设备，比如手机支架、外接麦克风以及移动端视频拍摄和剪辑应用客户端。在这些设备与软件的帮助下，学生利用他们的智能手机，就能做出更好的报道。这也就解释了为什么密苏里新闻学院媒体融合教授贾德·斯里夫卡（Judd Slivka）指出，无论“移动端新闻”很像“摄影或摄像新闻”，虽然本质都是新闻，但“移动性”的产生是由于使用了移动通信设备工具（Slivka，2014）。

在上述过去近十年的密苏里新闻学院年度技术展示活动中，密苏里新闻学院总是让参与比赛的学生团队将注意力集中在移动端科技及技术上，并为他们的产品演示过程制作专题报道和现场直播。

特点五：核实性

创新新闻学的第五个特点是核实性。我们注意到，从 2016 年开始，越来越多的现象表明人与人之间的信任正在流失，甚至我们的民主社会也开始彻底被敌意腐蚀。《通向特朗普之门》是我们学院纪录片新闻中心第一批毕业生在 2017 年所制作的纪录片，其中的一幕展现了 2016 年 3 月 11 日特朗普群众集会上持不同政见的两方互相谩骂的疯狂场景。这样的敌意在安东尼·斯卡拉姆齐（Anthony Scaramucci）接受《纽约客》杂志访谈的粗俗用语中也可见一斑（Blake，2017）。在那次访谈中，斯卡拉姆齐用粗鲁的语言攻击了白宫幕僚长和总统首席顾问，而斯卡拉姆齐在白宫通信联络办公室主任位置上仅工作了十天，便于 2017 年 7 月 31 日遭到解雇。

很难想象一个白宫通信联络办公室主任竟会直接用粗俗语言侮辱他的白宫同僚。这也难怪人们会质疑媒体的可信度，质问它们是否公正。尤其当特朗普总统宣称新闻媒体为“美国人民的敌人”的时候（Grynbaum，2017），人们会开始担心他们阅读的新闻是不是“假新闻”。

专注于设计、科技、科学和科幻的网站 Gizmodo（Gizmodo，n.d.），列举了76张在2015年走红的虚假照片（Novak，2015），以展示假新闻在当今的猖獗程度。在这76张虚假照片里，诺瓦克（Novak）列出了故意使用Photoshop图像处理技术篡改了一个教堂的标志（Novak，2015），来指明这个虚假照片泛滥的现象。在过去的、假新闻不那么横行的好时代里，当我们说起假新闻时，通常指的是在《世界新闻周报》上刊登并大热的"蝙蝠男孩"和希拉里·克林顿（Hillary Clinton）的外星人婴儿（Heller，2014）。然而，现在我们要担心的并不仅仅是 Photoshop 图片处理技术。美国南加州大学的研究人员现在正在尝试验证将篡改过的话语塞进视频中名人的嘴里的技术的可行性。他们与 Radio Lab 进行合作，制作了一个实验短片，该短片可在 futureoffakenews.com 上查看（Future of Fake News，2017）。这个实验短片表明，即便是前美国总统巴拉克·奥巴马在美国有线电视频道民主与公民电视广播上的每周讲话，也能够被篡改。

我们如何教学生鉴别和打击假新闻？现在假新闻甚嚣尘上，甚至不需要一个专业团队，单个不法分子就可以制作出天衣无缝的假新闻。我们该如何训练学生们去鉴别和打击类似的人为篡改行为？我们曾经两次邀请视觉鉴定专家萨姆·斯图尔特（Sam Stewart）到密苏里新闻学院进行演讲，披露照片被篡改的过程并分享鉴别虚假照片的经验和工具。

可以说密苏里大学新闻学院对打击假新闻做出了不懈努力。斯图尔特现在在为谷歌新闻实验室工作，他的经验对我们的师生很有帮助。当然，我们需要更加警惕的是虚假新闻的制作者甚至不需要篡改图片和音频，他们只要愿意撒谎就行了，不断地撒谎、撒更多的谎。

我们学院也赞助了2017年春天在全国新闻俱乐部（The National Press Club）举行的座谈会，和白宫记者团成员以及其他专家一起去尝试解决这个问题。此外，麦金教授还鼓励融合新闻顶石课程的一组学生在2016年秋季学期为 PolitiFact 工作。PolitiFact 是一家评估获选官员言论准确性，并在其 Truth-O-Meter 栏目上公布的核实类网站（Holan，2018）。这组学生负责为追踪当时的总统候选人特朗普竞选承诺的新闻报道配制视频和图表。密苏里新闻学院和 PolitiFact 还开展了另一项合作，在我院麦克尔·詹纳教授（Mike Jenner）的课程上，学生们负责为 PolitiFact 网站核实密苏里州政客的言论。这一系列项目的成功开展，促使雷诺兹新闻学院与 PolitiFact 华盛顿分社共同出资赞助了一个实习项目。我们希望在未来的几年里制造更多类似的机会。

特点六：以用户为中心

创新新闻学的第六个特点是以用户为中心。关于用户参与度这一点，在过去已经有很多的讨论了，我们甚至还可以单独就这一点进行好几轮的讨论。在这里，我们只想分享几个我们的学生将非记者的作品融合到新闻平台中的例子。在 2017 年 8 月 21 日日全食的那一天，我们的学生就用了 Banjo 等工具来追踪社交媒体上人们关于日全食的帖子。我们也在训练学生用 Banjo，它就像是童话中所说的那个水晶球，可以远眺到某特定地区人们都在社交媒体平台上转发的内容和其他数据（*Strike a chord*，2017），去挖掘在他们身边发生的实时突发新闻以及其他活动。Banjo 是一个能够从准确的地理分区来查看社交媒体上的数据和转发的帖子，并可以自我学习的算法工具。

Banjo 并不是唯一利用社交媒体挖掘新闻内容的公司，但它毫无疑问是资金最充足的此类公司之一。麦金教授媒体融合新闻顶石课程的学生在 2017 年春季学期曾经和一家这个领域内的初创公司合作。这家名叫 Scopio 的初创公司是一个基于用户生成内容来运作的网站，其目标是“支持全球的照片创造者捕捉和分享迷人的瞬间”（“Help us change the world”，n. d.），他们还希望能够成为用户生成内容领域的“盖蒂图片社”（the Getty Images），“一个全球领先的图像、视频、音乐以及多媒体作品创作和发布中心”（About Us，n. d.）。这个公司不仅拥有能够通过地理位置和标签来检索照片和视频的搜索引擎，还成了新闻机构和内容制造者的中间人。他们想让新闻媒体或其他出版机构能够更容易、更迅捷地围绕这些图像创建出故事和活动。

特点七：可测量性

创新新闻学的第七个重要特点是可测量性。我们都知道，如果无法测量用户的参与度，就无法将现有用户转化为能够创造收益的、更加忠实的粉丝。我们学院的商业化日报《哥伦比亚密苏里人报》（*The Columbia Missourian*）用谷歌数据分析工具、Chartbeat[①]、脸书、推特数据分析工具和 Parse. ly[②] 来

① Chartbeats 数据分析统计工具以其实时分析功能而闻名。其仪表板能呈现所分析主页结构，此设计有助于标题和文章格式的测试与优化。根据读者对内容的实时反应，主页编辑可以随时修改页面结构，优化用户体验。Chartbeat 可以帮助实现网页设计、标题等内容的 A/B 测试。

② Parse. ly 数据分析统计工具可服务于编辑，产品团队，数据分析师及付费内容的制作。该工具可测量用户对已发布文章的反应，从此整理出热门话题。仪表板还能追踪用户行为，记录他们进入网站获取内容的流程、流量来源、流量出处、访问设备以及访问时间等指标。

测量和转化来自网页端、移动端和社交媒体端的流量，并预测社交媒体上有何热点在被粉丝们频繁转发，因而有可能变为或有可能被加工成新闻。除了学习如何收集用户数据之外，我们的学生也在练习创建能够更方便可视化的数据、更好地服务于新闻中心的数据展示大屏。

我们也希望能让更多学生能够使用雷诺兹新闻学院的网站和社交媒体平台分享他们和媒体从业者合作的经历。明年，我们计划从行业视角来更加系统化地发布学院研究生们的毕业设计和毕业论文。此外，我们还在计划和更多创新型公司合作，以资助更多的学生获得在纽约、华盛顿、硅谷、布鲁塞尔、巴塞罗那以及全球其他城市的实习机会。

结语

最近几年，“机器学习、算法和自然语言处理正在变成更普遍的报道、生产、发布新闻的方式”（George，2018）。毫无疑问，我们对机器学习和语音计算等新技术充满兴趣。美联社新闻合作部主管丽萨·吉布斯女士（Lisa Gibbs）曾到访密苏里新闻学院和雷诺兹新闻学院，探讨美联社与密苏里新闻学院合作展开人工智能在新闻领域应用的研究项目的可行性。我院一年一度的、由我院各专业师生和雷诺兹新闻研究院共同举办的创新大赛把2018年和2019年的大赛冠军都分别授予了研发运用自然语言处理受众对相关新闻网站的海量反馈和将智能音箱和大数据相结合的智能闹钟项目。随着新兴技术的发展和与新闻传播教育和实践的进一步结合，我们可能会为创新新闻增加更多的内容，而人工智能新闻很可能就是创新新闻学的第八个特点。

作为在媒体融合新闻和创新新闻领域拥有多年教学和研究经验的教育工作者，如何给学生提供能更多更好地分享技能和热情的平台，并以此启发他们的新闻创新，是我们更感兴趣的。雷诺兹新闻学院和密苏里新闻学院将很快宣布我们的项目拓展，与媒体客户共同出资，支持学生进入新闻中心、机构和创业公司实践，参加更多的人工智能新闻和数字新闻工具项目的研发，这将让学生们获得更多创新的头脑风暴。

参考文献

[1] A Brief History of POY*i*. (n. d.). Retrieved from http: //poyi. org/

67/history. php.

[2] About RJI. (n. d.) . Retrieved from https://www. rjionline. org/about.

[3] About the Lab Mission and History. (n. d.) . Retrieved from https://www. media. mit. edu/about/mission-history/.

[4] About Nieman Lab. (n. d.) . Retrieved from http://www. niemanlab. org/.

[5] About Us. (n. d.) . Retrieved from http://press. gettyimages. com/about-us/.

[6] Apple Store Preview. https://itunes. apple. com/us/app/recordly/id1248922634?mt=8.

[7] Blake, A. (July 2017) . *Anthony Scaramucci's vulgar New Yorker interview is beyond words*. Retrieved from https://www. washingtonpost. com/news/the-fix/wp/2017/07/27/anthony-scaramuccis-new-yorker-interview-is-beyond-words/?utm _ term=. a0210391cc50.

[8] COPY 71 Winners List. (n. d.) . Retrieved from http://www. cpoy. org/?s=WinnersList&yr=71.

[9] Future of Fake News. (n. d.) . Retrieved from http://futureoffakenews. com/videos. html.

[10] George, T. (2018, December 12) . *Newsrooms must learn how to use AI: "Trust in journalism is at stake"* . Retrieved from https://www. journalism. co. uk/news/lessons-learned-in-the-last-four-years-of-using-artificial-intelligence-at-the-associated-press/s2/a731760/.

[11] Grynbaum, M. (2017) . *Trump calls the news media the "Enemy of the American People"* . Retrieved from https://www. nytimes. com/2017/02/17/business/trump-calls-the-news-media-the-enemy-of-the-people. htm.

[12] Gyzmodo (n. d.) . Retrieved from https://en. wikipedia. org/wiki/Gizmodo.

[13] Heller, S. (2014) . *Bat boy, Hillary Clinton's alien baby, and a tabloid's glorious legacy*. The Atlantic. Retrieved from https://www. theatlantic. com/entertainment/archive/2014/10/the-ingenious-sensationalism-of-the-weekly-world-new/381525/.

[14] Help Us Change The World Through Authentic Photos. (n. d.). Retrieved from https: //scop. io/pages/about.

[15] Hill, S. (2015, November 17). *Zambia: the empathy of VR journalism*. Retrieved from http: //www. seemehuman. com/2015/10/story-up-zambia-empathy-of-vr-journalism. html.

[16] History. (n. d.) https: //www. cpoy. org/index. php?s=History.

[17] Holan, A. D. (2018). The principles of the Truth-O-Meter: PolitiFact's methodology for independent fact-checking. Retrieved from https: //www. politifact. com/truth-o-meter/article/2018/feb/12/principles-truth-o-meter-politifacts-methodology-i/.

[18] Marconi, F. (2016, February 22). *Academic collaboration spurs media innovation*. AP Insights. Retrieved from https: //insights. ap. org/whats-new/academic-collaboration-spurs-media-innovation.

[19] Mission. (n. d.). Retrieved from https: //towcenter. org/about/.

[20] Novak, M. (2015, December 14). Retrieved from https: //gizmodo. com/76-viral-images-from-2015-that-were-totally-fake-1747317711.

[21] Slivka, J. (2014). *We should probably define mobile journalism first*. American Journalism Review. Retrieved from http: //ajr. org/2014/03/13/probably-define-mobile-journalism-first/.

[22] Stewart, M. & Kingkade, T. (2015, November 11). *Mizzou students say turmoil following protests shows culture change still needed*. Huffpost. Retrieved from https: //www. huffingtonpost. com/entry/turmoil-at-mizzou _ us _ 56437477e4b045bf3ded443f.

[23] *Strike a chord: Is Banjo your next secret weapon for social media?* (2017, February 22). Retrieved from https: //www. business. com/articles/is-banjo-your-next-secret-weapon-for-social-media/.

[24] Strupp, J. (2000, August 21). *Three-point play*. Editor & Publisher, 133, 18-23.

[25] University of Missouri School of Journalism. (n. d.). *A brief history*. Retrieved from https: //journalism. missouri. edu/jschool/.

[26] Wiesner, Jerry (1986). "Media Lab building dedication". Retrieved from https://www.media.mit.edu/about/mission-history/.

【通讯作者】迈克尔·麦金：密苏里新闻学院副教授、密苏里新闻学院雷诺兹研究院副主任；章于炎：密苏里新闻学院博士、学院环球项目中心中国合作项目部主任。

稿件收录时间：2019 年 3 月

俄罗斯新闻教育的能力本位转型

Olga R. Lashchuk

姚　璇/译

摘要：随着媒体主流的变革以及全球范围内教育模式的改革，怎样培养记者，该培养什么样的记者成了业界共同讨论的话题。俄罗斯目前有很多学校正处于新闻教育转型阶段，本文将莫斯科国立大学新闻学院在转型阶段的经验和模式进行了总结，并对今后莫斯科国立大学新闻学院在培养新闻人才方面提出了建议。

关键词：俄罗斯　新闻教育　模式变革　人才培养

如今，俄罗斯的中等教育和高等教育体系改革正处于艰难的时期。2003年，俄罗斯加入了博洛尼亚体系，随后便面临着全球转型、教育模式的改革和变革。目前，包括莫斯科州立大学新闻学院在内的许多学院和大学的教育项目改革仍在进行中。

与此同时，媒体领域发生了多种主流变革：融合、数字化、多媒体发展、媒介化，同时对新闻材料的期限和质量提出了严格的要求。因此，人们对媒体专业人士的期望大大提高了。

现代媒体市场决定了我们应该为这个行业培养什么样的记者。尤其是，业主们目前正在寻找的不再是不具有竞争力的单一职能员工，而是跨职能的专家。因此，新闻学院需要将培养复合型专业人才作为其目标之一。为了加强与劳动力市场潜在业主的联系，学院还成立了一个特别机构——专家委员会，由俄罗斯最大媒体公司的50多名代表组成。理事会将定期举行会议，讨论未来记者教育的最紧迫问题。由于专业标准不断地更新，我们需要不断审查我们的教育项目，使其适应当前媒体行业的要求。

为了满足这些要求，MSU新闻学院必须使其教育项目变得多样化，改变其教学方法。新闻学院目前的主要目标是培养有能力、有社会责任感和高技能的专业人才，俄罗斯劳动力市场、新闻和媒体传播等不同领域都对这样的专业人才有很高的需求。在这方面，我们认为必须执行能力金字塔的原则：

CF 跨职能能力：符合各个研究领域的能力，在学士和硕士项目中，CF 跨职能能力包括：

- 系统和批判性思维
- 团队合作和领导能力
- 跨文化互动
- 自我组织和自我发展
- 生命活动的安全

GPS 通用职业能力：

- 制作媒体材料的能力
- 了解社会和国家机构的结构与功能的能力
- 利用俄罗斯和世界文化成果的能力
- 在专业领域满足社会需求的能力
- 理解媒体传播发展趋势的能力
- 在专业工作中运用技术手段和信息技术的能力
- 实现专业活动效果的能力

PC 专业能力（将在下面描述）。

国家已经提出了关于以能力为基础的教育改革的新要求。2018 年 5 月 7 日，俄罗斯总统普京发布了《关于俄罗斯 2024 年国家目标和战略目标》，为创造当代安全的数字环境做出了贡献。莫斯科国立大学新闻学院为莫斯科国立大学发展迅速的院系之一，认为想要保证新闻教育的高质量和可用性，就必须在教育过程中采用创新的方法。

这项工作开始于 2017 年 6 月，俄罗斯教育部和科技部通过了新的联邦高等教育标准，新闻专业的本科和硕士课程都采用了该标准。这里要指出的是，密歇根州立大学的新闻学院在制定新的联邦标准的过程中提供了帮助。

根据这些标准，学生的写作和编辑能力应该成为所有专业大学培训的首要重点。此外，学生还应准备各种专业活动，包括项目工作、社会和教育研究、学术活动管理等。

因此，莫斯科国立大学作为俄罗斯教育的一流院校，既是教育领域的改革者和创新者，也是竞争激烈的记者和其他媒体专业人士的教育者。

所有要培养未来的新闻学士和硕士的俄罗斯的大学都会受益于莫斯科大

学的经验。我们在传授经验的过程中的责任是十分重要的，因为在未来的几年中，新闻教育将作为基础在全国范围内普及。

联邦标准的变化反过来也影响了当地大学的行为。MSU 新闻学院的教育标准是根据媒体行业的最新趋势和对新闻工作者教育的要求而更新的。这里需要指出的是，只有莫斯科国立大学和圣彼得堡国立大学能够独立制定自己的教育标准。这个新的教育标准将于 2019 年开始实施。

这一标准反映了一个新的或许是主要的过程——记者职能的转移。今天我们可以看到，人们对写作和编辑职责的理解越来越模糊，这就代表着专业能力在不断地输入和融合。

因此，拥有学士学位的莫斯科国立大学新闻学院的毕业生必须能够为不同的新闻机构和其他媒体创作不同格式和类型的新闻文本和（或）产品，同时考虑到它们的特殊性，对全球和当地情况的可用性；能够按照语言规范、标准、格式、风格和技术要求编辑新闻材料。

在硕士阶段，研究生需要计划、组织和协调媒体文本和（或）媒体产品以及（或）传播产品的创建过程。此外，他/她将考虑到不同类型媒体的具体情况，从事创作和编辑活动。

在快速发展的数字化媒体领域带来根本性变革的条件下，MSU 新闻学院应该做些什么？

第一，采用语言和新闻学科的综合教学方法。这将使提高教育的实用价值成为可能。

第二，通过创造性任务、商业游戏与事实材料的搜索、分析和估计相关的活动来补充主要学科的教学。

第三，要注重学生作为学生记者在学生媒体中工作的重要性——可以提供这种专业训练的有：学院的电视频道、广播工作室、传统纸质报纸、在线媒体渠道、科学新闻媒体网站等，而且这些都是使用最新的数字设备。

第四，开展由知名记者和领先媒体公司举办的创意工作坊实践活动。这种形式对教师来说是一种全新的形式，但它在学生中非常受欢迎，因为他们有机会直接联系业主，并参加专业人士的硕士课程。

第五，编写一系列新型教学指南，能帮助多媒体时代下的多功能记者进行有效的工作。

第六，制定有效的期末考试能力测评方法。严格规定期末考试的时间，在这段时间里，毕业生必须展示他们在学习过程中获得的所有知识、技能和能力。

因此，新闻学院首先有一个重要的任务——保持先进性，为学生们创造一个能获得媒体行业所需专业技能的教育环境。

【通讯作者】Olga R. Lashchuk：莫斯科国立大学新闻学院教学副院长，编辑理论与方法系主任；语言学博士。

稿件收录时间：2018 年 12 月

一流学科建设的制度研究

——以美国哥伦比亚新闻学院和密苏里新闻学院的学科制度变革为例

严三九　南瑞琴

摘要：健全的学科制度是发达国家成就一流学科的关键因素所在。通过对美国新闻传播体系中声名卓著的两所新闻学院的学科制度变迁历史的梳理，发现这两所一流新闻学院的新闻传播学科制度具有以下共性特征："外部评价"（如基金会捐赠）对新闻传播学科方向的划分和设置有着重大影响；依托"课程项目增减"就可以完成专业课程体系的调整；用"小班授课，顶点应用"的模式组织教学；坚持使用"共同治理"进行学科管理，上述种种特征共同构成了新闻学院的学科建设制度，为我国一流的新闻传播学科制度建设提供了借鉴和有益启示。

关键词：一流学科　制度研究　新闻传播

21世纪信息社会的到来给新闻传播的学科建设带来了前所未有的挑战，媒介技术尤其是社交媒体的发展通过改变社会个体生存的习惯，继而改变了传统新闻媒体与其用户之间的契约规则。换言之，作为新闻行业种种制度开始发生演变，围绕新闻实践而建立的学科制度遭遇到了存在是否合理的叩问。当不确定性发生的时候，各大高校的新闻传播学院试图通过改革与创新种种制度来适应当前的数字化环境，以维系新闻传播学科的发展。

2015年8月，《统筹推进世界一流大学和一流学科建设总体方案》的通过，标志着国家和政府在建设世界一流大学一种积极涉世的主动姿态。这种姿态无疑为新闻传播学科制度的变革指明了方向。陈世银（2016）以美国新闻和世界报道、泰晤士高等教育、上海交通大学、Quacquarelli Symonds等机构推出的国际学科排名指标体系为研究基础，分析并指出一流学科建设要同时重视非客观性指标（如学科声誉）和客观性指标（如科研论文），其中论文质量更是重中之重（p.80）。周光礼、武建鑫（2016）则在探讨学科内在合法性和外在合法性的基础上，提出世界一流学科的四个标准：一流的学术队伍、一流的科研成果、一流的学生质量和一流的学术声誉（p. 65）。中国的新闻传播学科要成为一流学科，当然还有很长的路要走，但是否可以通过对世界最顶尖级的两所新闻学院的学科制度变迁进行观照，看看能否为我国新闻传播学科建设提供某种启示和借鉴。

我国最早提出学科制度这一概念的是北大社会学学者方文，他在《中国社会科学》2001 年第 6 期发表了“社会心理学的演化：一种学科制度的视角”，从学科制度的角度分析了社会心理学的学科发展历程。他认为学科制度是一种知识生产和知识创新中的制度体系。既包括学科理念层面，也包括操作细则层面。这个定义被接受的最为广泛，常见于学科划分之时。中南大学高等教育研究所庞青山研究员和曾山金（2004）认为除此之外，学界尚存有四种不同的学科制度的含义，普遍存在定义内容过于宽泛，学科体制建设混同于学科制度，学科的制度化过程被等同于制度等问题。他认为学科制度是大学学科组织中规训学科新人，控制学者学术职业样式的规范，主要包括学科划分与设置制度、课程标准、学科研究规范、学科评价标准、学科奖惩制度等。结合新闻传播的学科特色来讲，可能方文先生的这一定义更为贴切：秉承确定的职业伦理体系的知识行动者，在特定学科的知识生产和创新过程中所建构的制度体系（p. 16）。

集上述两者定义之所长，我们认为新闻传播学科的学科制度是新闻学院秉承新闻职业伦理体系的学术群体在规训新闻传播新人、控制新闻传播学者学术职业样式的规范，主要包括学科方向划分、人才培养模式和学科管理制度等三个方面。下面我们将以此为理论框架来观照美国新闻传播教育学科建设的变迁。

一、“外部评价”推动下的学科方向划分

说到美国的新闻传播教育，有两所学院我们不能不提：一个是密苏里新闻学院，创办于 1908 年，是世界上第一所新闻学院。其中“密苏里模式”在中国尤其享有盛名；至今仍然是全球最好的新闻传播学院之一。另一个是普利策于 1912 年创办的哥伦比亚大学新闻学院，它是普利策新闻奖的依托单位。哥伦比亚大学新闻学院是一所只有研究生教育而不设本科教育的研究生院，也是当年第一个提供新闻硕士学位的常春藤学校。

通过对上述两所新闻学院学科制度变迁历史的梳理，我们发现美国的新闻传播学科方向改革的主要动力来自“外部”。如“新闻与大众传播教育认证委员会”（Accreditation Council on Education in Journalism and Mass Communicaiton ，ACEJMC），ACEJMC 的成员组织包括全美规模最大、水平最高、最多样化的一批新闻传播教育协会和业界协会。该委员会的标准成了美国新闻教育的导向，大多数新闻学院为了迎合 ACEJMC 的评价，按照其评估标准，建立各自不同的机构或课程，师资队伍也会发生结构性变化。还有密切关注新闻业未来的各种基金会：奈特基金会、麦考米克基金会、新闻伦理和卓越基金会、思科利普斯基金会、布内特家庭基金会、维恩科特基金会，等等。不过具体到本文关注的这两所一流的新闻学院，后者的影响反而更大一些。

对于美国新闻传播教育而言，来自“基金会”的压力从来都是新闻传播学科方向改革发生变化最重要的动力和压力。各大新闻学院的前沿方向“项目”都是基于各种基金会的赞助或公司赞助。其中最有名的是奈特基金会，基金会 Carnegie - Knight News21 资助很多美国大学的传媒学院建立各种新闻实验室和开展各种新闻技能培训。

2002 年，哥伦比亚大学新闻学院院长汤姆·古尔德斯特恩辞去了院长职务。在确定新院长人选的过程中，哥伦比亚大学新校长、原密歇根大学校长柏林格却中止了新闻学院新院长任命委员会的工作，原因在于“办成什么样的新闻学院问题未达成共识”，并成立了一个特别工作组来寻求“共识”，由此引发了席卷美国新闻教育界和实务界“当今世界需要什么样的新闻学院”的大讨论。问题引起了美国卡耐基基金会的重视。2004 年，卡耐基基金会主席邀请麦肯锡咨询公司对新闻业的领导者们（包括出版商、总裁、主席、编辑、节目主持人、高级通讯员、出品人等）进行访谈，询问他们对新闻教育现状的看法以及新闻学院怎样提升新闻业的标准和地位。用基金会主席范登·格里高利（Vantan Gregorian，2008）先生的话说，这样做是“为美国著名新闻院校的院长设置课程设下基准，最终能营造一个自由独立的新闻媒介，确保民众知情、民主昌盛”（Carnegie Corporation of New York）。

2004 年的《麦肯锡报告》又名《改善未来记者的教育》，显示：虽然当代记者的技能要求已经发生了结构性改变，但新闻行业的重要性仍在持续增长，应对商业或其他利益支配的一个方法是让新闻业具有更坚定的标准和价值观，大学应该在这过程中起到关键性作用，担负起更大的责任。2005 年 5 月，在范登·格里高利的倡议下，美国卡耐基基金会与美国奈特基金会建立合作关系，并联合美国四所著名的新闻院校，共同启动了《卡耐基-奈特未来新闻教育计划》。同时提出美国新闻教育需要应对时代的挑战进行改革和调整的策略之一就是“专家型记者”。

哥伦比亚大学新闻研究生院很快就提出了“培养专家型记者”的人才培养目标。哥伦比亚大学校长李·鲍林格认为，目前新闻教育的病症是对形式和技巧关注太多而付出深度和内容的代价。哥伦比亚新闻学院创立了为期一年的文学硕士学位（MA），第一届学生分为商业和经济新闻、科学和医学新闻、艺术和文化新闻、政治和国际事务新闻四个不同的专业方向。“文学硕士”（MA）项目强调培养记者的专业解读能力，目标是培养“专家型记者”。

密苏里新闻学院在这个计划的第一阶段扩张阶段加入了《未来新闻教育计划》，密苏里大学新闻学院和艺术与科学院联办，创办了一个“艺术精修项目”，计划打破学科划分的界限，为新闻学专业学生提供音乐传统与风格鉴赏、戏剧批评概论、艺术：语境与文化等课程，从而打造一种跨学科的桥梁。学生们接触到很多音乐风格，并按要求报道他们所出席的音乐表演。这能培养描述不同音乐类型和表演本质的能力。朱迪思·玛博瑞副教授说：“课程的目标是为未来从事艺术报道的记者打下音乐与乐评方面的基础。……将来学生没能成为音乐、艺术或戏剧评论家，他们也会从中受益，我们从艺术中感知到的人性与人的处境，经常在看起来不相关的领域，以某种方式得到印证”（Katherine Kostiuk，2006）。

第二次改革发生在2012年。2012年8月3日，美国关注新闻业未来的六大基金会（奈特基金会、麦考米克基金会、新闻伦理和卓越基金会、思科利普斯基金会、布内特家庭基金会、维恩科特基金会）公开发布了一封“致全美大学校长的公开信”，直言敦促美国大学校长们破除障碍，切实加强和加速各自学校新闻传播学院的教学改革，要求这些学院“再造”自己，强力建议采取所谓“医院式教学模式”，教授学生更好的专业知识、数字技能和协作报道能力。作为惩罚，那些无法做出有效改革的学校将无法获得以上六个基金会的捐助。

2013年，著名的职业新闻工作者培训机构“波恩特媒介研究院”（Poynter Institute for Media Studies）就“新闻学学位的重要性”对美国1800名新闻相关行业人士（900名新闻教育工作者和900名新闻工作者）做了一个调查。调查显示：新闻教育者认为新闻学学位“非常重要”，人数达到96%；而新闻从业者则认为新闻学学位“非常重要”的仅为57%，两个群体的认知差异高达39%（“Poynter Institute for Media Studies”，2013）。换而言之，在认知层面，新闻从业者认为新闻学位的重要性已经严重贬值。这种背景下，即便是如这两所具有悠久历史和知名度的新闻学院面临着前所未有的改革压力。为了解决外部的不确定性和压力，两所新闻学院都试图通过变革来维护自己存在的合法性和应对压力。

历史上只进行过一次改革的哥伦比亚大学新闻学院开始反思并着手改革：2011 年秋季推出了新闻和计算机硕士双学位项目。2013 年秋季，新闻学院彻底取消其 MS 项目一直采用的基于媒介（报纸、杂志、广播、新媒体）的课程和教学组织方式，以体现新闻行业多媒体融合的趋势。使得新闻报道与写作课程面临全面的调整，这是一次改革程度非常激烈的调整。早在 20 世纪 60 年代，哥伦比亚大学新闻学院就将新闻报道与写作（Reporting and Writing 1，RW1）作为 MS 项目的永久核心课程（cornerstone)，数字技能被明显突出。如他们这样宣传："我们的课程有：报道技能、新闻伦理、数据处理和呈现、计算机科学、创新技术。如果你愿意，仍然可以选择你想要的方向：广播新闻、数据新闻、国际新闻、调查新闻、杂志新闻。"学院要求在所有课程体现"移动优先"的理念，2014 年秋季，学院又增添了"社交媒体""移动媒体"等课程。2014 年 3 月哥伦比亚大学新闻学院正式宣布了 The Lede Program，这是一个只提供学历认证而不提供学位的项目。2016 年鼓励新闻与传播专业的学生们了解和掌握编码。

同样，密苏里新闻学院也非常依赖私人基金和慈善捐助。如 2008 年密苏里大学新闻学院利用 3100 万美金的捐赠成立了"雷诺兹新闻研究院"，以便专门研究大数据时代新闻的采访、编辑、重新整合与传播所涉及的新技术和新模式。密苏里新闻学院的学科方向设置紧跟技术发展潮流，通过不同方向项目的设置来提供一种全面技能的菜单来培养新型的新闻人才。密苏里新闻学院早在 2005 年秋季就开始为本科生和研究生正式开设"媒介融合"专业方向，并将过去的"报纸媒体"专业改为"报纸与数字媒体"；这是学院在五十多年里首次增设新专业。目的是为了适应新兴媒体的发展趋势和新闻传播业界对未来新闻人才的需求，同时也为打破多年来形成的各专业之间明确的界限。同时，媒介融合专业的学生还需要接受四个层面的培训：一是有关多媒体报道所需各种技术装备方面的培训；二是与新闻编辑部文化有关的培训，需要学生到各种媒介的新闻编辑部里去实践；三是有关多媒体编辑和媒体管理方面的培训；四是类似毕业设计的课程，要求学生以团队的形式，按照顾客（或媒体和技术公司）的需求设计和执行科研项目，并完成其需要的产品。

二、职业能力导向型的人才培养模式

任何一种活动的有效开展都有赖于合理行为模式的构建。新闻传播人才的培养也不例外。新闻传播人才培养模式着重于对于培养过程的设计和培养过程的建构。构成人才培养模式的诸多要素中，课程设置方式、教学组织方式和师资队伍建设是培养模式各要素中最为重要的三个要素。哥伦比亚大学新闻学院和密苏里大学新闻学院上述三个要素均呈现出明显的新闻职业诉求。下面我们将具体展开论述。

（一）课程项目探索学科前沿

新闻传播学科的建设关系着哥伦比亚大学新闻学院和密苏里大学新闻学院的生存与发展。因此他们密切关注新传播技术在新闻行业的发展以及其带来的多种可能性，如媒介融合、大数据，等等。对于这些学科前沿，哥伦比亚大学新闻学院和密苏里大学新闻学院只要通过细分兴趣领域，设立方向项目来增加或减少课程，最终达到调整学科方向和专业设置的目的。我们以密苏里大学新闻学院和哥伦比亚大学新闻学院的两次学科和专业调整为例来就近观察其具体操作过程。

密苏里大学新闻学院的课程设置有兴趣方向具体化、专业设置灵活化及学习方式多样化等三个特征。其中本、硕两个层次平均方向数均在 10 种以上。从横向看，突出了细分化；六大重点领域，细分为 36 个“兴趣领域”（见表 1）。从纵向看，突出了层次化。不仅设置了常规的新闻业务课程，而且有宗教报道与写作，科学、健康与环境写作，多媒体体育新闻等。不仅有入门级别的，还有中级、高级的档次层层递进。以摄影课为例，有新闻摄影基础、高级新闻摄影，还有电子新闻摄影和微纪实新闻摄影与摄像等。

表 1　密苏里大学新闻学院专业设置

重点领域	兴趣领域
融合新闻	无线电融合报道与生产/新兴媒体/电视融合报道/企业新闻/融合新闻摄影/多媒体制作
杂志新闻	杂志设计/杂志编辑/杂志写作/艺术与文化新闻/杂志出版与管理
新闻摄影	新闻摄影/视觉化编辑与管理

续表

纸质与数字新闻	新闻设计/新闻编辑新闻报道/监督新闻/科学与健康新闻/体育新闻/商务与经济新闻/多媒体平台设计
广播电视新闻	广播电视生产/广播电视报道与主持
战略传播	财务管理/艺术指导/版权/交互媒体策划/公关关系调查
特殊项目	国际新闻/个人定制专业

面对数据新闻的兴起，密苏里大学新闻学院在原先“计算机辅助报道”改变内容的同时，2009年秋季加开了“地图和信息图表制作”这门2学分、时长8周的课程，该课程主要讲授地图的设计原理，掌握如何识别、评估数据，发现可以用于新闻故事的素材。随着数据可视化热潮的兴起，密苏里大学新闻学院推出了“信息图表”和“信息图表的应用”两门课程，试图让学生掌握和学习信息图表的概念、功能、制图技能和基本的设计原理。2012年秋季，数据报道基础开始试行开课，2014年春季学期正式成为1学分课程。上述5门课程都是随着互联网的发展及其对新闻和传媒行业的影响而增加的，可见在密苏里大学新闻学院仅仅通过调整课程完成了学科制度的转身。

和密苏里大学新闻学院相比，哥伦比亚大学新闻学院学科制度的调整幅度则主要表现在课程改革中。科学硕士MS最早开始于1935年，是哥伦比亚大学新闻学院历史最久远最重要的项目。2008年哥伦比亚大学新闻学院的课程改革开始关注社交媒体使用者，从2013年秋季开始，MS项目彻底取消了原先基于媒介划分的4个课程方向：广播电视（Broadcast）、数字媒体（Digital Media）、报纸（Newspaper）、杂志（Magzine）的划分。而修改为表2中的课程组织体系。MS项目的招生对象基本是三三制，即本科毕业生、专业记者和来自其他领域的工作人员各占三分之一；项目高度强调培养学生对于21世纪数字新闻的采访技能，教授他们结合自己兴趣的同时掌握报道信息的专业能力。

表2　哥伦比亚大学新闻学院科学硕士项目（MS）课程（2016—2017）

课程	
新闻报道（Reporting）共11周	4周数字新闻报道技能（如何留住社交媒体上的用户）
	7周学习采访和写作技能（收集信息、采访信源、写出报道）

续表

模块学习	文字（The Written Word）
	音视频（Image and sound Intensive）
	新闻调查技术（Investigative Techniques for Journalists）
必修课程	包括法律、商业、伦理和新闻史四门课
春季课程（结合个人兴趣）	人权报道（Human Rights Reporting）
	视频新闻编辑室（Video Newsroom）
	（Food Writing）
	数据新闻可视化（Data Visualization）
毕业设计	在秋季和春季之间完成用来检测所学的知识和技能

文学硕士项目设立于2005年，是为期9个月的一个全日制项目。项目目标培养专家型记者，这些记者可能在他们的事业中将会遇到的一些专业问题。课程能够提供给学生一个用于报道这些主题的全方位菜单，并且将非新闻专业学术知识同训练记者的实际应用结合起来。在项目中学生将被分成四种不同的专业方向：商业和经济新闻、科学和医学新闻、艺术和文化新闻、政治和国际事务新闻。新闻学院选择很强的系科进行合作，将教授们请进新闻学院，并在教学中使用案例研究的方法来教授这些专业知识。文学硕士学位（MA）的招生对象是有一定的新闻从业经验的人员或在大学取得了新闻学硕士学位的人员，如已经取得哥伦比亚大学的MS学位。

MA的课程虽然门数不多但量却很大，尤其是广泛的研讨会论题和超级广泛的选修课。具体课程安排如表3，其中最有特色的是他们所开设的“外院选修”。他们的选修课涉及各个方面，由全校各个院系来开，多达数百门。

表3　哥伦比亚大学新闻学院文学硕士项目（MA）课程（2016—2017）

秋季学期	春季学期
集中研讨会	集中研讨会
证据与推断	外院选修
MA必修	外院选修
外院选修	毕业设计
毕业设计	

面对数据新闻的浪潮，哥伦比亚大学新闻学院课程改革得益于学院的学术院长Bill Grueskin。基于自己38年的新闻从业经验的敏感，他在2011年参

与撰写了《最新报道：数字新闻业的现状》（“The Story So Far：What We Know About the Business of Digital Journalism”，2011），推出了当时根本不存在的数字新闻课程，如《平板电脑新闻写作》和《格式、协议和算法：新闻计算学入门》等。哥伦比亚大学新闻学院尝试将数据新闻安排为一个学生可选的兴趣方向。学生在了解自己的兴趣方向之后，可以选择双学位课程中的新闻与计算机科学双学位课程。所以学生又回归到了原来的学科制度的设置中去了。哥伦比亚大学新闻学院对于现有学科的调整也是停留在课程内容的更新和新课程的些许增加。这两所新闻学院唯一不同的就在于哥伦比亚大学新闻学院更倾向于依托大学本身的优势学科打造新闻学专业，而密苏里大学新闻学院更倾向于增加新的课程。

（二）“小班授课，顶点应用”保障教学实践统一

哥伦比亚大学新闻学院和密苏里大学新闻学院的教学模式“重实践”早已成为业界共识。但重实践作为一种教学模式的特征最终都会落实到模式运行的具体组织形式中：小班授课、顶点应用。

哥伦比亚大学新闻学院每一届学生在200名左右，被分成12个小班，每个班16—17人不等，核心课程平均每节课配备3位老师。这样组织教学，师生可以就选题、写稿和编辑校稿进行深入讨论交流。专业学习等于职业实战这是最为关键的一步。就以哥伦比亚大学新闻学院参加“21世纪新闻孵化所”报道的分主题“本土安全”为例。10名新闻学院学生和1名哈佛大学肯尼迪政府学院的学生通过竞聘上岗，实习有偿，能获得基金会提供的奖学金作为保障。更重要的是，学生们的新闻作品能够得到新闻业界的重视。花上几个月的时间，以团队行动和个人调研的方式，追踪访问美国国土安全部。他们用新的计算机辅助报道技术分析联邦数据库中的信息，用传统的报道技巧采访数十位现任和前任美国国土安全部官员、业内人士、学者、律师、说客和受到国土安全问题影响的个人。他们调查国土安全部的管理情况和许多附属机构的运作情况，还仔细观察为政府有偿提供国土安全服务的私有公司，最后做出了有趣而独特的调查报道。

学者们普遍认为：“密苏里模式”中最难为人“复制”的部分是实践体系和支撑体系。因为密苏里大学新闻学院拥有真正的报纸和电台、电视台。学习就是人生的第一份工作经验，这种昂贵的新闻教育方式却是不容易复制的。

除此之外，设在密苏里大学新闻学院的美国专业组织机构很多，如“调查报道记者和编辑组织”、“计算机辅助报道全国协会”、全国报纸协会等。密苏里大学新闻学院还主持一系列竞赛和评奖项目，如全世界最大的新闻领域的摄影竞赛“国际年度照片竞赛”等。学院管理者曾言：将专业机构设在新闻学院可以把教学同专业领域发展结合起来，学生可以获得更多工作机会，教授也能够了解机构工作的同时，提供咨询意见；与此同时，这些机构一系列活动反过来也会促进教学。但在所有的因素中，顶点课程的重要性怎么提都不为过。

“顶点课程”（Capstone Curriculum）是美国大学协会 1983 年提出的课程工具（Association of American Colleges ，1985），这个课程一般开设在实用性很强的专业中，是一种让学生整合所学领域的知识，并充分利用这些知识，同时培养相关技能和态度的课程。后来顶点课程发展为一种全面培养学生能力的教学理念，通过在本科阶段的后期要求学生整合之前所学的知识、技能并产出具体成果，以培养学生发现问题的能力、应用既有知识和技能解决问题的能力、批判性思维能力和表达结论的能力（江捷，王铁流，2012，p. 14）。顶点课程被誉为“皇冠式”课程，因为它位于系列课程的终端，要通过一个作品来展示过去所学的知识、掌握的技能以及其他能力。顶点课程具有发展学生综合素质和帮助学生从学校向职场过渡的功能，因而在美国的高等职业和技术教育中得到较广泛的应用。比如，密苏里大学新闻学院的顶点课程“融合媒体报道、编辑与营销”（Capstone：JOURN 4992 Reporting，Editing and Marketing of Converged Media）要求学生综合运用新闻学、经济学和媒体技术等方面的综合知识完成一部深度新闻作品。媒介融合系的顶石课程（Capstone Course）长达一个学期，主要采取团队式学习模式，团队由不同学习方向的学生组成。学生们首先需要通过翔实的媒介市场调查，以确定自己融合媒体报道的项目和题材，并且还要以营销的模式来为自己的报道项目寻找可以提供项目开发资助或者是相关软件和数据方面支持的客户。课堂教学每周在未来实验室进行一次，由授课教师针对课程中的融合媒体报道项目的采访、编辑及营销、多媒体平台的合作技巧和团队精神、学生与客户之间的合作等过程中的问题进行集中讨论和解决。

哥伦比亚大学新闻学院和密苏里大学新闻学院的人才认证标准都极为强调学业与职业之间过渡通道的搭建。如密苏里大学新闻学院第三大系媒介融合系学生成绩考核标准，学生结合自己的就业倾向组成团队来共同完成一个学期的基础项目。这个项目必须是跟传媒相关的特殊产品或者服务。如，重新设计一个网站、为商业网站制作一个地方经济新闻专题、为一个网站设计营销战略等。媒介融合项目创始人迈克·麦金教授说："我们学院媒介融合专业学生的培养目标并不主要是全能记者，而是能够掌握一两门报道技术、同时熟悉其他报道手段、具有很强的团队合作精神和媒介融合意识的新闻人才（付晓燕，2009，p. 25）。"

（三）宽路径、双轨制学科队伍评价标准

基本上，在所有学科发展中，没有一个学科像新闻传播学科一样跟业界、跟职业和社会有如此密切的互动。因此，一直以来，新闻传播学科队伍建设一直都是大家关注的一个焦点。戴维·H. 威弗和 G. 克利夫兰·威尔霍特在 1986 年的《美国新闻记者：新闻人和他们的工作之描绘》（*The American Journalist: a Portrait of News People and Their Work*）中，把美国新闻教育史粗略地分为"学徒制""职业训练""通识教育""跨学科发展"四个阶段。每一个阶段都和新闻职业的变迁密切相关。

哥伦比亚大学新闻学院的教师队伍分为全职教师、助教、客座教授和荣誉教授，真正担任教学和科研工作的是全职教师和助教，其中全职教师 34 位，助教 84 位。但从新闻媒体聘请的兼职教授人数非常多，许多主干课程都是由兼职教师担任。学院认为，教师应该有高水平的专业经验，除了教授博士项目，教师资质都不需要有博士文凭。密苏里大学新闻学院也非常强调教师有良好的职业经验，学院既有职业型的教职员工，也有研究型的教职员工。职业型的教职员工有着丰富的从业经验，他们主要来自新闻和传播业界的编辑和记者，评估和考核标准主要看职业成就。研究型的教职员工主要来自学术界，他们需要有博士学位，评估他们的标准主要看学术成就。因此，两个新闻学院对老师评估的标准也不是单一的，而是根据雇用他们做什么而评估。对编辑或制作人的评估包括他们编辑的报纸和制作的电视节目以及他们书教得好不好；对有博士学位的教授的评估是依据他们的教学和研究能力。学院对职业教授没有研究方面的要求，但有很严格的发表作品方面的要求。可以不是关于理论的书籍，也不是教科书，而是关于新闻的书籍，深度的、非虚构的、需要作者本人进行大量报道的书籍，或者在任职期间，在一些媒体如《纽约时报》《华盛顿邮报》上经常发表作品。

一流师资的汇聚与学校保护学术自由传统、鼓励自由探索的学科评估制度文化密切相关。芝加哥大学的首任校长哈珀（Harper）在建校 10 周年时再次指出："首先，无论其他兄弟院校采取什么措施，在芝加哥大学里，无论是董事会成员、校长或其他任何一名学校官员都不能以任何形式强迫教授对所发表的公开言论做出解释。其次，学校捐助者无一例外地不能拥有这样的权利，诸如左右董事会来指责某一教员的教学。再次，我还建议捐助者，无论是个人还是政府，在任何条件下都不能干涉学校安排教员授课的计划（威廉·墨菲，D. J. R. 布鲁克纳 .，2007，p. 345)。"

三、共同治理模式下的学科管理制度

学科所依托的组织机构——大学，是一个由学科和事业单位交叉组成的一个复杂而庞大的系统，其中学科系统和行政系统是这个复杂系统中最重要的两个组成部分。"教授治校"还是"行政治校"一直都是有争议的。但不可否认，随着国家和社会对大学的日益依赖和重视，大学管理不断走向专业化、制度化的同时，渐渐建立起一个管理员阶层，其目标追求和价值导向一开始就隐含着与学者群体的冲突，学院式和专业管理让位于管理及官僚体制，现代大学"教授治校"整体在走向式微。克服体制性障碍及官僚化所带来的低效率，成为世界各国大学现在所面临的难题之一。哥伦比亚大学新闻学院和密苏里大学新闻学院的组织管理却在学科管理和行政管理之间用"共同治理"的模式取得了双方之间微妙的平衡。

共同治理是美国大学悠久的历史传统，其发展过程充满了曲折（GALLOS J. V.，2009，p. 136)，在 19 世纪后半期得到了广泛的认可。共同治理定义为"教师和行政部门基于双方特长的权力和决策责任分工"，一般理解为大学董事会、行政管理部门、教师、学生等大学各类成员共同参与大学治理。

教师学院董事会从法律上对学院的资源和规划负责。董事会由 2 名联席主席、32 名董事和 12 名荣誉董事组成。教师学院的院长（president）在等级上相当于大学内的院长。教师学院董事会自行负责考察和选择院长人选，在确定人选后与院教授会协商之后，提交哥伦比亚大学校长任命。学院院长负责院内的管理工作，教务长负责监察教学、研究、场所服务和学术服务，以及学生服务。当院长不在或者有其他特殊情况时，教务长承担院长的职责。财务与管理副院长统筹财务和规划活动，监督行政事务、商业和财政事务，以及教学支持服务。发展与对外事务副院长负责执行所有外事和发展方面的领导，包括校友联络、突发事件、交流和公共关系。部门副院长负责学院的扩展规划和战略，在财务和其他资源方面，为院长提供直接的支持，具体组织结构如图1所示：

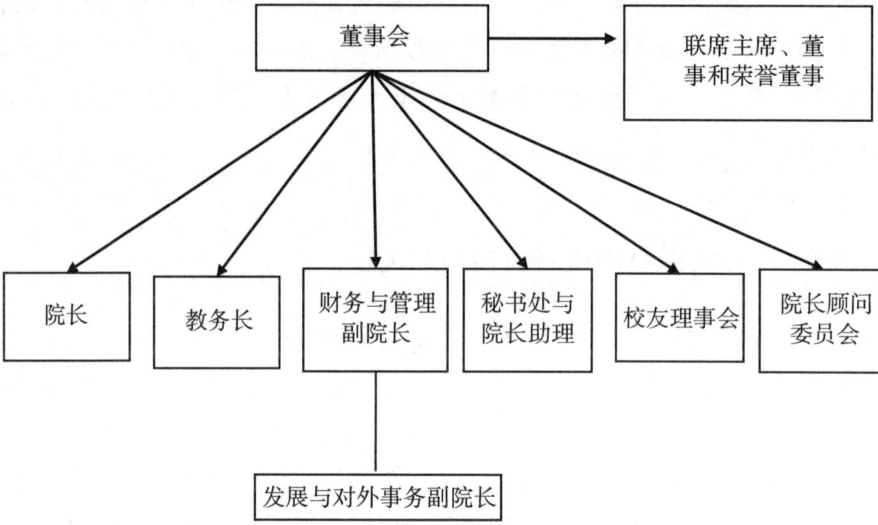

图1　新闻学院教师董事会组织结构

除董事会及行政系统外，教师和专业人员在学院的发展中起着重要作用。有些专业人员也可以具有教学人员的职称或者专业头衔，但是他们的首要工作是从事研究、一般事务管理和行政支持上的服务。

共同治理的主要目标是在教师与管理者之间增进理解，培育深厚全面的合作关系。有学者曾经评价共同治理是美国高等教育独霸全球的关键因素，是美国大学不断迈向辉煌的核心治理制度。共同治理模式依赖“软治理”与“硬治理”的合理调配。一般而言，学术为本的院校偏重于“软”治理，强调以人的相互作用为基础的治理，包括组织中有助于发展与维持个体与群体规范的社会连接与相互作用的系统。“硬”治理服务于市场导向的院校，“硬”治理的理论基础是理性选择理论，强调权力关系、特定组织程序与等级，鼓励遵守既定政策与程序。“学术治理过于重要，以至于不能完全置于教授之手，也不能完全置于董事之手。要求双方共同参与（Birnbaum R.，2004，p. 5）。”

四、对我国建设一流新闻传播学科的启示和建议

随着互联网技术的迅速发展，全球新闻媒体都面临着数字化浪潮的裹挟和冲击，原来依托不同媒介划分的新闻传播学科无法从报纸、广播、电视再到某一种媒介进行学科建设外延上的扩充而达到适应新环境的目的。媒体技术、管理、传播方式不断融合，呈现出一种多维度和动态的特征。

我国的新闻学科起始于报业的发展，在近百年的发展中始终将学科建设框定在“新闻职业”之中，依托行业发展和实践搭建起了一整套知识操作体系。传播学被引入中国后，其受众研究、效果研究对推动中国新闻学改革和新闻学学科建设提供了新的研究视角和研究范式。虽然新闻传播学学科合并已久被列为一级学科，但目前在我国各大高校的新闻或传播学院中，学科建设仍是以新闻为主干体系，辅助相当数量的传播学课程。传播学无法和新闻学有机融合，其重要原因是传播学本身无法提供一种职业的想象（黄旦，2014，p.1）。还没有等我们进行彻底的反思，数字化浪潮扑面而来！中国传统文化中一直崇尚以“不变”应“万变”的哲学思想，思路脉络延伸到新闻传播教育中就表现为一种争议：新闻是否有一个不变的“核心特质”。倘若先暂时搁置争议，很容易发现，这种逻辑总是低估环境对新闻行业的影响。而这恰恰是哥伦比亚大学新闻学院和密苏里大学新闻学院学科建设的长处所在。当然，我国新闻传播学科制度对两所新闻学院的借鉴既要取其合理性和有利的一面，但也要注意其制度的中国情境的适用性所在。我国现行新闻传播学科制度对市场的变化和社会发展的需求难以做出及时、迅速的应对，新闻传播专业的课程设置、人才培养、学科壁垒都是摆在学科制度建设面临的难题。下文将从学科方向设置、课程开发和评价标准，以及学科质量评估三个层面提出建议。

（一）学院为主，多元协商，推动学科进行转身

传统媒体时代，把新闻知识分成若干领域，对于新闻行业的认识活动而言是必要的，但同时也应该认识到：这种学科划分是人为的，人为事物的最大特点是带有主观性，因此人类知识的产生和对它的划分可能带来两个最大危险：一是在知识产生的主观性和世界的客观性之间产生脱节；二是知识的

割裂和客观世界整体性之间产生矛盾（王伟廉，2000，p. 39）。

其中第二个危险已经突出地表现在当前新闻传播学科划分和设置上。计算机对多种媒介技术的整合恰恰就挑战了现存的新闻传播学科的划分制度，有着悠久历史的西方学科划分也遭遇到了和中国一样的问题。但两者学科划分和专业设置背后机制的不同导致双方对新闻行业业界变化应对策略是完全不同的。哥伦比亚大学新闻学院和密苏里大学新闻学院的“专业”也叫项目，设置可以参照学科、专业进行划分，也可以不受这种划分的影响，如密苏里大学新闻学院服从于在实践中学习的新闻教育思想，他们根据人才市场的需要，随时调整课程和方向，学生对专业和方向的学习也是如此。这也是我们可以向两所新闻学院学习的关键所在。

我国新闻传播学科生死存亡与各个新闻传播学院密切相关，所以要以学院为主体，争取得到学校层面在学科群构建的支持，同时与其他组织和利益公共体共同协商，满足社会需求的同时，也能突破已有学科的束缚，更好促使学科转向。我国新闻传播学科可以借鉴两所学院共同治理这种制度设计，将学科建设协同机制运用在新闻传播学科划分和设置上，在克服其弊端的同时，以共同治理的理念与制度设计来破解泛行政化的难题。让不同领域的教职员工组建管理共同体，对于提升知识性员工的主动性，挖掘他们的创造潜能，提升新闻传播学院治理绩效有着重大意义。

（二）前沿课程，小众兴趣，构建“形成性”课程标准

现在课程评价，大家比较熟悉的是泰勒的“传统评价”模式。这种模式的一个特点就是对课程活动中预先设定的目标的实现程度。在这种模式中，目标的设定成为关键。这些目标必须能够以某种手段加以测量和评定。但是在新闻传播教育活动中，有很多非常有价值的目的是很难加以测量的，特别是难以用所谓的“行为术语”来对目标加以描述。

用传统评价方式得到的结果不能作为一流学科建设的依据，评价结果只能代表过去，不能代表未来，而一流的新闻传播学科是新闻传播学的前沿，具有很大的不可预知性，所以要重视课程开发，重视学科科研成果转化为课程，一项科研成果不能成为课程，但是，几个相关科研成果可以形成一个小型课程，专业课程产生的流程是：科研产生讲座，几个科研项目就可以产生小型前沿课程，小型前沿课程最初总是小众兴趣，人数不多，但越是人数少

的课程越有利于人才培养，越有利于学科创新。这种机制才是形成一流学科的关键所在。

形成性评价，又称为IPP（环境、输入、过程、产品）模式。其最大的特点是针对性强，会将课程评价对象自身存在的周围条件和环境，并由此产生的不同方案以及由方案所设定的目标，实施过程进行评价。这种评价特别适合新闻传播学科激烈变革的研究现状，在形成中进行反馈，可以促进教师改进教学，促进评价的正向反馈，从而更好完成人才培养的目标。具体可以从以下三个层面展开：

（1）设置“三位一体”的通识教育课程评价标准，即融合价值塑造、能力培养、核心知识获取为一体的课程体系。所谓价值塑造就是要培养自由平等、公平正义的公民仪式，养成诚实、正直、宽容的人格；虽然无法指望通识教育能够完全塑造价值观，但它担负着重要的使命。

（2）设置个性化的专业课程评价标准。在大一大二不分系，大三可兼顾数字科技和专业主题进行跨学院、跨专业的内容学习。除了传统的新闻采编、广播电视之外，组织传播、公共关系与广告等方向性的专业培养进行理论和实践训练。其评价标准主要从好奇心、想象力和批评性思维三个纬度进行评价。以批判性思维为例，批判性思维善于对通常被接受的结论提出疑问和挑战。所以我们要培养学生善于提出问题，善于提出好问题为评价标准。

（3）设置“元知识”类型课程评价标准。我们需要思考什么知识最有利于创造或哪些知识对创造最有价值。答案是具有迁移价值的知识、跨学科知识是对创造最有价值的知识。评价一个课程主要看这些课程是否改变了学术的思维方式和观察世界的角度，是否扩展了学生的思维视野，这些课程是深度而又体系的。同时其覆盖的领域又要足够宽。

两所新闻学院通过课程的不同组合来形成不同的专门化或者专业，继而让课程设置保有一种组合的动态性。因此上述两所新闻学院只需要调整具体的课程就可以完成学科专业的调整，从而满足知识发展、社会学习和个人成长的三重目标。我们可以将课程设置中的主修进行压缩，通过更为细致的课程划分（可以按领域划分，也可以按学习的程度划分），确定选修课的课程比例和范围。选修课比例一定要远远大于必修课程，且所占学分也必须要高于必修学分。唯有如此，才可以增加课程设置应对市场能力的弹性。学生可在教师的建议下，依照个人的兴趣爱好及职业规划，在学校先有课程平台和师资供给条件下选取最适合自己的发展取向。在美国，这种设置被称为“个人定制专业”项目。一直以来，我国的新闻传播学科课程设置发挥的是一种规范和划分的社会功能。学生尚不能自由地转换专业或兴趣方向，这可能是未来新闻传播学科建设最具有操作性的一个环节。

（三）小班授课、项目考核，打造精英人才培养模式

如果说“宽口径”通识教育培养的是让学生具有良好素养的现代文明人的话，那么“个性发展”则是培养“精英”新闻传播人才的必由之路。也就说我们要融合学生个性的发展和对学生个性化培养为一体。那么什么是个性发展的有效方式呢？我们过去的习惯性思路是“因材施教”，但要使学生更有兴趣、更有想象力。所依赖的不能仅仅是教师层面的因材施教，更为重要的是要小班教学，项目考核，这是精英人才培养的基础模式。小班授课即意味着学生们拥有更多的课堂支配时间，更宽容的师生沟通环境，有利于激发他们的好奇心，发挥他们的想象力、培养他们的批判思维能力，唯有如此，方能让他们实现理论上“一人一个专业”的高级目标。

项目考核中心在于学生的“学”，其具体包括学生学习兴趣、创造性思维、研究问题和判断问题等不同的学习要求，这是培养一流人才的重要步骤。1998年西方研究型大学本科教育委员会开始反思研究型大学的本科教育问题。他们认为本科生教育质量与研究型大学的声誉不太相称，主要问题在于，研究型大学没有提供既完全符合自己特点又充分利用自己资源的教育，许多本科毕业生仍然不知道如何才能逻辑地思考、清楚地写作和严谨地演讲。培养学生的独立思考能力，这恰恰是未来所需要创造性新闻传播人才所需要的关键素质。如信息交流能力、批判思维能力、职业道德、领导能力、继续学习的愿望，等等。

目前中国新闻传播教育中，学生面对的是门数多、分量大的必修课，结果使得学生没有时间和余力来选修其他专业课程组，这是造成大多数学生无法自由地进行双主修和转换专业的问题所在。所以我们可以借鉴哥伦比亚大学科学硕士项目（MS）和文学硕士项目（MA）课程设置以及“外院选修”模块，这样可以达到自由度和学科制度的完美配合。双学位课程完成恰恰彰显的是个性发展，修完学位之后，又回归到原来的学科制度设置中去，这样就以最小的调整成本（如更新课程内容或者增加些许新课程）可以达到个性化发展和个性化培养为一体的培养目标。

媒体融合时代表面上看来需要的是人才的技术适应性，实际上更需要的是人才的内容适应性，需要的是在某个领域，某个学科有较深造诣的专才。这样的新闻传播人才培养必须深度挖掘目前新闻传播学院的教育资源，同时进行多单位、多阶段联合培养方可实现。我国高校中的新闻传播学院也正在这一层面进行不懈的探索。如中国人民大学新闻学院于2011年开始与中国人民大学法学院、国际关系学院合作，创办跨学科联合培养的双学位实验班。前些年复旦大学新闻学院探索复合型2+2新闻传播专业人才培养模式。当然要建立能够按照学生自己的兴趣选择和转换专业的体制，我国新闻传播学科制度改革还有很长的路要走。

结语

评价一所大学新闻传播学科是否属于一流学科，归根结底取决于该大学学科的办学水平或质量，质量观念涉及的不仅有科学性问题，也有价值性问题。因为新闻传播学科的人才培养质量，在很大程度上是由利益主体决定的，用人单位、受教育者、国家社会、家长都参与其中。多个利益主体之间的需要很多时候本身就是矛盾甚至难以协调的。

当今世界这两个一流的新闻传播学科制度，其经验和教训确实是一个很好的借鉴，但是这样的过程研究存在个性化过强，而新闻传播学科制度建设的意义正在于突破具体，高屋建瓴，可以在最高层次将质量观抽象为一种高度的概括性的关键词，如“培养学术的独立思考能力”，这对于一个民族创新能力的培养和国家未来的发展以及安全等方面有着重大意义。因此，在中国情境中，我们既要借鉴他们形成一流新闻传播学科的经验和教训，也要注意提炼出其一流的指标。这些指标具体可从四个层面展开：

1. 学科队伍和资源

“师资队伍与资源”包括师资队伍与支撑平台两部分，属于条件资源类指标，比如一个学院里终身教职（我国则称为院士）教授的人数，重要理论创立者和学术大师的人数。我国可借鉴美国新闻学科成效评价经验，关注结构性质量，适度淡化“条件资源”因素。所以建议在此后的质量评估中降低此部分的指标权重。与此同时，采用“代表性骨干教师”评价取代单一的以“学术头衔评价学术水平”的考察标准，主客观评价结合，整体考察师资队伍水平、结构、国际化等结构性质量。

2. 人才培养质量标准

它是新闻传播学科建设的核心任务。我们要用“培养过程质量”“在校生质量”“毕业生质量”三维度评价模式全方位评价人才培养质量。其中，前两项指标是内部指标评估，而毕业生质量是用人单位调查的外部评估。以此来促进单位关注人才培养的反馈机制。

3. 科学研究水平

原先我们在科学研究水平下设“科研成果”“科研获奖”“科研项目”三个指标，但具体到新闻传播学科评估，我们不仅应该关注专职教授每年在主要核心期刊上发表专业学术论文的数量和引用率，还需将学术的科研纳入指标体系内，如研究生的人数和在主要学术研讨会上宣讲论文的数量，主要学术期刊的所在学院，等等。

4. 社会服务与学科声誉

这是学科的特色贡献，分设“社会服务贡献”和“学科声誉”两个指标，体现学科的社会服务功能、做出的贡献以及社会影响。这一部分的所占权重要有所提高。

正如李艳红所言，新闻业的数字化转型本身就是一个创新的过程，它是传统的新闻生产模式如何与新兴的技术特性相结合的创新过程（李艳红，2015）。如何理解和探讨这些创新在新闻领域发生、会遭遇哪些阻力，受到哪些因素的影响等，深化对这些问题的认识对于理解新闻实践变迁以及重塑新闻传播学科制度建设至关重要。本文系统梳理了美国哥伦比亚大学新闻学院和密苏里大学新闻学院面对这个创新过程是如何塑造自己的新闻传播学科的相关制度，探讨其面对这些创新所采取的不同方法和途径。尽管中国新闻业的数字化转型晚于美国新闻业，但困境的出现迫使各家媒体展开自救的同时，也催发了中国新闻传播学科重塑自身制度建设的进程。2017 年教育部启动的新闻学专业认证就是这样一种质量评估标准的探索和尝试，中国传媒大学是国内第一个尝试新闻学专业认证的高校。我国新闻传播学科已经开始有意识建立对新闻传播人才培养质量实施的外部评价标准，旨在通过这样一种认证培养出一批有中国特色、世界水平的一流的新闻传播学科，为中国新闻传播教育和新闻业的发展提供持续保障。

参考文献

［1］陈世银．国际学科排名对我国高校创建一流学科的启示［J］．现代教育论坛，2016（3）：80-84.

［2］付晓燕．媒介融合下的美国新闻业和新闻教育变革——访美国密苏里新闻学院媒介融合项目创始人迈克·麦金教授［J］．新闻与写作，2009（8）：25-28.

［3］黄旦．整体转型——关于当前中国新闻传播学科建设的一点想法［J］．新闻大学，2014（6）：1-8.

［4］江捷，王铁流．美国研究型大学的顶峰体验课程及启示［J］．电气电子教学学报，2012（1）：14-16.

［5］李艳红．作为创新的数据新闻：新闻组织如何采纳、实验并将其常规化？——对三家新闻组织的对比研究［EB/OL］．复旦大学传播与中国论坛，2015.

［6］庞青山，曾山金．大学学科制度内涵探析［J］．现代大学教育，2004（4）：16-20.

［7］王伟廉．高等学校学科、专业划分与授权问题探讨［J］．高等教育研究，2000（3）：39-43.

［8］［美］威廉·墨菲，D. J. R. 布鲁克纳．芝加哥大学的理念［M］．彭阳辉，译．上海：上海人民出版社，2007.

［9］周光礼，武建鑫．什么是世界一流学科［J］．中国高教研究，2016（1）：65-73.

［10］Association of American Colleges（1985）. Integrity in the college curriculum：a report to the Academic community：the findings and recommendations of the Project on Redefining the Meaning and Purpose of Baccalaureate Degrees.

［11］Birnbaum R（2004）. The End of Shared Governance：Looking Ahead or Looking Back. New Directions for Higher Education. 127：5-22.

［12］Carnegie Corporation of New York. Improving the Education of Tomorrow's Journalists［EB/OL］. http：//www. carnegie. org/sub/program/initiativedocs/ExecSum Journalism. pdf，2008（9）.

[13] GALLOS J. V. Reframing Shared Governance Rediscovering the Soul of Campus Collaboration Journal of Management Inquiry，2009（2）：136-138.

[14] Katherine Kostiuk. New Grant Connects Journalism to the Arts-Journalism Students Will Have Option of Taking Special Courses in Music，Art and Theater Retrieved from http：//journalism. missouri. edu/news/2006/11-15-carnegie-grant. html，2006-11-15.

[15] Poynter Institute for Media Studies（2013）. Retrieved from http：//www. poynter. org/how-tos/journalism-education/220410/scary-future-journalism-education/.

[16] The Story So Far：What We Know About the Business of Digital Journalism，Retrieved from http：//cjr. org/the_business_of_digital_journalism.

【通讯作者】严三九：上海大学新闻传播学院教授，博士生导师，国家社科基金重大项目首席专家；南瑞琴：山西财经大学新闻传播系讲师。

（原载《华东师范大学学报》教育科学版，2017年第6期）

面向人工智能的数据新闻教学研究

——以河北大学数据新闻教学为例

任瑞娟

摘要：人工智能是新一轮科技革命和产业变革的重要驱动力量，加快发展新一代人工智能是事关我国能否抓住新一轮科技革命和产业变革机遇的战略问题。面对人工智能的挑战，结合语义网与新闻传播语义框架的三项国标，探讨了当前数据新闻教育教学中应更多关注数据分析能力、语义标注能力、数据可视化关系发现等能力的培养。

关键词：数据新闻　人工智能　语义能力　数据能力　关系发现

引言：问题的提出

大数据时代，得数据者得天下。人工智能时代，得知识者得天下。数据新闻在《卫报》《纽约时报》《华盛顿邮报》和ProPublic、BBC、CNN等国际媒体上已比较常见，并且数据挖掘的深度与广度比较好。国内新华网、人民网、财新、澎湃以及央广央视等媒体中也崭露头角，但数据的分析与挖掘相较国外还比较弱。

面对人工智能将新闻线索发掘、新闻文本写作、评论策展、标题制作、网页编辑、新闻分发渠道的诸多流程推向了“黑箱”，人类现有认知水平对其真实度、可信度、透明度难以判断。黑箱化的过程不仅改变了新闻的样态、新闻生产的格局，而且带来了“流量工厂”驱逐优质新闻、定制推送固化社会分层、技术平台反收编新闻机构等变化。其次为达到公开公正、避免偏见的伦理期待。包括新闻信息推送商在内的网络服务的提供者致力于开发最为便捷高效的算法，以实现个性化的过滤，但这一过程的最开始，就含大数据给数据新闻实践带来诸多机遇，同时大数据背景下的数据新闻实践也引发有关数据新闻相关理论的思考；数据新闻的制作往往需要一个团队，学科融合不可避免。

与如火如荼的数据新闻实践相比，针对数据新闻教学与人才培养的相关研究则较少，而面向人工智能的战略高地讨论数据新闻教育如何在培养业界急缺数据新闻人才的同时，探索数据新闻语义处理技术、布局数据新闻的语义架构的教学模式、师资队伍及课程体系建设的研究还鲜见，如何深入到知识组织的深度，对数据新闻的语义建构进行讨论的更为罕见。面对实践需求、理论探索与技术挑战，数据新闻的教学中只有把握机遇应战才是业界及学界都应积极思考的问题。

为应对当前社交网的组织管理难题，新闻分发的黑箱问题，迎接下一代互联网（语义网）的发展趋势，特别面对人工智能的国家战略布局等诸多挑战，数据新闻教学应该培养学生哪些方面的能力才能应对当前人工智能的挑战？本研究以中英美三国的数据新闻课程调研为切入点，结合河北大学的数据新闻课程中数据分析与挖掘实验，做简要分析并试图回答这个问题。

一、数据新闻理论与技术基础

1. 语义网技术为数据新闻的兴起提供了坚实的技术基础

数据新闻与“计算机辅助新闻报道”“精确新闻”等概念有着一定的历史延续性。在大数据视域下，辅助新闻报道的已经远远不仅是计算机了，传感器、无人机、智能终端等均是辅助报道工具。当前的社交网络环境下，线上线下融合，这种信息环境改变了新闻生产模式与传播模式，如果说精确新闻更多的是从媒体的专业性角度出发，探寻的是利用数据增加报道的准确客观，那么数据新闻则更多的是从用户的角度出发，探寻数据对于用户有何意义；而用户也从新闻的被动接受转向主动获取、参与制作，他们在数据新闻产制中占据重要的地位。从影响的范围看，精确新闻的概念由菲利普·迈耶提出，其理念传播和实践范围主要在美国，对世界其他国家也有影响，但影响的范围和广度有限。而数据新闻并不是由某一位学者提出的概念，这个概念兴起于遍布全球的记者群，其影响的范围波及整个行业。

当前信息环境为 Web2.0 社交网时代，第三代互联网为语义网，本体、关联数据、知识图谱等语义技术深入研究及应用为语义网的到来提供了语义核心技术与数据基础。

如下图，语义网的七层架构表明：本体为语义网的核心技术，onto 其定义为“本体是共享概念模型的形式化规范说明”。这包含 4 层含义：概念模型、明确、形式化、共享。本体的构造应满足如下标准：明确与客观性；一致性、可扩展性、编码偏好程度最小；ontology 约定最小。

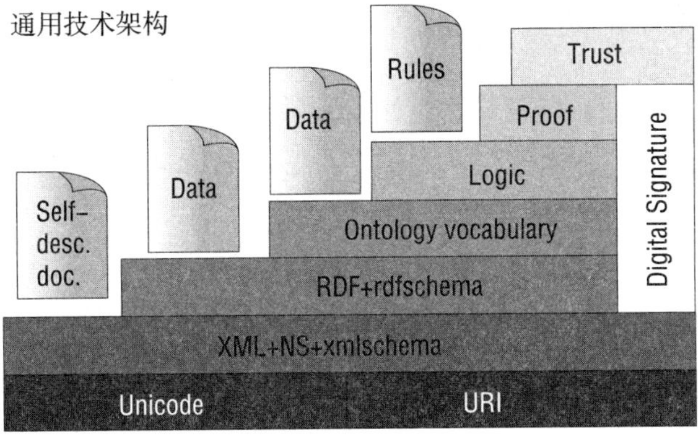

本体的基本要素：概念、属性、关系，本体是研究知识组织、知识检索的有效模型，是语义构建的核心技术，是语义检索的前提和根本。1985 年以来国内外学者进行了较有成效的探索，国内外著名应用项目如 WORDNET、HOWNET。

关联数据（Linked Data）这个概念来自 W3C，互联网之父 Tim Berners-Lee 于 2006 年首次提出。关联数据描述了通过可链接的 URI 方式来发布、分享、连接 Web 中各类资源的方法。关联数据允许用户发现、关联、描述并再利用各种数据，并遵循了万维网设计原则：简单、兼容、模块化设计，以及去中心化。关联数据能解决自主、异类、异构和分布的海量数据的知识发现问题，它提供一套低成本的标准化数据访问机制，因其非集中式的特点，采用 Linked Data 机制可以有效地规避一些复杂的数据权益纷争问题，有利于数据的健康发展和信息繁荣。另一方面，各种完全自治的“数据孤岛”通过 Linked Data 连接起来，形成一个更为全面的浩瀚的知识库，为更智能的知识发现的实现提供条件，同时为上层数据应用（如数据集成检索、数据融合）提供丰富的数据源。关联数据作为一种新的语义发布工具，是目前数字资源揭示和利用的一项重要技术，其在整合孤立的数据、提供开放的元数据服务、实现语义互操作等方面具有广阔的应用前景。关联数据为异构的资源发现、重用与共享描述了新的方法与技术路线，这其中也为异构的本体发布与重用带来新的途径。

美国政府已开始了关联数据在政府信息语义网的应用，英国政府于2011年6月把主要的政府信息发布成可以重用的关联数据，并建立了数据重用的通用协议。LOD云图中的本体资源，作为知识库的基础数据使用。Google、Yahoo！等搜索引擎已经开始利用关联数据扩展和增强它们的检索服务。围绕DBPedia跨领域知识库较早实现的应用也比较多，如语义搜索引擎、各种分析工具等，国外文化出版行业中许多国际或国家级的出版数据开放了关联数据服务，纽约时报主题标目、科学出版词表的关联化发布是比较受关注的。除DBPedia外，当前较有影响的国际关联数据集有Freebase、WikiData、Yago2、Cyc、PubChemRDF、UniProt等数据平台。国内试验平台集中在：中信所、国科图、上图、河北大学、人大、东南大学等机构建有关联数据的语义实用平台。

笔者认为，语义网的技术及其数据应用为数据新闻的兴起提供了坚实的技术与数据基础，预示着由数据新闻担当主角的新闻2.0时代即将到来。

2. 知识图谱为数据新闻的兴起提供了扎实的数据语义化基础

知识图谱为人工智能的广泛应用提供解决方案。知识图谱是实现机器认知智能的核心技术，其主要应用表现在：

（1）精准分析：精准化数据分析、舆情分析、热点统计、情报分析。

（2）智慧搜索：精准搜索意图理解——精准分类、语义理解、个性化；复杂多元对象搜索——表格、文本、图片、视频、文案、素材、代码、专家；多粒度搜索——章级、段落级、语句级；跨媒体搜索——不同媒体数据联合完成搜索任务；精细化数据分析——酒店评论抽取、个性化制造。如下图所示：

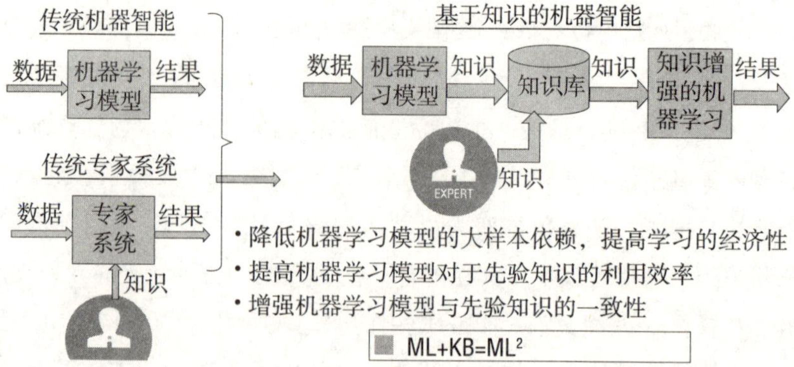

（3）智能推荐：场景化推荐、任务型推荐、冷启动环境下的推荐、跨领域推荐、知识型推荐。

（4）精准感知用户的任务与需求场景，预设场景化的传播设计：从基于用户行为的推荐发展到基于需求场景、用户画像、语义融合的智能推荐。

总之，适应图谱为数据的语义化时代到来构建了扎实的应用场景，其数据应用场景是人工智能时代的标识性场景。

3. 三项国标的实施加速新闻 2.0 时代的到来

荷兰学者梵·迪克是当今国际上新闻话语分析理论的最突出的代表，其新闻格局理论为新闻语义框架的建立及新闻语义特征的把握提供理论支持。

国内融媒体时代被誉为面向人工智能的“新闻传播语义框架”三项国家标准 2017 年 12 月 29 日诞生，中国国家标准化管理委员会正式发布了第 32 号中国国家标准公告，由全国中文新闻信息标准化技术委员会研制上报并归口管理的三项新闻信息技术国家标准，获得国家质量监督检验检疫总局、国家标准化管理委员会批准，并将在 2018 年 1 月 1 日正式实施。具体三项国标的情况如下：《报道策划及新闻事件置标语言》是服务于现代化新闻采编平台的新闻报道管理技术标准。该标准以 W3C 组织的 XML 技术标准为基础，规定了新闻行业中文新闻事件信息的元数据和结构，以实现新闻事件信息的内容描述、交换和再利用。该标准具有前瞻性、专业性和跨媒体的特点，将为基于事件的新闻稿件组织模式、报道管理模式和新闻产品供稿模式创新提供科学的技术规范。《中文新闻图片内容描述元数据规范》从新闻编辑用图和创意用图两个维度，对中文新闻图片视觉内容和语义信息的元数据项进行了规范性定义，可以满足新闻图片采集、编辑、存储、发布、检索和交换的信息处理需求。该标准专业性强，结构简明，有较好的可扩展性和兼容性，填补了我国新闻图片应用标准的一项空白，将为中文新闻领域带来较高的应用价值。《统一内容标签格式规范》是一套对新闻内容信息进行语义标引和管理的内容元数据规范。该标准采用以“内容为驱动”的方法进行设计，可对网络传输中面向群体受众的内容进行标引，可多维度描述媒体内容的矢量化信息，支持新闻媒体信息资源的语义聚合、定制传播、组织管理、个性化服务以及内容大数据共享与治理。

新闻传播语义框架三项国家标准的诞生与实施，非常贴合媒体现实的业务需求，可以在新闻报道业务流程的多个环节，如报道的策划组织和管理，采编和供稿，新闻图片内容元数据的规范描述、语义标引和语义搜索，以及互联网新闻的传播和管理等方面，更好地消除技术障碍，为媒体融合业务的发展提供标准保障。是以 W3C 组织的 XML 、RDF 技术标准为基础，在新闻信息领域的产品生产流程和数据资源建设方面，具有很好的应用价值。

三项标准将有助于开启新闻传播领域的语义化时代，方便数据的语义化标注与共享，加速在数据语义化，是面向下一代互联网（语义网）的应用的技术标准。三项标准不仅服务于新闻的表达语义化，更服务于传播的语义化和场景化，这就意味着为新闻传播领域的人工智能的应用与落地打好数据语义化的基石。三项标准的实施将加速新闻与人工智能的融合，促进数据新闻语义化架构的形成，昭示着新闻 2.0 时代的到来！

二、数据新闻教学中需要培养的能力解析

总结十多年关于语义网、本体、关联数据等教学与研究体会，结合数据新闻教学工作体会，将数据新闻的知识结构归纳为：从纷繁数据中发现特定主题数据新闻的新闻挖掘的新闻选题能力、围绕特定主题的信息采集能力、针对采集的数据进行数据清洗与过滤、数据分析与挖掘、可视化呈现，场景（交互化）设计、最后“讲故事”。

笔者通过对国内外业界同行数据新闻案例的分析、总结业界的实践过程、归纳本团队的数据新闻实验后认为：数据新闻的生产，其核心就是在纷繁复杂的数据环境中用敏锐的新闻视角发现数据之间的关系，并挖掘其成为特定新闻价值的新闻主题，然后就其相关内容进行数据的抓取、清洗与过滤、分析与挖掘、交互性设计、可视化呈现、故事化讲述。数据新闻是适应互联网媒介形势的新型新闻报道方式，面向人工智能时代的到来，数据新闻的制作就更关注新闻的元数据间的语义关系发现，新闻内容的语义关系挖掘，关注语义化交互化场景化设计与可视化呈现。

1. 新闻选题发现能力：透过繁杂的数据发现特定选题新闻线索的能力

大数据背景下的专业记者应当善于在纷繁的数据中发现有价值的数据，并挖掘这个有价值的“数据”，有无具备将其转化为特定主题的新闻的素质，这个特定选题新闻有无更有价值的数据做“引爆点”，在这“引爆点”后能否

激发受众积极参与，形成具有深入挖掘的趋势并引发更多的关注，最终获得很好的社会价值。

这就要求在数据新闻的教学中安排一定实验环节，用专门的课时专门训练这种信息意识，训练透过数据发现新闻的敏锐意识，并结合传统新闻教学中新闻“引爆点”的选择标准，做好这方面的教学。

2. 数据清洗分析的能力

数据分析是指为了提取有用信息和形成结论而对数据加以详细研究和概括总结的过程。数据分析与数据挖掘密切相关，但数据挖掘往往倾向于关注较大型的数据集，较少侧重于推理，且常常采用的是最初为另外一种不同目的而采集的数据。在统计学领域，有些人将数据分析划分为描述性统计分析、探索性数据分析以及验证性数据分析；其中，探索性数据分析侧重于在数据之中发现新的特征，而验证性数据分析则侧重于已有假设的证实或证伪。

大数据背景下数据分析必然要依托计算机技术予以实现，研究数据的统计规律，侧重于对微观数据本质特征的提取和模型发现。为此数据新闻教育中需要学生了解复杂数据的分析与建模；了解并掌握一种数据分析的语言；掌握按照实证研究的规范和数据挖掘的步骤进行大数据分析操作方法。在教学环节需要使用数学、统计学、计算机科学等学科相关知识对数据分析与数据挖掘，并进行相关的研究和实践。因此，加强教学，特别要加强对于实际数据进行建模与算法等多方面实践，实现分析挖掘的训练。在教学环节需要结合常用工具及其使用进行技能型的培训和实习，例如 SPSS 和 SAS 等数据分析工具对数据做最基本的分析。对于数据库、数据仓库、本体、关联数据等结合数据管理内容进行针对性的训练。

可视化个性化设计需要构建用户信息行为库，通过个性化语义元素设计达到通过用户的简单选择与标注就能让制作者勾勒出用户新闻信息需求的个性化头像，然后植入数据新闻才能完成数据新闻个性化设计。因此教学中对用户行为的分析与归纳不可缺少，个性化元素的植入方法训练不能缺少。教学中案例学习与跟踪，结合需求与工具使用，包括 PS、AI 等制图工具的使用，以及 H5、JS 等网页编程基础。注重场景化设计、交互化设计与个性化设计，因为设计方案成功与否是关乎数据新闻的传播扩散效果的重要方面。

3. 数据语义能力

数据语义能力通常是指针对新闻关系的挖掘而发现其内容或描述型元数据间内在的关联关系的发现，常规情况下主要通过关系挖掘进行预测。一般情况下，数据新闻制作过程中的数据分析有两种情况：一是事先不知道的新模式和未知的相关关系。就预测分析而言，数据分析主要包括趋势预测和缺失信息预测。趋势预测是指通过事物的一些基本属性信息和先前的态势分析，预测事物发展的轨迹和最终影响力。缺失信息预测是指对现有信息中缺失的信息项或者还没有出现的信息进行预测，也称预见。如：Google 能够根据用户搜索日志预测到流感的爆发并能够找到传播的来源。另一种情况则是：目的和任务通常情况下是比较明确的，要通过数据分析回答具体的问题，如“周永康的关系图”“公款消费龙虎榜”等，这种情况下换句话说，在数据分析的开始阶段就已经大致了解了结果或模式。数据分析人员需要做的就是紧密围绕主题进行数据采集，运用多种工具与方法进行数据分析，并随时监测可能的新数据，并根据数据发现其中的规律、本质、战略意图等，并将这些具体内容“填充”到数据新闻的分析结果中，或按预定的过程、模式组织所发现的数据，如可视化呈现等，形成数据新闻的数据分析报告。

4. 面向人工智能的数据新闻课程更关注语义能力培养

大数据呼唤人工智能：大数据的日益积累、计算能力的快速增长为人类进入智能时代奠定了基础，大数据为智能技术的发展带来了前所未有的数据红利，机器计算智能、感知智能达到甚至超越人类。随着数据红利消耗，以深度学习为代表的感知智能也遇到天花板，认知智能将是未来 AI 发展的焦点，是进一步释放 AI 产能的关键。正如人们通俗地归纳的三个定理。

定理 1：NLP＋KB＝NLU

定理 2：Smallknowledge＋big data＝big knowledge

定理 3：ML＋KB＝ML^2

总之，面向人工智能的机遇与挑战，数据新闻教育中在传统的数据能力、可视化、交互化能力等的培养基础上，更加关注语义能力的培养，使其成为重点中的重点。

三、面向人工智能的数据新闻课程中的综合数据实验

面向人工智能的数据新闻课程中的综合数据实验，将综合实现数据新闻教学过程的相关内容，包括数据采集、清洗分析，然后对数据进行关系挖掘，并进行语义化标注，并实现可视化有关系的发现过程的呈现，即数据新闻的新闻关系可视化发现实验。

1. 实验目的

基于关联数据与本体技术在语义处理领域的领先地位，应用到新闻中语义关系发现，并以可视化方式呈现出来，或者说用可视化的方法与工具实现新闻中的语义关系发现。

2. 实验设计

本实验中将设计实现新闻中五维语义关系的发现。

（1）从网络采集提取与“空气污染”主题相关的相关新闻；

（2）对采集的新闻进行数据清洗，筛选出符合条件的新闻文本，并将其元数据进行梳理与简单分析，对选定的新闻进行必要的主题标注；

（3）依据对“汉语基础语料库及网络调用平台”“叙词表构建本体的中文叙词词间关系细化研究”等成果中提出的汉语五层二十四种概念关系规范，将关键词（主题维度）按其进行标识，并从作者、来源、主题、合作者、转载情况等五个维角度来发现新闻之间的关系，通过映射语言分别建立相应的关联；

（4）通过 Drupal 平台将其进行关联数据格式的发布；

（5）采用 RelFinder 技术来将关联数据发布的新闻之间的关系发现进行可视化呈现。

3. 实验内容

（1）Drupal 中建立内容类型及外部数据集之间的关联映射，并通过利用模块 EVOC 导入所需要的本体库，如：DC、FOAF、SKOS、OWL 等，通过 Drupal 站点定义好内容类型的相关映射并存储。

（2）将新闻主题进行文体抽取，并利用关联数据技术在 Drupal 中建立相

应语义关联，为关联数据的发布提供支持，通过这种方法将新闻实例中所包含的与“空气污染”内容语义相关主题均能够检索出来，大大提高了检全率与检准率。

（3）利用该软件构建出从创作者、来源机构、新闻主题、转载情况等多个维角度来发现新闻之间的语义关系。

4. 实验平台的配置

RelFinder 的总体设计原则概括为：（1）用户最小努力原则，即任何应用调用该界面工具时，都要满足操作尽可能简单化。RelFinder 的实现原理，也称发现关系过程，即 ORVI 对象映射、搜索关系、可视化、交互式探索的过程。（2）需要在 configue 目录下安装 config. xml、examples. xml 和 RelFinder. swf 这三个文件。如果 RelFinder 和 SPARQL Endpoint 不在同一个服务器上，则还需安装 crossdomain. xml 和 proxy. Php 文件。文件的下载安装在 RelFinder 的官方网站 http：//www. visualdataweb. org/integrating. php 上即可得到。（3）安装与配置后，服务器端采用一系列的 PHP 脚本实现客户端和 SPARQL 端点间 SPARQL 查询的提交及返回结果集。

5. 实验关键点

系统运行要将 config. xml 中的 SPARQL 端点进行修改，将 EndpointURI 设置成为本地存储 Virtuoso 的 SPARQL 端点：http：//localhost：8080，config. xml 的文件片段如下所示：

```
<endpoint>↵
······<name>library</name>↵
······<abbreviation>lib</abbreviation>↵
······<description>Semantic· Web· dataset· for· movie-related·
information. </description>↵
······<endpointURI>http://localhost:8080/sparql</endpointURI>↵
······<dontAppendSPARQL>ture</dontAppendSPARQL>↵
······<isVirtuoso>false</isVirtuoso>↵
······<useProxy>ture</useProxy>↵
```

6. 实验结论

本实验有效地测试 Drupal 及 RelFinder 平台，并基于两个平台构建了发现新闻内容关系的试验平台，对探讨数据新闻的语义构建，对新闻之间的直接和间接语义关系发现，对揭示新闻内容的主题脉络，对辅助传媒领域对新闻文本的内在关系发现有较好的参考价值，并为从更细粒度方向开展语义关系发现的研究提供了基础。

结语

由业界的数据新闻实践及数据新闻教育教学中的讨论不难看出，数据新闻的教学中需要着重设计几方面的能力培成：第一方面是新闻能力，不仅包括传统新闻选题、故事化讲述能力，还包括数据叙事能力；第二方面是数据能力，包含数据采集与获取、数据清洗与过滤、数据分析与挖掘能力；第三方面是语义能力，包含可视化设计、场景化设计、语义化设计等特定主题的视觉传达能力与该主题新闻的传播扩散能力等。上述三种能力的团队成员必须密切合作才能完成好的作品。在此基础上相互学习、增加对彼此专业领域的熟悉和了解，不断提升数据新闻所需的能力，才能设计并制作出优秀的数据新闻产品。

参考文献

［1］郭晓科．数据新闻学的发展现状与功能［J］．编辑之友，2013（30）：87-89.

［2］Pivotal，Mckinsey report highlights the impending data scientist shortage［EB/OL］．［2014-03-13］．

［3］史安斌．数据新闻学的发展路径，http：//blog. sina. com. cn/s/blog_81651ac20101rh5r. html2014/6/06.

［4］郎劲松，杨海．数据新闻：大数据时代新闻可视化传播的创新路径［J］．现代传播，2014，3（总 212）：32-36.

［5］章戈浩．作为开放新闻的数据新闻——英国《卫报》的数据新闻实践［J］．新闻记者，2013（6）：7-13.

［6］Juei -ni Sun & Yu-chen Hsu. The Effect of Interactivity on Web-based Instruction Learners' Attitude, Satisfaction, and Performances [R]. Proceedings of the Fifth IEEE International Conference on Advanced Learning Technologies, 2005.

[7] Harmes, J. C. & Kemker, K. University of South Florida. Adding Interactivity to Web-based Instruction [EB/OL]. http://www.icte.org/T99_Library/T99_14z.PDF, 2007-01-14.

[8] Sims, R. Interactivity: A Forgotten Art? [EB/OL]. http://cops.uwf.edu/eme6414/2002/ interactivity.htm, 1997-1-27/2007-1-10.

[9] 詹泽慧，梅虎．中、英、美开放课程资源质量现状比较研究 [J]．比较教育研究，2010（1）：44-48.

[10] 任瑞娟，白贵．数据新闻理论与实践：模式、发现与思考 [J]．新闻大学，2015（3）：65-72.

[11] 沈浩，杨璇，杨一冰．传播学研究新思路：复杂网络与社会计算 [J]．科研信息化技术与应用，2014，5（2）：27-33.

[12] [英] 维克托·迈尔-舍恩伯格，肯尼思·库克耶．大数据时代：生活、工作与思维的大变革 [M]．盛杨燕，周涛，译．杭州：浙江人民出版社，2013.

[13] 数据新闻手册，http://xiaoyongzi.github.io/web/index.html.

[14] Klaus. Bruhn. Jensen. Media convergence: Three degrees of Media in three-step flows of communication [M]. London. 2010.

[15] 何海地．美国大数据专业硕士研究生教育的背景、现状、特色与启示——全美23所知名大学数据分析硕士课程网站及相关信息分析研究 [J]．图书与情报，2014（2）：48-56.

[16] 王国鹏．大数据时代媒介生产方式和传播机制的变革研究 [D]．济南：山东大学，2014.

[17] 毕良宇．大数据背景下数据新闻的研究 [D]．武汉：华中师范大学，2014.

[18] 喻国明．大数据方法与新闻传播创新：从理论定义到操作路线 [J]．江淮论坛．

[19] 王斌．大数据与新闻理念创新——以全球首届数据新闻奖为例 [J]．编辑之友，2013（06）：16-19.

[20] Martin Molina. Department of Artificial Intelligence Technical Uni-

versity of Madrid, Spain .Simulating Data Journalism to Communicate Hydrological Information from Sensor Networks [J] .

[21] Matthieu J. Guitton. Centre de Recherche Université Laval Robert Giffard, Quebec City, QC, Faculty of Medicine, Laval University. The immersive impact of meta-media in a virtual world. COMPUTERS IN HUMAN BEHAVIOR [J] . WOS: 000305084800003.

[22] Rich, MH; Craig, RT. Habermas and Bateson in a World Gone MAD: Meta communication, Paradox, and the Inverted Speech Situation. COMMUNICATION THEORY [J] . WOS: 000314261700006.

[23] Bakker, Piet. GATES RETURNS Curation, community management and other new roles for journalists. SO JOURNALISM STUDIES. 2014. VL. 15 p. 596-606 DI 10. 1080/1461670X. 2014. 901783 [J] . WOS: 000341762100011.

[24] Anderson, C. W. Towards a sociology of computational and algorithmic journalism. NEW MEDIA & SOCIETY. 2013. VL. 15. p. 1005-1021 [J] . WOS: 000329434400001.

[25] Parasie, Sylvain Dagiral, Eric. Data-driven journalism and the public good: "Computer-assisted-reporters" and "programmer-journalists" in Chicago. NEW MEDIA & SOCIETY. 2013. SEP. VL. 15. pp. 853-871 [J] . WOS: 0003 24430000003.

【通讯作者】任瑞娟：河北大学教授。

稿件收录时间：2018 年 12 月

论媒介融合背景下创意产业对高校广告专业教育的领引

杨海军

摘要：创意产业是信息社会的基础性产业，广告业是创意产业的核心组成部分。创意产业的提出对于广告业产业升级换代产生了深远的影响，也改变了业界对广告专业人才的需求模式，在媒介融合背景下，创意产业的发展为广告专业教育提出了新思路，开辟了新路径，创意产业是广告专业教育的新坐标。

关键词：文化产业　创意产业　广告教育　坐标

创意产业概念的提出和在广告运作过程中被不断强化，一是和广告活动中的创意本质被发现、被提炼、被强化传播、被上升到国家经济发展的战略高度来认知直接关联；二是和中国城市化进程加快，社会经济转型需要新的引擎推动、需要新的经济力量支撑有因果关系；三是和世界范围内广告业的快速发展、升级换代给中国广告业带来的刺激和影响密切相关；四是来源于新媒体环境下中国广告人自主创新意识复苏、广告理想升华的直接推动。这些因素，导致中国广告业的发展环境、发展方式、发展面貌出现全新的变化，同时也对广告专业人才的培养提出全新的要求。

一、创意产业——国家经济发展战略高度的新认知

2002年11月，党的十六大报告在“文化建设和文化体制改革”部分中明确提出要积极发展文化产业，认为发展文化产业是市场经济条件下繁荣社会主义文化、满足人民群众精神文化需求的重要途径。完善文化产业政策，支

持文化产业发展，可以增强我国文化产业的整体实力和竞争力。[①]

2004 年 3 月 29 日，国家统计局在与有关部门共同研究后，制定了《文化及相关产业分类》，以规范文化及相关产业的口径，范围，从而形成了一个认同度较高的、法定的“文化产业”概念，即“为社会公众提供文化、娱乐产品和服务的活动，以及与这些活动有关联的活动的集合”[②]。在这一概念统领下，文化产业被分为 9 大类、24 中类、80 小类。其中核心层包括：新闻服务、出版发行和版权服务、广播电视电影服务、文化艺术服务等四类；外围层包括：网络文化服务、文化休闲娱乐服务、其他文化服务等三类；相关层包括：文化用品、设备及相关文化产品的生产，文化用品、设备及相关文化产品的销售。

文化部在《文化建设“十一五”规划》（2006）中明确指出文化产业创新机制：发展文化创意产业园区，支持和鼓励中小型文化内容服务企业的发展，逐步形成一批以提供文化数字信息、演艺、动漫、文化资讯等内容为主的大型内容提供商。充分发挥文化经济政策和科技政策作用，引导文化企业成为文化创新主体，支持掌握核心技术的文化科技人才创办新型文化企业，扩大原创文化产品与服务的有效供给和销售，大幅度提高我国自主知识产权文化产品的数量和质量。[③]

2009 年 7 月 22 日，我国第一部文化产业专项规划——《文化产业振兴规划》由国务院常务会议审议通过。这是继钢铁、汽车、纺织等十大产业振兴规划后出台的又一个重要的产业振兴规划，标志着文化产业已经上升为国家的战略性产业。在这个规划里，国家将重点推进的文化产业包括：文化创意、影视制作、出版发行、印刷复制、广告、演艺娱乐、文化会展、数字内容和动漫等。

文化产业相关政策的相继出台，为广告产业的发展提供了政策保障，同时也为创意产业概念的提出及广告创意活动的展开打开了思路。为客观公正宣传“中国制造”，中国商务广告协会、中国机电产品进出口商会、中国轻工工艺品进出口商会、中国纺织品进出口商会共同制作了一部宣传“中国制造”的广告片，于 2009 年 11 月 23 日起，在美国有线新闻网（CNN）的美国频

① 参见《中共中央十六大报告》，第六部分（五）。

② 参见国家统计局：《文化及相关产业分类》，2004 年 3 月 29 日颁布。

③ 参见文化部：《文化建设“十一五”规划》，2006 年颁布。

道、美国头条新闻频道和国际亚洲频道播放。

广告片以“携手中国制造”为主题，以“合作和参与”为理念，强调中国与世界各国一道，为消费者提供高品质的产品。整个广告的制作、投放过程是通过市场招标进行的，中标的是DDB国安广告制作公司。这是一家国际4A广告公司，由中信国安集团与全球最大的广告公司——宏盟集团（Omnicom）合资成立。DDB国安制作的这则广告，其创意是表现从“Made in China”到“Made with China”的理念升级，广告语中文翻译为“中国制造、世界合作”。该广告想传达的信息是：经过30年的努力，中国产品正在同各国的商业和文化力量携手改善全球生活质量。而在全球经济低迷的背景下，这则广告更是显示了国家对于“中国制造”的信心。中国商务广告协会常务副会长刘立宾认为这则广告其实不仅仅是一则商业的形象广告：“我们中国是出口贸易大国，这个广告引起了国内外媒体的广泛关注，我们是第一次，是我们的一次尝试，今后如何做？怎么做？我们会根据这一次投放总结出来的经验和大家提供的一些意见，再进行考虑。但是有一点可以说明，对于国家形象的传播、商会形象的传播、企业形象的传播，我们殷切地希望国家给予支持，商协会合作，企业积极参与。”①

一系列政策层面的支持与企业的广告创意实践从不同角度为创意产业在新时期成为国家经济发展战略的重要组成部分做了新注解，不仅为广告创意人找回了自信，为广告业健康与快速发展注入了新的活力，也为加快高校广告专业教育的发展、重新审视和评价高校广告教育的作用和地位做出了理论和政策层面的新注解。

二、创意产业——广告业创造性本质的重新回归

广告业是一个充满创造性、多元化发展的行业，近年来，在文化产业政策的引领下，广告业对自身的反思和行业自身创造性的实践等都对广告业的发展模式和发展方向产生了深远的影响，在这一过程中，交织在广告业的发展道路上的探讨主要体现为广告业创意本性的回归，即创意产业的提出。

广告业性质是提升产业地位和建构广告业发展的基础，广告产业性质的形成是一个动态的发展过程，是广告业伴随着社会发展从无到有、从弱到强

---

① “中国制造”广告，擦亮中国国际形象［N］．扬子晚报，2009-12-06.

的发展过程，既是政策层面引领的过程，更是广告业界与学界良性互动、不断创新的过程。从广告业发展历程看，中国学界和业界对广告产业性质的认识经历了第三产业、信息产业和创意产业三个发展阶段。

改革开放后，面对着多元复杂的经济形态，管理部门在政策上对社会产业采用了三个产业的划分标准，第三产业主要是指非直接物质财富的行业，这种划分一方面说明了当时经济形态的混杂性，另一方面也为边缘模糊的新兴产业寻找政策性支持提供了便利。中国广告业是依附于传媒业的兴起而产生的，但传媒业的意识形态问题一直困扰着传媒产业性质的认定，广告业提出了“知识密集、人才密集和技术密集”的产业定位，这为广告产业的市场开拓奠定了基础，也推动了中国传媒业的产业化进程。由于第三产业的模糊性导致了广告产业的边缘无限放大，“泛广告化”的现象十分严重，大量的影视制作、公关、咨询等服务公司纷纷以“广告公司”自诩，导致了广告业核心竞争力的匮乏和社会影响力的低微。

随着经济高速发展所导致的信息需求剧增和IT技术的普及所带来的信息传播成本降低，信息产业逐渐从旧有的三大产业划分中独立出来，由信息产业所主导的信息社会成为继农业社会和工业社会后第三个社会形态也逐渐成为共识，信息产业一时成为社会的“沸点产业”。广告业经过“第三产业”定位时期的知识、技术和资本积累，广告业初具规模，但也亟须再次确认产业定位，寻求新的发展机遇。广告业从传播的角度来讲，是属于信息传播的服务性行业，这是由广告的信息本性所决定的，因此，在信息产业声誉日隆之后，广告业为了寻求资本市场认可和提高社会声誉，积极向信息产业的定位转变，这也是广告业与信息业融合的产物。信息产业的定位处理了广告业与传媒业之间内在关系，解决了广告传播的外在形态问题，但却忽略了广告业与信息业之间的区别，湮没了广告业本身的创造性价值和独立性。

创意产业是在政治民主化、经济多元化和社会社区化的背景下兴起的融合性产业概念，创意产业的提出从道德、理念和制度等层面上丰富了信息社会的内涵，并为信息社会的最终形成提供了生产力基础。由信息业、通讯业和传媒业融合所产生的“大传媒业”是信息社会的支撑性构架和枢纽，而创意产业则是“大传媒业”的灵魂所在，“大传媒业”因其不断扩散的影响力则成为创意产业的核心产业。广告业的产生最初是依附于大众传媒业产生的，而随着传媒技术的网络化、数字化和移动化导致了传媒形态极度膨胀和广告主的规模化，广告业逐渐丰富了其产业内涵，广告业的创造本性使其成为信息社会鲜活的生产力，广告业也成为创意产业中最具活力的产业领域。而创意产业的提出则对广告业的再度提升产生深远的影响，这一认知，对高校广告专业的定位和新时期广告专业的人才培养模式的变革提出了新挑战。

三、创意产业——中国广告业的凤凰涅槃

中国学者对广告业性质的认识经历第三产业、信息产业和创意产业三个发展阶段的过程，也是中国广告业凤凰涅槃的过程，其间广告业自身也经历观念创新、产业创新和模式创新三个阶段。

首先，观念创新，从简单模仿到自主观念创新。近五年来，我国创意产业理论研究已取得相当多的成果。一批全国及各地的文化产业发展的蓝皮书出版，一批西方文化创意产业的报告和著作发表，一批文化创意产业的案例研究发布，表明我国学者的观念创新已上升到一个新的高度。同时，对国外创意产业发展的理论基础、政策制定、产业布局、人才战略的研究也渐入佳境。对美国、英国及欧盟其他国家、日本、韩国、澳大利亚创意产业的各自特色与取向的探讨，也为中国创意产业理论的发展提供了现实借鉴。

我国创意产业发展的首要问题是观念上必须加强和提高对创意产业发展的重要性、前沿性和未来发展态势的理解、认识与认同。特别是各级决策层。创意产业是一个全球产业发展中后发的新兴产业，其理念与传统的制造业发展理念、思维路径和管理经验有着很大的不同。发展我国文化创意产业需要各级决策层进一步解放思想，转变观念，学习和掌握世界各国创意产业发展的理论、战略、策略、成果、经验、方法和措施，并结合本地经济和社会发展现实实践，实事求是地开拓跨越式发展的新途径。在先进理论支持下，我国文化创意产业还需要通过文化体制改革，建立一个国家总体规划，确定未来若干年发展的政策导向，完善和优化创意产业发展的内部与外部的环境。在这里，高瞻远瞩的总体规划、合理优惠的政策支持和引导、良好的创意环境都是至关重要的。而我国一系列有关文化产业相关政策的出台，也表明我国决策层观念的改变和创新意识的增强。

其次，产业创新。所谓“产业”，是指居于微观经济的细胞（企业）与宏观经济的单位（国民经济）之间的一个“集合概念”，它既是具有某种同一属

性的企业的集合，又是国民经济以某一标准划分的部分。① 产业的产生和发展是社会生产力和社会分工不断发展和细化的必然结果，一般来讲，一个产业的产生必须具备以下条件：（1）必须是具有某种同一属性的企业集合，运行的主体是单个的企业或企业联盟；（2）必须有可经营的内容与服务；（3）必须以赢利作为活动的主要目的；（4）必须达到一定的市场规模和产出规模；（5）对经济的发展要有一定比例的贡献率。

经过20多年的发展，世界广告业已经成为一个成熟的产业，主要表现在：（1）20世纪末21世纪初在世界范围内形成了以Omnicom、WPP、IPG、Publicis、Havas、Dentsu等为代表的全球性的广告集团，他们占有着全球约60%的广告市场，并且凭借强大的资本在全球范围内掀起了兼并狂潮；（2）广告业的竞争模式也由专业化的代理能力的竞争演变为“广告集团比资本，广告公司比服务”的竞争模式；（3）广告公司的服务范围由专业的广告代理发展为包括广告代理、媒介购买、信息顾问、公关、品牌识别、健康营销、直销、关系营销、客户关系管理、互动营销、体育营销甚至客户的公司战略等多项内容在内的综合性营销服务。

从原始积累到产业升级换代，我国文化创意产业的发展首先面临的问题是如何以高新技术带动传统产业的升级换代，构成与完善创意产业的产业链条，建设一批以高新技术为基础的文化创意产业园区，加强创意项目作为风险产业的辅导、推动，改革和完善创意产业的投融资体制。其次是如何整合资源问题。我国的文化产业，如新闻出版业、广播影视业、音像业、演出业、娱乐业、艺术培训业、文化旅游业、群众文化业、图书馆业、文物业、博物馆业、会展业、广告业、咨询业、博彩业、竞技体育业等也正在蓬勃发展之中，如何整合资源，使多头管理、分散经营状况得到根本改观，如何形成产业合力，把文化产业或大传媒业真正聚合成具有强大竞争力的创意产业，也是必须关注的问题。再次是产业升级换代的推动力问题。我国学者从经济学的视角来解读文化创意产业的推动力问题，在区域经济发展中，优势区域中具有高附加价值的产业逐步替代低附加值的产业，并将低附加值的产业向不发达的区域转移，这一点早被英国经济学家威廉·配第和克拉克发现并证实，这一理论也已经成为经济学早已公认的“配第—克拉克定理”。配第—克拉克定理的基本结论是在区域经济发展的过程中，第一产业的就业比重不断降低，

① 杨治．产业经济学导论［M］．北京：中国人民大学出版社，1985：16.

第二、第三产业的就业比重将逐步增加，即劳动力会由第一产业向第二产业与第三产业转移。随着经济发展，区域经济都会逐渐向高端产业递进。高附加值产业替代低附加值产业是经济发展的必然趋势，新的高附加值产业将成为具有生命力的朝阳产业。今天，文化创意产业正以其高附加值的经济势能，成为推动地区和国家产业结构升级换代的重要力量。

最后，模式创新。从追逐利润到关注文化缔构。文化产业的模式创新，主要是经营创新，还是文化创新或是经营＋文化创新。曼海姆的知识社会学理论和波特的经济发展四阶段论作为新模式的理论支撑。知识社会学是对知识进行社会学考察的一门学科，研究知识与社会的互动关系，重点考量社会对知识的影响和作用，主要对知识的社会决定进行经验的研究以及对各种思潮进行社会学的考察。经济发展四阶段论主要包括：（1）要素驱动阶段，经济发展的主要驱动力来自廉价的劳动力、土地、矿产资源。（2）投资驱动阶段，以大规模投资和大规模生产驱动经济发展。（3）创新驱动阶段，技术创新为主要推动力。（4）财富驱动阶段，这个阶段追求个性全面发展，追求文学艺术、体育保健、休闲旅游等生活享受成为经济发展新动力。这些理论为广告产业的模式创新打开了思路。

将文化产业置于现代化、信息化、知识经济迅猛发展的世界经济背景下，就会发现，文化产业越来越成为最具有现代意义、与高科技尤其是数码技术发展越来越紧密结合的产业，文化产业又反过来影响和改变传统产业的面貌，文化产业高于传统产业，文化产业之路是国家经济现代化发展的必然选择。从整个社会的现代化进程来看，社会生产效率的逐步提高，增加了人们的休闲时间，降低恩格尔系数，提高人们对享受生活，提高文化资本积累的需求，这种需求结构通过市场机制的作用直接改变生产结构，拉动了文化产品的生产，形成文化产业。

中国广告业经过二十多年的积累性发展，广告市场结构性失衡问题渐现，问题广告的迭出拷问着广告业的道德追求，广告业亟须在产业整合的基础上从行为层面上向伦理约束和法制规范的方向发展，创意产业的提出为广告产业的整合奠定了产业基础，同时也为创意产业指明了发展方向，即从追逐利润到文化缔构。而这一变化，为新时期中国广告教育的发展理念和战略思维提出了新要求。

四、创意产业——中国广告教育的新坐标

创意产业的提出丰富了信息社会的内涵，也为广告教育的提升和革新提供了理念上的支持，对广告教育核心竞争力的打造、广告专业发展和学科建设奠定了基础，创意产业成为广告教育新坐标的核心问题是广告人才的知识结构问题，这是广告教育发展最为突出的基础性问题，与此相关的则是广告创新人才的培养模式的打造问题。

1. 广告教育理念的更新——国家高度和行业视角

多年来，广告学界秉承一个理想，就是为广告行业培养合格的专业人才，并力求与业界互动，与业界对接，业界的需求成为高校广告教育的风向标。而中国的广告业界是一个庞大而松散的群体，阶段性变化和区域性特色使得中国广告市场特色十足、个性十足而共性缺乏。广告行业发展的区域性、差异性和非典型性分布使得高校广告专业教育与业界人才需求的对接变得越来越困难，为业界培养专业合格人才从某种程度上说只能是一种理想。而创意产业的提出，明确了广告创意产业的性质，规定广告产业的发展方向，使广告产业的共性特征清晰地呈现出来，其对人才需求的目标也就明晰起来。从行业的视角来审视广告教育还是站在国家战略的高度来审视广告人才培养，广告创意产业给出了新坐标。

2. 广告教育模式的更新——中国制造与全球通用

中国大陆的广告专业教育是在新闻传播学科建制、广告专业平台上展开的，其最大优势在于高校能够充分利用新闻传播的综合资源来观照广告专业，而广告专业独立的教学平台也具有很大的延展性，一方面可以依据广告专业的教育规律来安排课程，实施教学；另一方面也可以根据业界的最新发展动态来调整办学方向。笔者认为，这是中国广告教育的特色，首先可以给予学生丰厚的人文社科的素养，扎实的广告专业功底、统观全局的眼界和凝聚在身的专业精神，可以让学生能够面对现实挑战从容保持自信心的最大资本，也是让学生与实战接轨、与世界对话的基本条件。高校是广告事业的助动器，每一个准广告人都是广告事业的后备军，广告业是一个充满活力的创新产业，我们培养的人才应该是具有中国意识和世界眼光的复合型人才。这就要求高

校教育体系是开放的，教育模式是变化的，教育方法是灵活的，教育理念应该和业界同步。创意产业又为我们提出了中国制造和世界通用的新话题。

3. 广告教育内容的重组——知识构建与实战能力培养

高校本科教育常常坚持这样一个教育理念，这就是“宽口径、厚基础、强素质、重能力”，贯彻到广告教育领域，所谓的重能力也就是通常所说的实战能力。学生的实战能力是不是强，实际有两个基本的要求，就是“上手快，后劲足”，前面提到的教育理念是必须坚持的，学生的能力只要按照广告专业的教育规律去培养，可以解决“后劲足”的问题，具体到广告专业，如何做到“上手快”，则是需要认真思考的问题。首先，教师有多少知识储备，作为知识传授者，你了解不了解广告发展和运动的基本规律，能不能洞察到新媒体环境下行业的最新变化，教学团队所传输的知识结构和赋予学生的专业技能能否使其从容面对生存的挑战和专业理想的实现；其次，开设的试验教学课程占有多大比重，开设得是否合理，是否按照业界广告运作程序的各个环节要求来对应地开设相关课程；再次，教学试验设备是否比较先进，学生是否有较充足的时间来使用这些试验设备，能否在学习、实习、再学习、再实习这些互动过程中得到反复操练。学生实战能力的培养过程，实际也是科学、合理使用和综合配置教学资源的过程，学生实战能力的培养需要总体策划，适时引领，精心安排并和业界形成多元互动，培养学生的实战能力，说到底还是要激发学生的活力和其潜在的创新精神，高校广告教育平台本身只有具备巨大的张力，才能真正发挥出高校广告教育作为一门应用性极强专业的特殊功能。创意产业的发展又对高校学生的知识建构和实战能力的培养提出了全新的要求。

4. 广告教育结构的变化——遵循规律与打破常规

广告创新教育首先也要遵循高等教育的一般规律、原则和方法。教师主导式、体验式教学，传授给学生系统、完整的专业知识；学生自主性、创造性学习，获得独立分析问题、解决问题的能力。其基本原则是教学相长，以学生获得知识并能够熟练应用知识为最高目标，其特点则表现为较强的互动性和信息双向流动性。具体到广告专业，则表现为实践教学各个环节是广告专业创新的切入点，是学生知识系统不可或缺的重要组成部分，从一年级开始，就应该按照其知识结构的内在关系循序渐进地开出相关创新课程，这里包括美术、设计基础课和提高课，计算机基础课和提高课，摄影、摄像基础课和提高课，创新思维专项训练课，语言文字运用专项训练课，以提案为核心的广告运作流程专项训练课，以实战为背景的案例教学课等。同时，也可采用开放式办学的方法，广告公司、企事业单位的短期参观考察，暑期短线、大学四年级长线的专业实习，广告赛事的参与，业界人士的聘用及专题讲座都能使学生学到鲜活的东西。在这一过程中，师生互动也好，校企互动也好，或是多方互动，都是促使广告创新实践取得最佳效果的方式，其最终目的还是使学生在宽阔的教学平台上通过创新体验真正掌握实战本领。

在人工智能时代，广告创意产业的生态进一步发生巨变，正视这种变化，追随时代步伐，站在国家战略发展、广告行业变革、广告国家竞争、广告本质追寻的高度来重新审视中国广告教育的发展和广告专业人才培养，可以使广告教育的理想在创意产业这一新坐标引领下得以不断升华。

参考文献

[1] 乐景彭．创意产业［M］．上海：上海科学技术文献出版社，2005.

[2] 厉无畏．创意产业导论［M］．北京：学林出版社，2006.

[3] 蒋三庚．文化创意产业研究［M］．北京：首都经济贸易大学出版社，2006.

[4]［奥］约翰·哈特利．创意产业读本［M］．曹书乐，包建女，李慧，译．北京：清华大学出版社，2007.

【通讯作者】杨海军：上海大学新闻传播学院教授，博士生导师。

稿件收录时间：2019 年 7 月

辨新闻　范新闻　不新闻

——对新闻学教师的基本功和底线要求的思考

李建新

摘要：在新闻传播教育飞速发展的今天，新闻学教师自身的提高是一件刻不容缓的事。本文从“辨新闻：选择体察受众意”“范新闻：文章求入阅者心”“不新闻：不当之事切莫为”等三个方面探讨了这方面的相关问题。文章从最实际和最基本的问题入手，以职业化的标准为圭臬，勾勒出了新时代新闻传播教师的理想面目。

关键词：新闻　传播　教育　媒体　社会

在新闻学的教师被课题、论文、图表、专著、课时以及各种各样的频繁的检查、填表等捆绑的时候，需要对其自身所应该具备的基本条件，甚至是作为一个新闻学教师的底线进行一些理析和理清，并通过为其创造条件尽快补上其中的短板，因为这是关系到新闻教育的千秋大事，关涉到一代甚至几代新闻工作者的教育、成长与发展，关系到整个国家的新闻传播事业。

窃以为，辨新闻、范新闻、不新闻应该是新闻教师的底线要求和必须要具备的基本功。

所谓辨新闻，就是要有比较专业的、精准的、独到的对新闻的选择判断，能够在诸多的信息源之中，做最符合新闻标准、社会标准、传播标准的判断和选择，能够明辨新闻，理析新闻价值。

所谓范新闻，应该包括以下几个方面：其一，要能够并时不时地完成一些新闻作品，并以现身说法的方式给学生们提供新闻的范式，帮助学生正确认识和研习新闻创作；其二，把新闻业务或者新闻报道中的规范、程序、要求、老师的心得体会等范授给学生，经常性地灌输新闻的标准、新闻的规范给学生。

所谓不新闻，就是坦坦荡荡、光明磊落地做一个新闻传播学的教师，时时刻刻规范自己的言行，不制造一些让人鄙视或者诟病的“新闻”。

近几年，有调查和专家反映，新闻传播专业的毕业生的“质量”在下降，一些毕业生在新闻工作的岗位上感觉业务比较棘手，甚至对于新闻的态度也不是很端正，一些任职新闻岗位的学生，能够拿出手的满意的作品不是很多，在业务之外的“花边”事情倒是不少。究其原因，大概是新闻教育失位了，而新闻教育失位的原因可能就是教师履行岗位职责不到位，理论教育、实践教育、示范教育等几个方面都无法给出满意的答卷。

因此，为了新闻传播的未来，为了新闻教育能够培养理想的新闻工作者，新闻教师应该不断提升自己的执教水平，不断提高自己的业务能力，需要在业务方面用勤于修补的方式提高自己。

一、辨新闻：选择体察受众意

一个演员的离婚，媒体会进行一年多的持续关注，而对于一个英雄的离去却只是只言片语的报道；

一个艺人的夜宿，记者会用心守候，而对于财富创造者的劳动，媒体报道的力度不足；

对草根极尽上天入地地深挖，而对于共和国脊梁的中流砥柱，挖掘正能量方面欠缺；

一些媒体热衷于“撒狗粮”，而像《科技日报》“亟待攻克的核心技术”这样的栏目却少之又少；

听信传言、隔山买牛、拉网小调的多，用脚丈量、用眼观察、用心思考的少。

如此等等，不一而足，说明一些新闻工作者在“辨析”“认定”新闻的问题上出现了问题。

信息时代或者媒介化时代，人们生产、消费、再传播新闻的“胃口”大增。几乎每时每刻都在拿新闻与信息“说事”。新闻的“生产”也变得越来越大众化、公民化、普及化。输几个字，排几张照片，录一个视频，然后点击一下“发送”，似乎一则新闻就诞生了。

由此而出现的问题是，好多新闻不是新闻，各种各样的“新闻”以离奇、乱象、喧嚣、怪诞、取宠等方式出现，以吸引眼球、博关注为目的，而忽略或者根本不考虑、不顾及新闻传播所应该考量的东西，鱼龙混杂了新闻传播市场，弱化甚至背弃了新闻的社会功能。

因此，担负培养新闻传播专业人才的新闻教师，应该担负起教育工作者的职责与使命，从最基本、最细微的“小事”做起，告诉学子、告诉社会、告诉受众，什么是新闻，如何辨析新闻。

新闻体察受众意，指的是新闻要能够代表社会的主流民意，为主流民众服务，替主流群体发声。

“当真相在穿鞋的时候，谎言已经跑遍了全城。”这句人们耳熟能详的名言最近得到了科学家们的确认。

在2018年3月9日出版的新一期《科学》杂志上，麻省理工学院的三位研究者发表了一则迄今为止最大规模、最系统性的假新闻传播研究。他们分析了过去12年间的12.6万则新闻在推特上的传播情况，结果发现：假新闻跑得比真新闻更快、更深、更广，而跑得最快的假新闻类型则是政治新闻①。

在信息时代，社交媒体的出现完全改变了传统媒体时代新闻传播的格局和方式，几乎每个人都可以选择新闻、传播新闻。新闻业的“入门门槛”大大降低了，甚至取消了新闻的“门槛”，人人都可以成为内容生产者。

另一方面，资本逐利的本能以及一些善于“经营”的商人，渗透到了各种媒体或媒介之中，金钱和利益左右了一部分人对“新闻”的选择和判断。同时，广告为基础的商业模式，让新闻与信息发布成为一种收效和回报特别大的“信息”生意。因此，大量怀着逐利动机的个人和组织进入内容生产领域。指望广告商以客观、中立的方式“不发信息”，是不大可能的。

如是，面对媒介化社会的当务之急，是全社会地普及新闻学的基础与基本知识，把新闻的本质和功能等向所有“媒介人”普及，用新闻的规矩和新闻业的职业操守来要求“媒介人”，并以此来确保新闻选择的准确性和公信力，并保持新闻对于社会的服务功能。

辨新闻，就是要明辨新闻，以新闻学的法则来认定新闻。这里，需要强调和强化我们对新闻学的认知，需要强化党和国家对新闻的管理和要求，需要知道受众的需求。提高辨识新闻的能力，包括提供更多的事实核查信息，以及进行媒介素养、批判思维方面的教育。

新闻是客观真实的事实的报道。有研究表明，人在认知上存在偏见——

① Soroush Vosoughi, Deb Roy, Sinan Aral. The spread of true and false news online. Science, 2018 DOI: 10.1126/science.aap9559.

更容易选择和接受自己已经相信的东西，所以，在辨识新闻的时候，要特别注意对于事实的核查。

新闻还有价值大小之分。在我们选择了真正的有传播价值的新闻之后，还应该有辨识地给新闻排序，根据价值法则、重要法则、贴近法则、关联法则等，给予真实、高质量的信息更多的权重，也就是让它们更频繁地出现在更显眼的位置上，这是职业的新闻工作者的一种职责和担当。

二、范新闻：文章求入阅者心

新闻讲究实战，讲究应用。世界新闻教育的旗舰、美国密苏里新闻学院倡导的、为全世界所公认和效法的法则——“密苏里法则”明言：学习新闻和广告最好的方法是通过实践。

一个好的新闻学的教师，要完成好培养学生的任务，这个教师做新闻的能力一定过硬，新闻业务的能力一定了得，这是最起码的要求。试想，一个新闻学的教师，自己没有新闻实务的过程，没有新闻职场的历练，没有亲自从事过具体的新闻工作，甚至没有几篇新闻作品公开发表，这样的教师对新闻的认证是可想而知的。

若干年前，新闻教育界就有了共识：新闻教育特别强调动手能力，让没有拿过手术刀的大夫给病人做手术，让没有出过庭的律师直接担当辩护律师，是绝大多数人所不乐意选择的，同样，让没有新闻实操、没有完成一定数量的新闻作品的教师培养新闻学子，无异于选择没有拿过手术刀的大夫和没有出过庭的律师，虽然不是人命关天、利害攸关，但就其社会功能而言，它的重要性远在以上两者之上——因为它关涉的不是一个病人、一个当事人，一些小众群体，而是社会大众，是普天下的芸芸众生。

在日本、英国等国，他们认为新闻教育最好的方式就是在媒体，就是师傅带徒弟。

新闻教育的师傅或者主要的施教者是教师，这个师傅合不合格，不应该只看是否具有博士学位、是否有科研课题、是否有学术论文，还应该关注他们是不是一个能够胜任新闻工作的新闻工匠！

笔者为上海大学本科生开设了一门“新闻传播与当代中国”的课，几年下来，笔者发现热衷于新闻工作的学生们，文字功底普遍比较差，思来想去，笔者向同学们提出了“新文运动”的要求。重点强调“文字功底”的重要性和文字的力量，要求同学们无论如何要过“文字关”，以“新文”运动的方式恒定地持续地提高自己的文字能力。为此，特地赋诗一首，题名就是“新文”运动：

陋喻新闻为“新文”，要旨追求大不同；

传媒时代信息多，笔有魔力字千钧；

“忧”见学辈文苦涩，“灾”是教者自拙笨；

花拳绣腿使不得，千秋难改文字魂。

我们没有理由苛责学生，因为他们是嗷嗷待哺者，教师有责任交给他们如何做新闻，并且能够以身垂范，现身说法，把自己对新闻的理解和自己创作新闻的过程、体会、甘苦等能够分享给学生，这是最好的、最有效的新闻教育。

个人最新的思考认为，“新闻”可以理解为“发现＋表述”。“发现”是对任何新情况、新事物、新变化等的敏锐感知；“表述”就是精准的、让受众满意接受的、最经济的文字表达。

不少人是信息时代的“落榜生”“搅局者”。一些新闻人以及靠文字吃饭谋生的“文字工作者”，转变不成“文人”，思维枯竭、文字干瘪，一篇像样的、完整的新闻稿也写不了。

笔者曾多次、在多种场合与新闻传播教育界的同仁们交流、交换过这个看法。教师自身就不是一个“合格的新闻工作者”，让这些人来完成对新闻工作者的培养，缘木求鱼，奢望！

无论社会、传播环境如何变化，文字是传播的核心，是传播的灵魂，是传播价值终极体现的根本要素，永远不可能改变。

采访扎实、故事精彩、主题深刻、文字精美是一篇可以为“范”的新闻作品的必备要素。

当前，由于互联网的发展和普及，“万众皆媒”“万物皆媒”是一个既成的事实。在这样的背景下，要当好一个新闻学的教师，除了熟稔传统新闻编采之外，还应该紧盯时代的发展，在新传播、微传播等方面及时跟进与提高自我。根据传播主体、传播模式、传播时空、传播渠道、传播手段、思维与文化等的变化而做出相应的示范新闻的改变。

“万物皆媒”意味着信息终端的自然物体化。人们的信息接收，不再只依靠电脑、手机等这些专门的终端，而是可以在不同情境下，通过不同的智能化物体实现，例如智能家居中的各种智能电器。甚至可能基于投影等新技术，一切物体的表面都可以成为“屏幕”。

从新闻传播学角度来看，在这样一个新时代，意味着掌握着智能机器和传感数据的IT企业、物联网企业，也将成为新闻生产系统中的成员。对于专业的媒体机构来说，要拓展自己的信息采集能力，拥有新的信息生产能力，需要尽可能借助这方面的“外援”①。

由是，在“万物皆媒”时代，新闻教师不仅要示范好作为新闻人的新闻，还要能够精准理析“物”之新闻的采编与传播，并把这些内容的真谛传授示范给学生。

罗伯特·斯考伯和谢尔·伊斯雷尔所著的《即将到来的场景时代》一书指出了与场景时代相关的五个要素：大数据、移动设备、社交媒体、传感器、定位系统。他们把这五种要素称为“场景五力”。并认为：“五种原力正在改变你作为消费者、患者、观众或者在线旅行者的体验。它们同样改变着大大小小的企业。”②

新传播、微传播是“对应”场景的一个很具象的传播。这种传播应该考虑共性化场景与个性化场景。构成共性化场景的基本要素包括：空间与环境、时间、行为共性等；构成个性化场景的基本要素包括：空间情境、用户实时状态与需求、用户生活惯性、社交氛围等。

对于习惯了“内容为王”思维的大众媒体来说，理解与利用场景思维来拓展媒体的传播能力，也将变得越来越重要，也是必须面对的一种改变。这种改变是一种“边飞行边换引擎”的探索过程，机遇对任何人都均等，新闻学的教师如果能够及早介入，花心思关注，勇于实践，或许，不仅会给自己的学术研究找到突破口，也会为新闻教育找到一条好的途径。

在这一点上，清华大学走在了全国的前头——在2018年5月17日举办的首场“清华名师教学讲坛”上，清华大学校长邱勇表示，将在今年秋季入学的2018级新生中开设“写作与沟通”必修课！计划到2020年，这门必修课覆盖所有本科生，并力争面向研究生提供课程和指导。

开设“写作与沟通”课，是为了提升学生的写作表达能力、提高沟通交流能力、培养逻辑思维和批判性思维的能力。因为“大学本科和研究生的七

---

① 彭兰．新媒体传播：新图景与新机理［J］．新闻与写作，2018（7）．

② ［美］罗伯特·斯考伯，谢尔·伊斯雷尔．即将到来的场景时代［M］．赵乾坤，周宝曜，译．北京：北京联合出版公司，2014：11.

年，语言文字表达并没明显提高，甚至变得拙劣和粗俗化，令人深思。”[1]

清华大学要求学校优秀的文科教授给学生“范写作”，而且要普及到所有的学生层面，这无异给新闻学的教师一个新的刺激——要求和挑战真的来了！假如以文为生的新闻学教师因为没有“范新闻”“范写作”的能力，以其昏昏使人昭昭，这样的日子会久远吗？

如何“文章求入阅者心”？两年前，笔者就这个问题请教《人民日报·海外版》原总编辑张虎生前辈，他给出了四句话的诤言：隔靴搔痒要不得；应景文章写不得；趋炎附势干不得；谋己私利做不得。

2018年春天，当笔者悉知自己的新闻报道和探讨微传播的专著《棋道·微传播》获奖之后，当即赋诗[2]：

学有百科术成林，棋道立世位品尊；

微传体察受众意，文章求入阅者心；

乐在闲时淌楚河，插木方可得柳荫；

民间授奖口碑大，荣誉胜过百万金！

通常情况下，一个小小的棋道，能有什么可写的？笔者则用自己的文章告诉社会，“棋道不仅仅是棋道，它还可以广而大之地成为求艺之道、求学之道、为官之道、为政之道、为商之道，还可以普世、普适地成为做人之道、生活之道、臻善至美之道等等”；作品中许多内容看似聚焦“棋道”，实则关注社会，是“写风云、写世态、写法则、写应对”。因此，学界泰斗方汉奇先生认为“借棋道，新闻天地宽”[3]。

这是现身说法，是一种思维，也是一种意识，同时也是一种尝试。秉持这样的做法并努力坚持，我相信新闻学的教师会写出许多可以为学者范的新闻作品来。

三、不新闻：不当之事切莫为

有道是：好事不讲跑不了，坏事不讲不得了！讲讲“坏事”，其目的是求好的结果！

---

① 综合理想岛、中国青年报、清华新闻网等相关信息，2018-05-21.

② 李建新.《棋道·微传播》获奖之后［EB/OL］. 广东象棋网，2018-03-05.

③ 方汉奇. 借棋道，新闻天地宽［EB/OL］. 中国象棋大师网，2016-12-11.

中立的观察新闻传播教育领域，听听同行们的交流，留意一下周边发生的情况，我们不难发现，新闻传播学教师制造的“新闻”还真的不少——

2008 年，当中国改革开放走过 30 年的发展历程，新闻传播教育界回溯和总结那 30 年的时候，已经对学界的不端行为进行过总结：“靠造假蒙世界、靠剽窃发文章、靠抄袭出专著、靠投机拿文凭、靠取巧近领导、靠妄言骗学生、靠公关立学科、靠拉帮占山头、靠行贿拿课题、靠学生做研究、靠卑鄙谋官位、靠伎俩升职称、靠讨好求荣誉、靠卖身得实惠、靠谗言贬他人、靠自诩夸自己”①，这些无比龌龊、令人发指的行为，像一个毒瘤一样，严重腐蚀了我国新闻传播教育的机体。

到今年，较之 2008 年又过去了 10 年，中国的改革开放也已经走过了 40 年的发展里程，人们不禁要问，新闻传播学教师制造的“新闻”少了吗?

观察的结果是，不仅没有少，而且还有可能增加或者在原有的基础上向“纵深发展”——因为大学教师是高级知识分子，会用“脑子”，有“高智商”。

新媒体时代的大众传播的时代，新闻传播院校与媒体的合作也成为一种趋势。新闻学教师挂职媒体，“写新闻”、做新闻采访，比不过自己的学生；

自媒体时代的微信、微博，本是展示新闻学教师业务能力的好平台、好机会，哪知诸多的新闻学教师“不置一词”，转发他人的东西，有时候在转发的时候“涂鸦”几句，竟然也文不对题或者文干词糙，让人诟病；

新闻学的教师表面谦和，但为了私利不择手段，会利用匿名邮件来诋毁诬陷他人；

真实是新闻的生命、正直是新闻学教师的节气。

然而，个别新闻学教师为了不当获益，公开给领导当“奴才”，并以此打破良性的、公开、公平的竞争与工作环境；

“行政权力”被无限放大，新闻传播教育界的“权力”也开始寻租；

在“权力”与“奴才”的合围之下，学界必然会乱象丛生。

这是一个可怕的现象。当“权力”和“奴才”一次又一次地在学术界体现它的无所不在、无所不能的力量的时候，学界固有的内在规律或者合乎学术发展规律的逻辑被打破或者被扭曲或者被毁弃，学术发展不能够运行在学术的轨道上，而是被迫地改道到“权力”的轨道上，让本来不该失去的自我

① 李建新．访学美国述要［M］．太原：山西出版集团，2013：17.

失去，让本来不该发生的事情发生，就好比“文革”中强迫许多知识分子放弃科研而到干校从事体力劳动一样让人感到不可接受，不可理解。

“权力”在学术界的力量被放大，导致了学者们对“权力”趋之若鹜的追逐。有的学者虽然早已不屑于“权力”，但为了学术还是不得不为“权力”低头，开始寻找或者寻租“权力”。高校百位教授竞争一个处长位置的“奇异景观”的出现有点费解但是一点也不难理解。

学术的标准应该只有一个，这样的标准不应该受到权力或者奴才控制的左右和影响，而应该以学术的本真和学术的神圣为标准。这是繁荣、发展我们的学术事业的一条坦途。同时，学术界要通过自身的努力来告诉社会：对于学术的发展，要善于寻找、选择、利用正确的“权力控制”，坚决排除摒弃“奴才控制”，全力推进、高度拥护和支持“学术控制”。

学界应该制定并有坚决的执行保障机制，用制度来管控一切，使“投机取巧没有通道、剽窃抄袭没有市场、移花接木没有可能、讨巧作弊人所不齿、学术规范大家遵守、制度条文一视同仁”，这是我们期待的环境。

学术诚信是所有学术问题的根本！

笔者在美国密苏里新闻学院访学的时候，选择了一门“媒介管理与领导”的课，由 Dr. Michael Dunn 讲授。在第一次课的时候老师给了每个学生两张打印好的纸头，是关于这门课的总体要求、总体描述和总体目标的。按顺序，它的大致内容是：教科书的要求、阅读、课程描述、课程目标、上课日程、出席、教室里电子设备的规定、学术诚信、教室里的不端行为、（学术）不实和行为不端的报告程序、职业标准与道德等。老师并没有就这满满两页纸的内容在课堂上讲授，我在课后琢磨了半天才基本悟得其要。

在以上所有列举中，我认为其中最主要，最核心，也是篇幅最大的部分是它的关于“学术诚信”“不实和行为不端的报告程序”等内容的描述，从中可以发现密苏里新闻教育在制度方面的严格和在处理学术失范行为方面的严厉。

他们认为学术诚信问题是所有学术问题的基本，也是学校的基本原则。所有的学术组织和个人必须确立在学术诚信等方面的理性原则和忠实要求，努力发展这些学术诚信方面的优良传统，千万不能让学生接受不诚信的教育，不管这种努力是否能够成功。

在 Dunn 看来，学术不端行为至少包括以下方面的内容：

使用别人的材料没有注明引用或注明材料归属的；

一字不差地引用别人的材料没有注明引用或注明材料归属的；

扩展地引用在以前的任务中出现过的材料而没有得到老师许可的；

扩展地引用其他课堂上材料而没有得到老师许可的；

在新闻中虚构新闻信息或者新闻人物，不管该新闻报道与否；

在新闻信息或者在新闻人物中捏造信息源，不管该新闻发表与否；

在新闻中虚构新闻或者新闻人物的引言，不管该新闻是否发表；

……

然而，“剽窃”“抄袭”等学术诚信问题，始终没有远离我们的新闻学教师。学生发现老师“剽窃”并举报，这是新闻传播教育界何等的大新闻？

迎来了非常好的发展机遇的中国新闻传播教育，当是大鹏一日乘风起的关键时刻，也有着“扶摇直上九万里”的天赐良机。在这个快速发展的过程中，我们需要根除新闻传播教育中一切不利于发展的因素，包括消弭教师队伍中时有“新闻”发生的现象，以健康的体魄，充沛的能量去冲击我们所期待的发展高度。

【通讯作者】李建新：上海大学新闻传播学院教授，博士生导师。

稿件收录时间：2018 年 10 月

◆ 媒体融合中的传媒产业

2018年县级融媒体中心建设发展报告

朱天　张诚　齐向楠

摘要： 以构造县域节点并嵌入全国矩阵的可见目标，由新闻媒体再到县域治理平台的功能取向优化，在中央政策的直接驱动下，2018年各地的县级融媒体中心建设，总体呈现出全面挂牌、系统铺开与试点推广三种进度并进，省域统筹、市域联动和县域自主等建设模式并行的发展态势。在目前的建设过程中，路径选择、资源配置与周期考量成为三个主要的争议点，对此，"因地制宜"而非"按图索骥"、"增量突破"而非"资源配置"、"历时迭代"而非"一劳永逸"应是更适宜的思维与行动线索。展望下一阶段，机制创新、产品研发、人才培养与督导评估等，或将成为建设需要持续推进或突破的重心所在。

关键词： 县级融媒体中心　国家治理　建设模式　评估体系

一、国家政策的主导驱动

（一）总体布局：由构造县域节点到嵌入全国矩阵

以2019年1月举行的中共中央政治局第十二次集体学习活动为分水岭，县级融媒体中心建设的总体布局大致可以分为两个阶段：第一阶段由2018年全国宣传部长会议伊始至《县级融媒体中心建设规范》等系列文件发布结束，布局重心是如何在媒体融合的大背景下构造一个理想的县域节点。第二阶段则开始于中共中央政治局第十二次集体学习，目前延展至刚刚落幕的媒体深度融合座谈会。建基于第一阶段，后一阶段的重心转变为如何将坐落于县域的节点有机嵌入到全国各级、各类媒体组成的传播矩阵之中，详见表1。

表 1　县级融媒体中心建设大事记

阶段	时间	事项	关键词
第一阶段	2018-01-03	2018 年全国宣传部长工作会议召开	全面启动
	2018-08-21	2018 年全国宣传思想工作会议召开	国家战略
	2018-09-20	县级融媒体中心建设现场会在长兴召开	时间表/长兴经验
	2018-11-14	中央全面深化改革委员会第五次会议审议通过《关于加强县级融媒体中心建设的意见》	布局轮廓初现
	2019-01-15	《县级融媒体中心建设规范》《省级技术平台规范要求》发布	建设标准/技术规格、参数
第二阶段	2019-01-25	中共中央政治局就全媒体时代和媒体融合发展举行第十二次集体学习	向纵深发展
	2019-02-25	媒体深度融合座谈会召开	全国一盘棋

具体而言，2018 年 1 月召开的全国宣传部长工作会议上，中共中央宣传部（以下简称中宣部）就启动了在全国范围内推进县级融媒体中心建设的相关工作。时至 8 月 21 日，习近平总书记在全国宣传思想工作会议上提出“要扎实抓好县级融媒体中心建设，更好引导群众、服务群众”①，则标志着县级融媒体中心建设跃升为一项国家战略。9 月 20 日至 21 日，中宣部在浙江省长兴县召开了全国县级融媒体中心建设现场会，一方面明确了建设的时间表，“2020 年底基本完成在全国的全覆盖”②；另一方面又向全国推介了融媒体中心建设的一个国家级案例即“长兴经验”。11 月 14 日，中央全面深化改革委员会第五次会议审议通过了《关于加强县级融媒体中心建设的意见》，总体布局的轮廓日益清晰。2019 年 1 月 15 日，中宣部和国家广播电视总局（以下简称国家广电总局）联合发布了《县级融媒体中心建设规范》，同时国家广电总

① 张洋．举旗帜聚民心育新人兴文化展形象　更好完成新形势下宣传思想工作使命任务［N］．人民日报，2018-08-23（1）．

② 县级融媒体中心建设全面启动［N］．浙江日报，2018-09-22（1）．

局还配套发布了《省级技术平台规范要求》，前者明确了县级融媒体中心的业务类型、总体架构和功能要求等建设标准，后者规约了接通各县级融媒体中心之省级平台的技术规格和参数。至此，作为县域节点的融媒体中心之总体布局基本成型。

2019 年 1 月 25 日的中共中央政治局第十二次集体学习活动上，习近平总书记对包括县级融媒体中心建设在内的媒体融合工作提出了新的阶段性要求："推动媒体融合向纵深发展，形成全媒体传播体系"。① 时隔一个月的媒体深度融合座谈会上，中宣部部长黄坤明则更有针对性地指出"着力构建从中央到省市县的全媒体传播矩阵"。② 在新的布局思路中，县级融媒体中心就被纳入了全媒体传播矩阵的考量，由一个相对独立的县域节点被嵌入到全国传播网络之中。

（二）战略定位：由新闻媒体到治理主体

某种意义上，正是上述开放而非封闭、渐进探索而非先期规定的"半结构化"的布局，使得县级融媒体中心的战略定位成为一个热点议题。主要有两种观点相互碰撞：一种将融媒体中心视为仍以新闻传播为主业的媒体单位，另一种则将其视为在地方治理实践中扮演重要角色的治理主体。

以下两重论据共同表明，待建的县级融媒体中心可能并非纯粹意义上的"媒体"单位。在前媒体融合时代，县级媒体的萎缩已是不争的事实。尽管具备在地优势，但居于"四级办"神经末梢的县级媒体无论是内容产能还是可控资源都与中央、省乃至市级媒体存在显著差距。媒体融合全面推进之后，受多种因素的制约，县级媒体的融合步伐也普遍落后于中央、省和市级媒体。③ 同时还需要注意的是，以微博、微信为代表的社交媒体，以今日头条为代表的新闻 App 等互联网平台的海量用户规模、高强用户黏性使得县级党委、政府的发声渠道有了更多样、更便捷的选择。在这种情况下，新建一个纯粹意义上的媒体单位就可能直面一个悖论：为了弥补既有劣势，县级党委、政府需要注入更庞大的执政资源，但却未必能获得更理想的传播效果。

---

① 推动媒体融合向纵深发展　巩固全党全国人民共同思想基础［N］．人民日报，2019-01-26（1）．

② 积极适应全媒体时代发展大势　加快推进媒体深度融合［N］．2019-02-26（4）．

③ 黄楚欣，彭韵佳．2017 年中国媒体融合发展报告［J］．现代传播，2018（4）．

但这是否意味着县级融媒体中心要弱化甚至放弃新闻传播这个优势领域？答案显然是否定的，目前来看一个更准确的解读，是按照治理主体而非新闻媒体的战略定位来认识县级融媒体中心。对治理主体这个定位的说明可能需要先后回溯并澄清两个问题：第一，孕育了“媒体融合”的“媒介融合”究竟发端于一种怎样的“历史—社会”图景？第二，生于其间的媒体融合又指向何处？首先，媒介融合被指出呼应于一种社会形态的变化，一个全球的、涌动的网络社会逐渐清晰，而媒体是其中的一个信息节点。[①] 在此基础上，也就不难理解为什么作为我国全面深化改革的总目标，以及新时代中国特色社会主义基本方略的国家治理体系和能力现代化，会成为国家应对社会形态变化调整治理方略，继而作出传统媒体与新兴媒体融合发展重大决策的实践指向。[②] 由此推论，县级融媒体中心的战略定位，就是要基于其在现代治理体系中的主体性角色[③]来助推县域“善治”，换句话说即通过参与治理实现域内公共利益的最大化。[④]

二、“各显其能”的建设模式

（一）进度扫描：全面挂牌、系统铺开与试点推广

综合多个来源的资料可见，截至2019年初，各地县级融媒体中心建设的进度大致可分为以下三类：第一类完成了全面挂牌。以北京、福建、广西、安徽与内蒙古为代表，目前已经通过挂牌的方式实现县级融媒体中心的全覆盖。第二类是正系统性铺开。该类中的省份要么已大范围推进建设、要么已明确了本省建设的时间表，前者例如山西、江西、广东、贵州与湖南，后者则包括江苏、浙江、河南、贵州、四川、甘肃和宁夏等。第三类则是在逐步试点推广。吉林、黑龙江、山东、海南、西藏和新疆等选择在先期试点基础上再全面推广，稳步推进县级融媒体中心建设。具体情况详见表2。

---

① 黄旦，李暄．从业态转向社会形态：媒介融合再理解［J］．现代传播，2016（1）．

② 朱春阳，刘心怡，杨海．如何塑造媒体融合时代的新型主流媒体与现代传播体系？［J］．新闻大学，2014（6）．

③ 李良荣，方师师．主体性：国家治理体系中的传媒新角色［J］．现代传播，2014（9）．

④ 俞可平．全球治理引论［J］．马克思主义与现实，2002（1）．

表 2　部分省份县级融媒体中心建设进展一览表（截至 2019 年 3 月 10 日）[①]

区域	省份	建设进展
东部地区	北京	16 个区级融媒体中心全部挂牌成立
	河北	衡水市实现县级融媒体中心全覆盖
	吉林	完成前郭、集安、农安三县试点，开始全面推进
	黑龙江	挂牌成立宝清县融媒体中心，打造全省试点
	江苏	2019 年 3 月底，完成全省县级融媒体中心全覆盖
	浙江	53 个县（市、区）挂牌成立融媒体中心
	福建	84 个县（市、区）融媒体中心挂牌成立
	山东	出台《山东支撑县级融媒体中心省级平台规范要求》，2019 年 1 月德州市宁津县成立全省首家县级融媒体中心
	广东	首批启动 35 个县级融媒体中心建设
	海南	乌海市实现县级融媒体中心全覆盖
中部地区	安徽	7 市县级融媒体中心全覆盖
	山西	首批启动 39 个县（市、区）融媒体中心建设
	江西	“赣鄱云”合作共建县级融媒体中心 48 个
	河南	2019 年完成全省县级融媒体中心全覆盖
	湖北	实施“全省县级广播电视台‘310’工程”
	湖南	湖南日报社携手浏阳共建融媒体中心，打造全国示范县级融媒体中心样板
西部地区	四川	2019 年底，完成全省县级融媒体中心全覆盖
	贵州	88 个县级融媒体中心建设已经完成签约，20 余个县（市、区）基本建成，其中 6 个成功挂牌，计划 2019 年 3 月底前全省县级融媒体中心全部建成，5 月底前投入实际运行
	云南	云报集团与芒市共建县级融媒体中心，打造省内示范点

① 表格内容来源于对新闻报道、相关文件报告等多种公开资料的汇总，来源较多，故此处不一一注明。

续表

西部地区	陕西	首批启动12个县（区）融媒体中心建设
	甘肃	出台《甘肃省加强县级融媒体中心建设工作方案》，6个县级融媒体中心挂牌成立，2019年6月底，25个重点县市融媒体中心完成机构整合并正式挂牌
	西藏	拉萨堆龙德庆区与西藏日报社合作成立西藏首个县级融媒体中心
	广西	44个县（市、区）融媒体中心挂牌成立
	内蒙古	38个县级融媒体中心全部挂牌成立
	宁夏	2019年底，县级融媒体中心建设实现全区全覆盖
	新疆	2018年12月，库车县融媒体中心挂牌成立，成为自治区首个县级融媒体中心

（二）模式比较：省域统筹、市域联动与县域自主

以建设的主导权限分配为依据，则目前的融媒体中心建设实践中存在三种主要模式，分别为“省域统筹”、“市域联动”和“县域自主”。

表3　县级融媒体中心建设模式一览表

模式	代表	典型特征	突出优势	可见局限
省域统筹	江西	赣鄱云	打通基础障碍 便于垂直管理	传播生态的变动 区（县）自主性
	湖北	长江云		
市域联动	北京	内聚外引	缓解自主限制 降低连接成本	可复制性 产品出口
	成都	三向融合		
	郑州	新闻＋政务＋服务＋电商		
县域自主	长兴	三方发力	精准定位 灵活设计 有的放矢	基础条件 区域差异
	项城	一中心八平台		
	邳州	八位一体		
	辛集	六部一办		
	玉门	一中心四系统		

1. 构筑技术基座、辐射全域纵深的省域统筹

所谓省域统筹，即在“云端”构筑起一个预先规制、全域共享但又部分开放的技术基座，省域内各县可以在既定框架内搭建满足自身需求的子系统。代表性案例是江西的“赣鄱云”与湖北的“长江云”，详见表 4。

表 4 省域统筹建设模式一览表①

名称	模式简介
江西	赣鄱云以移动互联网技术、云计算及大数据技术为支撑，以“云端”统一供给中央厨房、传播平台、大数据为保障，以江西手机报客户端分端或原生独端为展现，实现省、市、县三级在内容、用户、技术、数据、传播平台打通共享，全省各地融媒体横向联成“一张网”
湖北	长江云基于三个平台、两个入口、N 个产品的“3＋2＋N”总体定位，在以云计算为支撑的数据分层架构基础上，建立以大数据为导向的信息服务矩阵，推动互联互通一体化发展、融合生产传播全流程再造、政务服务叠加跨界产业化、机制模式创新迭变，实现各地媒体“跨地组合、区域联动、成片开发”

该模式的突出优势在于既以稀缺资源的供给，打通了县级融媒体中心建设的主要基础障碍，即技术方案与运行规程，还以便利的垂直管理渠道巩固了中心的平台安全、内容安全和数据安全。然而，其局限又是清晰可见的：一方面，一个现时设计的技术基座如何完全匹配历时变动的传播生态？另一方面，在任何一个基座的框定下，各区（县）的自主性都会在很大程度上受到限制，这样一来又如何保证各区（县）的持续关注和长期投入？

2. 资源最优配置、打通信息孤岛的市域联动

作为省域和县域间的中介，以北京②、郑州和成都为代表的城市通过资源的最优配置打通了潜在的信息孤岛，构筑起了一种联动建设模式，详见表 5。

---

① 表格内容来自对多个公开资料的比对和整理，此处不一一注明出处。下文表 5、表 6 情况相同，故也不再专门说明。

② 虽然在行政编制上北京是一个省级行政区，但此处主要是考虑到北京市和其所辖的区（县）之间仍是“市—县”两级组织而非“省—市—县”三级组织关系，故放置于市域联动模式之中。

表 5　市域联动建设模式一览表

名称	简介
北京	以内聚外引为出发点，内部建立云端指挥调度平台，聚合各区（县）媒体资源，推动传统媒体与新媒体从相“加”到相“融”，力争实现优势互补，产生聚合共振效应。同时，充分利用外在平台，与中央、市属媒体和互联网公司强强联合，或与区域高校、科研机构建立广泛合作关系，构建协同发展的融媒体资源共享平台
郑州	探索“新闻＋政务＋服务＋电商”的智慧运营模式。一方面以郑报融媒“中央厨房·新闻超市”为基础，聚集16县（市）区、开发区协同推进融媒体中心建设。另一方面，按照“采编经营两分开”的要求，郑州报业与16县（市）区、开发区合资成立融媒体产业公司。探索布局“跨媒体统一、多维度联动、众平台会商、全媒体发布”的融媒产业体系，贯通市、县两级媒体资源，实现资源共享常态化、内容输出最优化、传播效果最大化
成都	基于“三向融合”理念建设融媒体中心，一是以打通报、台、网技术平台体系的横向融合解决生产问题，重设组织机构，全面整合报台网业务单元；二是以上接市级媒体、下拓街道村社的垂直融合解决传播问题，加强整合上下资源，联动开展创新策划；三是以突破物理空间和运作理念的跨界融合解决发展问题，建成主流舆论阵地、综合服务平台、社区信息枢纽

该模式相对缓解了省域统筹对区（县）自主性的限制，又能有效降低由县域自主建设而产生的连接成本。但其至少也面临两大挑战：第一，该模式对城市所具备的资源要素禀赋有较高的要求，而该要求是否能为绝大多数市（州）所满足。第二，该模式也没有从根本上回应融媒体中心的“出口”，即可以最大化引导和服务县域群众的产品或服务究竟包括哪些。

3. 立足本地目标、定向融合创新的县域自主

相较于以上两种模式，自主建设融媒体中心的区（县）就可以更精准地定位、更灵活地设计，更有的放矢地建设扎根本地的融媒体中心。目前，浙江长兴、河南项城、江苏邳州、河北辛集与甘肃玉门等地都采纳了该模式，详见表6。

表 6　县域自主建设模式一览表

名称	简介
浙江长兴	长兴传媒从移动优先战略、创新技术驱动和融媒体人才培养三方面发力。通过掌心音视频、微直播和游戏等形式扩大新兴矩阵宣传触角传播力，打造融媒体移动平台；利用无人机、流媒体和移动直播等新兴技术为融媒体提供技术创新支持；配合“对外引进”和“内部培养”的人才计划，打造可持续的融媒体建设与发展团队
河南项城	项城市融媒体中心通过大洋 FAST 快融全媒体解决方案整合新闻资源，建立了“一中心八平台”的融媒体中心。在内容生产上，项城市融媒体中心打造了“新闻＋政务”“新闻＋文化”“新闻＋服务”等多种模式。在管理运营上，项城市融媒体与产业对接，摆脱对广告收入的依赖，并在人员上实行企业化管理
江苏邳州	邳州市融媒体中心以新技术、新应用为引领，以中央厨房建设为核心，构建“两台一报一网、两微一端多平台”八位一体运作模式。从深化改革、推进融合、创新产品和强化功能四个方面入手，突出移动优先和“中央厨房”模式，扩大融媒体的影响力。探索政务资源潜力，打造“政企云”平台，提升融媒体的创收水平
河北辛集	辛集市整合原有报、台、网等 7 个媒体平台，设“六部一办”。融媒体中心坚持全面深度融合，建立了文字、图片、音视频等 6 大多媒体数据库，实现资源共享。在此基础上 7 大平台自主选取，二次加工，按需发布，以电子政务为带头出发点，迅速提升融媒体平台在市民中的普及和关注程度。初步形成了“一体策划、一次采集、多种生成、多元传播、全天滚动”的工作格局
甘肃玉门	玉门融媒体共享平台以“一中心四系统＋爱玉门 App”云技术为核心框架，以“祁连云”数据融合中心为基点，打造融媒体生产系统、融媒体报道指挥系统、融媒体资源管理系统和全景演播室系统。并加快应用服务融合，推出信息发布、政务办理、在线购物、购票、订餐、生活缴费等 200 多项功能，打造县域融合媒体和信息集散的主流平台

当然，该模式也有自身无法回避的局限：第一，受基础条件的影响，大多数区（县）的融媒体中心无论在功能布局还是产品矩阵上都存在一定的短板甚至缺失；第二，由于各区（县）可能面对一些有地域特色的治理课题比如脱贫攻坚、民族融合或者国际传播，导致该模式下各地经验的参考推广价值较为有限。

三、主要的几个“争议”焦点

（一）路径选择：“按图索骥”还是“因地制宜”

各区（县）中普遍存在这样一种期待：无论是采取省域统筹、市域联动还是县域自主建设模式，都希望能参照一套“万能模板”，当然最好是国家层面出台统一建设标准以便按部就班地推进。《县级融媒体中心建设规范》《省级技术平台规范要求》等文件的出台一定程度上满足了该期待，但若回归“治理主体”的战略定位，那么有别于上述“按图索骥”路径的“因地制宜”可能是更适宜的选择。用以佐证的支点至少包括以下两个：其一，各区（县）所面对的治理课题可能截然不同，后者受到多种自变量的影响，尤以民族分布、地理区位和规划类型最为显著。首先，相较于汉族地区，少数民族区（县）的治理实践中需要更多考虑民族融合；其次，相较于内陆地区，国土安全又是边疆地区（县）的一个重要治理挑战；最后，相较于一般意义上的行政区（县），带有独特国家或地方职能的产业园区、开发区或新区会更加关注如何提升产业经济或其他功能。其二，各区（县）能承担的治理成本可能也大相径庭。该承担能力与各区（县）的财政收入或者更直接说是经济发达程度成正比，整体上呈现三种梯级分布：首先，在全国范围内从东部、中部向西部地区下滑；其次，在省域范围内，从省会城市向非省会城市下滑；最后，在城市范围内从中心城区向近远郊下滑。

（二）资源配置：“存量优化”还是“增量突破”

相当一部分县级媒体从业者认为，由地方宣传管理部门牵头的县级融媒体中心建设可以最广泛地整合域内的新闻传播资源，但拓展到政务服务、公共服务和社会服务等业务类型时就涉及县级党委与政府部门之间或者县级党委部门之间的复杂协调，沟通成本较高、实现难度较大。因而应选择以“存量优化”为取向的资源配置策略，优先完成对新闻传播资源的提档升级再考虑能在多大程度上接入县域范围内的其他服务资源。从实践的角度来看，上述策略具备较强的可操作性，可以帮助县级融媒体中心很快正式投入运行。然而，该策略很大程度上是难以充分回应“国家治理”这个战略定位的，某种意义上仅是后者的“一期工程”。毋庸置疑，今天县域新闻宣传工作的一个指向，便是要在网络这个“主阵地”中最广泛、最牢固的粘连起县域群众。而在商业媒体如此发达的当下，县级融媒体中心不可替代的竞争力在哪里？可能正是在于它通过党委政府对执政资源的注入创造了一个用户要享受各种服务就必须接入的客观需求。其间确实存在一个突出矛盾，那就是如何理顺融媒体中心和其他党委政府部门的权益关系。解决的关键在于提升后者既有的产品和服务价值。比如，尽管各部门掌握的平台积累了大量的用户数据，但在如何解读和使用这些数据，特别是如何挖掘出酝酿中的舆情或者设计相应治理方案回应群众诉求时，融媒体中心的专业优势就得以凸显。

（三）周期考量：“一劳永逸”还是“历时迭代”

目前较为常见的一种融媒体中心建设方案编制思路，是假设待建的融媒体中心应力求尽善尽美，最好可以一劳永逸或者至少在相当长的一段时间内明显改善县级媒体融合成效或者妥善解决相应现存问题。在上述假设的前置下，融媒体中心往往就被认为需要购买最先进的技术设备、打造最齐全的产品序列和组建最庞大的从业队伍。该假设实际源自以下逻辑，即县级融媒体中心建设是一个短期性行为甚至一个运动式热潮，在规定时间内完成规定动作就标志着建设告一段落。多重证据表明，该前提假设是需要检视的。首先，信息技术的高速更新必然呼应于相应运行设备的改造升级，但对于县级融媒体中心来说，一是它有无足够的资金来持续投入大宗设备的购买和维护，二是它是否有足够的能力来消化最新的技术成果并使其落地。更为重要的是，融媒体中心是一个治理主体且各县域治理所面对的课题又是千差万别、不断变化的，这些迥异、不定的治理课题才是融媒体中心选择技术、产品和人员的一个根本标准。从这个意义上来说，县级融媒体中心的建设必然存在一个周期考量，即该建设必然是一个历时迭代的过程，当下的建设方案首先应以县域未来三到五年的治理课题为依据，并在技术、产品和人力上保证足够的可扩展性，以便在新的治理课题或手段出现时可以及时调整。

四、下一阶段发展重心的解析与展望

（一）机制创新：整体统筹与专向突破

随着建设工作深入推进，基本的重视力度与建设资源等初期所面对的挑战预计将在很大程度上被解决，横亘于地方党委政府和县级融媒体中心面前的一个全新阶段性任务，是如何完成管理与实践层面的机制创新来盘活全局。

在管理层面，首先，应加快成立以县委、县政府主要领导为正副组长，相关部门负责人为成员的融媒体中心建设领导小组，统筹协调本县的建设工作。其次，县委、县政府应将可开放的数据、信息和服务等优先向县级融媒体中心开放，加快推动融媒体中心与党政部门现有技术平台和服务资源进行对接。最后，县委、县政府应从基层工作创新的实际困难出发，在制度红线范围内预留适度“容错”可能，划清县级融媒体中心建设和运行中“必须执行”“建议尝试”“自主探索”等不同“试水”程度的界限以及相应的处理办法。

在实践层面，一方面需重点推进激励机制的创新。突破固有编制带来的壁垒和区隔，通过对定期的业绩考核结果给予相应奖励，营造出融媒体中心内部的良性竞争氛围，以提升工作的实际效率、效果和主动性。另一方面，还需着重探索生产或相关协同机制的创新。针对传统的新闻传播业务，以组建生产小组或项目工作室的方式来局部先行试点推进内容生产的深度融合；针对非新闻传播业务，就需探索和不同党政部门或社会机构间的合作规程与通道。

（二）产品研发：矩阵设计与平台打造

作为县域治理的实施载体，产品无疑是下一阶段乃至未来相当长的一段时间内县级融媒体中心建设的一个重心。有别于县级媒体过去在传统新闻传播业务中的各种“内容”产品，“治理”产品应有自己独特的矩阵排列和研发方式。

“治理”产品的矩阵至少应包括以下三层：首先，居于核心层的新闻传播业务类产品；其次，居于次核心层的政务服务、公共服务类型产品；最后，居于外围层的社会服务或其他增值服务类产品。该矩阵排列满足以下逻辑：对融媒体中心来说，应先积极主动地强化受众黏性，强化地方群众社会生活、文化生活和产业发展等方面的服务功能；同时最大限度地连接地方政府部门，以政府服务信息的整合和政务服务平台的打通巩固融媒体中心的竞争优势；最后，凭借上述两者集聚的用户资源强化既有的新闻传播效果。

另一方面，考虑到县级融媒体中心相对薄弱的研发实力，首先，建议以市或省为单位整合域内相关资源，集中打造域内治理产品的研发平台即“产品实验室”。其次，以“实验室”为依托，重组既有产能、改造旧有产品。以“去除劣势、强化优势”的逻辑升级产品矩阵，适应当前需求和最新趋势。最后，以“实验室”为基础，创新产品形态、打造媒体品牌。以求该实验室内，可以从打通“最后一公里”以更好引导群众、服务群众这一根本要求出发，创造性地研发出一批满足治理定位的新型产品。

（三）人才培养：技能提升与队伍调整

在前媒体融合时代，人才短板就严重制约了县级媒体的发展，由于融媒体中心的人才需求更加紧迫、标准更加严苛，如何培养所需人才就将成为所有县级融媒体中心共同面对的一个现实挑战。应对这一挑战可从“短期—长期”两种策略展开，前者对应于技能提升、后者呼应于队伍调整。

在如何提升人员所需的专业技能水平方面，可参考以下建议：第一，以省或市为单位建立专门的培训体系，将各县（市）委宣传部部长、融媒体中心主任和从业人员，作为相关培训的首期对象。第二，充分发挥“互联网＋”思维，与本省、市乃至全国的权威媒体单位及互联网企业建立合作关系，实现培训的线上展开与业务的远程参与。第三，联合域内知名高校、科研院所或其他相关机构，共建县级融媒体中心建设的科研平台与实习基地，保证先进理念与新生力量的持续注入。在如何调整队伍上，一方面，通过人才“梯度”划分逐步实现生产队伍全面转型。在全面测评现有人才队伍能力水平的基础上，将其按照适应媒体融合生产和运作的程度划分为不同梯度，并对其进行不同强度、不同要求的目标设定。同时可建立人才的专门共享机制，将省、市级媒体业务骨干短期借调至融媒体中心以提供直接支持。另一方面，可利用县级融媒体中心建设这一重要革新举措的契机，由省、市级相关部门统一部署专项人才引进计划，弥补县级融媒体中心在媒体融合人才方面的严重不足。

（四）督导评估：指标筛选与结果反馈

在建设工作全面铺开之后，对建设的督导评估也自然成为未来一到三年中相关工作的一个重心。作为一种政策杠杆，督导评估的目标在于以督促建、以督促效，前者即核查县级融媒体的建设资源、力度及周期等是否合规，必要时也可成为激励地方党委政府展开相应作为的外部力量；后者即核查县级融媒体中心在多大程度上实现了县域治理的功能预设。

搭建督导评估所依据的相应指标体系时，以下两个原则与三个维度是需要被关注的：就原则而言，指标体系一方面需要具备足够的灵活性，至少可以匹配县域空间的多样和建设时间的变化。另一方面还要具备相当的便捷性，考虑到县级融媒体中心数量规模的庞大和业务类型的多元，应在最大化使用技术手段的同时减少人力的工作量。就维度而言，则首先应督查组织结构、技术模式是否符合既有标准要求；其次督查产品类型与生产模式是否符合功能与目标重构后的融媒体运行模式，是否满足了当地社会发展的复合型需求；最后则督查建设后的使用效果是否达到基本预期。至于如何展开督导，特别是如何使用和反馈评估信息，则建议由省、市宣传管理部门联合当地高校、科研机构组成专项督查指导小组，以实地调研、书面通报等方式，反馈督导意见和整改建议并将意见和建议与当地党委、政府工作考评，尤其是意识形态责任制落实工作挂钩。

参考文献

[1]［丹］克劳斯·延森．媒介融合：网络传播、大众传播和人际传播的三重维度［M］．刘君，译．上海：复旦大学出版社，2012.

[2]［美］亨利·詹金斯．融合文化：新媒体和旧媒体的冲突地带［M］．杜永明，译．北京：商务印书馆，2012.

[3] 邓建国．媒体融合：基础理论与前沿实践［M］．上海：复旦大学出版社，2017.

[4] 段鹏．中国主流媒体融合创新研究［M］．北京：中国传媒大学出版社，2018.

[5] 王文科．中国县域媒体融合发展的现行探索：长兴传媒集团变革启示录［M］．杭州：浙江大学出版社，2017.

[6] 王平．区域传统媒体如何救亡图存：以萧山日报为样板解读媒体融合与跨界发展的实践和探索［M］．北京：中国广播影视出版社，2017.

[7] 黄旦，李暄．从业态转向社会形态：媒介融合再理解［J］．现代传播，2016（1）.

[8] 严三九．中国传统媒体与新兴媒体内容融合发展研究［J］．新闻与传播研究，2017（3）.

［9］朱春阳．县级融媒体中心建设：经验坐标、发展机遇与路径创新［J］．新闻界，2018（9）．

［10］谢新洲，黄扬．我国县级融媒体建设的现状与问题［J］．中国记者，2018（10）．

【通讯作者】朱天：四川大学文学与新闻学院教授，传媒研究中心主任，博士生导师；张诚：复旦大学新闻学院博士后；齐向楠：《四川日报》记者。

（原载《中国新媒体发展报告2019》，社会科学文献出版社，2019年6月）

2018年网络视频直播发展研究报告

王建磊

摘要：2018年，直播行业分化加剧：头部主播、头部平台聚拢了更多流量、资本和经济收益，中部直播平台遭遇主播流失、资金链断裂等困境，若干中小平台直接退市；行业依然充满活力和不确定性：兼并收购动作不断，新增两家上市企业，表现亮眼，也新增入局者，实力不凡；但从用户使用率和资本融资额两个重要指标来说，直播行业整体进入下行周期。在此背景下，“积极求变、业务重塑”成为现有市场主体自觉的选择，其在内容生产、资本变现、人才培育、企业发展等战略层敢于求新求变，促使行业生态趋于务实、理性和成熟。此外，直播行业的媒体报道舆情不容乐观，色情和未成年人价值观问题值得高度重视。无论是平台还是主播都要坚守底线、输出高质内容、积极参与行业监管。行业本身仍需通过不懈努力向公众及社会展示更多的深层价值与意义。

关键词：网络直播　主播　内容　资本　监管

尽管直播的内容和形态都在加紧升级，但从大趋势来看，2018年的网络直播行业与正处风口的短视频相比，无论是投资价值、用户规模、广告收入等数据，还是头部生产力、板块活跃度、社会影响力等指标都相形见绌。资本狂潮、千播大战等现象均已消隐，行业的结构化进一步加剧：头部平台继续扩大领先优势，中小平台无力竞争直接退市，而大部分中部平台则面临严峻的资金链僵局；伴随着平台欠薪、违约跳槽、直播违规、监管高压等内外部因素的出现，市场各层反馈的情绪和数据均不甚乐观。尽管如此，作为一种媒介生态，网络直播已经深嵌于社会构成和文化市场，从行业内部来看，相比悲观和消极论调，更多的是迎难而上的探索、布局、转型和创新，在变现手段、资本运作、内容生产、人才培育等层面涌现出许多的“小变化”，而正是这些小变化不断累积、不断推动，让外界感受到直播行业生命力的旺盛所在。

一、产业基本面概览

截至2018年12月，网络直播用户规模达3.97亿，较2017年底减少2533万，用户使用率为47.9%，较2017年底下降6.8个百分点。从体育、游戏、真人秀、演唱会四个细分内容领域来看，游戏直播用户使用率基本稳定，体育直播用户使用率略有下降，演唱会、真人秀直播用户使用率分别下降6.2、8.8个百分点。① 从观察者角度来看，网络视频直播的风口期确凿已过，大环境对其唱衰的局面一时也难以改观，以下通过一些基本数据对2018年的直播行业予以反观。

1. 主播创收

“主播”是整个行业的核心并对各直播平台、MCN（公会）机构有着直接影响。每个平台都有自己的当家主播，主播资源也是各大平台竞争的重心。因而，头部主播的收入水平成为衡量平台实力的关键指标，而头部主播的表现也成为整个行业的晴雨表（见表1、表2）。

表1　六大平台头部主播的创收情况表（单位：亿元）

	1月	2月	3月	4月	5月	6月	7月	8月	9月	10月	11月	12月
2018	2.6	2.6	3.1	2.9	3.81	3.32	3.15	3.3	3.6	3.0	3.93	5.6
2017②	/	1.42	1.87	1.2	1.5	/	1.46	2.5	3.25	3.1	4.3	4.7

表2　六大平台过百万收入主播数量统计表（单位：个）

	1月	2月	3月	4月	5月	6月	7月	8月	9月	10月	11月	12月
2018	14	14	41	26	44	38	33	37	55	25	62	117

（统计对象：映客、花椒、一直播、美拍、陌陌、火山六大平台及1800名头部主播，数据来源："今日网红"公众号）

① 参见中国互联网络信息中心2019年2月发布的第43次《中国互联网络发展状况统计报告》。

② 【作者注】2017年4月份、7月份的收入数据统计了5家平台，9月份的数据统计了7家平台。但涨幅或跌幅无显著差距，仅作对比参考。

经评估，全网的头部主播仅有1万名，占所有主播数量的0.7%，但他们却收割了超过32.0亿的财富，占所有主播收入的68%，[①] 可见平台头部效应十分明显。2018年，头部主播的单月收入较之2017年同期月月有长，创收均值为3.41亿元/月，相较2017年的2.53亿/月增幅为35%。不过，这一光鲜数据的背后，却是中小主播生存状况艰难的比照。放眼整个主播群体，收入为0的玩票队伍十分庞大，收入在1000元左右的主播占到整体的八成以上，[②] 即使在头部主播的群体内部，有的主播可以出歌、拍广告、上综艺，登央视、进军影视圈，转型为全能艺人明星，月收入轻松破千万，而约77%的主播收入在10万—20万之间。所以说，主播界的马太效应愈演愈烈，看似毫无门槛的“主播”对于大多数人而言已无法成为职业。

2. 资本融资

据“今日网红”的数据统计，在风头最盛的2016年，直播行业融资事件超25起，涉及金额超189亿元；2017年的风投资本也较活跃，主要融资事件17起，涉及金额达130亿元。进入2018年，可查到的公开融资报道10起，涉及金额大约120亿元左右（见表3）。值得注意的是，头部直播平台的融资规模及领先优势进一步扩大，行业集中度进一步提升（如2018年3月斗鱼直播、虎牙直播分别获得腾讯6.3亿、4.6亿美元投资，同年5月和7月，虎牙直播、映客直播先后完成上市）。资本流通数据是一个风口行业发生变化的直观信号。不得不说，伴随着短视频的强势崛起，资本在直播行业面前显得更加谨慎和理性，因而大概率会发生的是：处于中端的大部分直播平台将因为资金流的断裂陷入僵局，预估2019年仍会有一部分中小型直播企业悄然退市。

表3　2018年直播行业主要融资事件列表（数据来源：通过DivoMiner软件搜索）

时间	融资对象	投资方
1月	定位直播陪玩交友社区的“狮吼”完成过亿元人民币A轮融资；	国内某A股上市公司及一下科技、盛大网络、达晨创投
	手游直播平台触手宣布完成D轮1.2亿美元融资	谷歌公司

① “今日网红”公众号：《2018陌陌火山映客等直播行业半年报》，http：//www.199it.com/archives/750609.html.

② 见腾讯专栏“今日话题”佘宗明：《网络主播“轻松月入数万”，只是被吹大的泡沫》，https：//view.news.qq.com/original/intouchtoday/n3835.html.

续表

2月	VR直播平台Vreal宣布已完成了1170万美元A轮融资	Axioma Ventures和英特尔投资（Intel Capital）
3月	斗鱼完成新一轮6.3亿美元融资	腾讯
	虎牙完成4.6亿美元B轮融资	腾讯
4月	专注于互联网直播和游戏内容的小象互娱正式宣布，已完成3000万元的Pre-A轮融资	腾讯
6月	快手再获4亿美元融资	腾讯
10月	二次元直播社区克拉克拉（KilaKila）完成1.2亿元Pre-A和A轮融资	新浪微博、沸点资本、中信资本和红杉资本
11月	触手宣布获得新一轮融资	爱奇艺
12月	专注于企业的视频直播的平台服务商微吼完成2.3亿元D轮融资	深创投

3. 行业洗牌

如同视频网站热潮一样，当直播行业进入深度调整期，“大鱼吃小鱼”的兼并现象频发，“不竞争就合作”的并购态势渐起。2018年6月，快手全资收购Acfun，但仍保持A站的独立品牌、原有团队和独立发展；同月，主打秀场直播的六间房与花椒直播平台宣布重组，前者是PC端老牌霸主，后者是移动端平台新秀，两者的合作致力达成优势互补的良局；11月，新浪微博宣布收购一直播平台。根据此前数据，一直播在移动端直播方面的渗透率一直处于行业第一（2017年）①，经过进一步融合和优化，两者的深度绑定可形成“社交+直播”的相对优势，可让内容价值不断凸显，平台用户黏性不断提升。此外，全民直播、网易薄荷平台因达不到预期业绩黯然离场；快手的游戏直播，西瓜视频、网易的LOOK音乐直播作为新面孔入局……行业洗牌仍在持续，而变动本身就是行业彰显活力的直接证明。

① 参见2018年4月易观千帆发布的《2017年第4季度中国移动直播市场季度盘点分析》报告。

4. 公司财报

2018年5月在纽交所上市的虎牙发布的第三季度财报显示：净营收为人民币12.77亿元，同比增长119%，净利润为1.21亿元[①]，同时在月活用户、付费用户数量方面均有增长，数据十分亮眼；2018年7月赴港上市的独立直播公司映客发布的中报显示其净利润为4.09亿元[②]，数字也非常可观；陌陌公司12月发布的第三季度财报显示，其净营收高达36.48亿元人民币，净利润7.78亿元人民币；付费用户达到1250万元，同比大涨近71%。同时截至2018年前9个月，公司累计营收近100亿元。值得注意的是，直播业务依旧占据了陌陌营收的大头[③]；欢聚时代（YY）2018财年第三季度财报显示，欢聚时代第三季度净营收为人民币41.005亿元（约合5.970亿美元），比去年同期的人民币30.923亿元增长32.6%，而净营收的增长，也得益于流媒体直播业务的营收增长[④]。这4家上市公司的财报情况无疑为直播行业注入了一针强心剂。

从以上梳理的数据来看，直播行业在头部主播收入、上市公司营收方面增速明显；行业又新添两家富有活力的上市公司，斗鱼、熊猫则加快商业化步伐紧随其后；行业整体在资本融资方面略有降幅，符合市场生态的自然变化，但正是资本推手的乏力作为主因导致行业被外界看衰。综上，笔者依然以“结构化”来总结2018年的直播市场：斗鱼、虎牙作为市场翘楚聚拢了越来越多同时十分有限的主播资源、融资资本，而表现强势的陌陌、火山两大平台依旧在主导着全网总收入，资本和流量的集中效应进一步加剧，这样看来，直播行业的所谓走衰是一个“相对命题”，在行业寡头格局逐渐成形的背景下，有些直播平台的前景十分可期，大部分平台的命运堪忧，直播企业在体量和发展前景上差距将进一步拉大。

二、大趋势下的“小变化”

在大视频格局之下，短视频、大电影和精制IP是当下市场、用户与资本

① 参见2018年11月14日虎牙发布的《2018年第3季度财报》。

② 参见2018年8月26日映客发布的《2018上半年度财报》。

③ 参见2018年12月6日陌陌发布的《2018年第三季度财报》。

④ 参见欢聚时代于2018年11月13日发布的《2018年第三季度财报》。

的三大聚焦热点。而直播作为已逝的风口，在未来的生态中其地位、比例、体量将面临更严峻的考验。正是在这样的大趋势下，“积极求变、激发潜力”成为行业自觉而紧要的使命。2018 年，整个行业充满了不胜枚举的“小变化”，这些小变化不断地将直播的商业、社会价值更深层地激发出来，也不断向外界展示行业增长的信心。

1. 内容生产 PGC 化

直播行业的内容形态和生产模式升级极快，最初由素人主导的 UGC 内容，看似热闹但也一派乱象，进入 2018 年，草根玩法已无法立足，PGC 和 PUGC 的内容成为主流：2018 年的直播行业是以“答题”玩法作为开局的。映客的《芝士超人》、花椒的《百万赢家》，千帆的《知识英雄》、一直播的《黄金 10 秒》、熊猫直播的《一智千金》……一时间，有奖直播答题节目在各平台扎堆。随后，众多节目开始爆出内容违规、外挂横行等现象，在监管部门的介入下，答题直播旋即成为内容形态的探路石。这既揭示出爆款之下容易形成乱局的定律，也反映出网络直播本身的活力与可能性，自此之后，各平台更加注重围绕自身特色进行内容生产的创新与转型。

（1）直播平台引入短视频

直播属于长时间的内容沉浸，其最大的弊端在于难以凸显精华内容。在短视频风行之后，直播平台迅速行动，将短视频内容嵌入直播体系。除了吸收大量 UGC 内容外，对 PGC 内容的运营成为亮点。如映客平台以“直播＋迷你剧”定位精品 IP 进行内容运营，推出迷你短剧《情绪料理（1、2）》。这类迷你短剧是人们碎片化阅读的需求产物，不但有着完整的故事情节，而且制作的精良度不输电视剧，再将直播红人融入剧情，能更好更快传播，从而带来流量与商业转化。

（2）直播平台输出定制综艺

走差异化路线，打造娱乐竞品 IP 是直播平台 2018 年布局内容生产的共识化操作。如在 IG 夺得英雄联盟游戏冠军为国内电竞行业再添一波热度后，熊猫直播平台借势发挥，为 IG 量身定做了“首档纪实类电竞真人秀”——《电竞不凡》，精准的内容生产为平台赢来人气和影响力；又如由百度和全民联合制作的全网首档即时性户外真人秀挑战赛《全民城市猎人》正式上线，这是定位为“直播＋户外真人秀”的全新互动节目，近百位主播化身城市猎人接受网友们指派的任务，线上观众也可以通过主播定位功能，与主播一起完成线下活动。线上与线下的紧密结合，一方面使得主播直播内容更加丰满，另一方面也调动了观众的积极性，增加了互动的乐趣。除此之外，《Hello!女神》《熊猫307》《可能不可能》《熊猫大侦探》（熊猫平台），《女拳主义》《鱼乐星之旅》《饭局的诱惑》（斗鱼平台），《樱花女神》《映客先生》《先声夺人》等娱乐直综在各大平台开花，逐渐形成各具特色的IP矩阵。

（3）“直播＋”尝试更多可能

在直播行业持续高压下，“直播＋公益”的正能量传播成为诸多平台体现社会担当、塑造品牌形象的首选，如火山平台在线上线下发起红裤日公益行动，参与者既有主播也有路人。他们穿上过膝短裤，高举“让每一个孩子都温暖过冬”的牌子，呼吁大家关注困难贫困儿童过冬问题；如虎牙平台独家直播北京第二届“五个十佳”公安网络正能量；斗鱼开展“反邪教进校园”直播活动，后又发起大型“乡村振兴”系列直播；陌陌则接连发起“看美丽乡村，庆改革开放”“给乡村孩子的最美传统文化课”的系列全民直播活动……各平台通过发挥直播的力量，助力社会各界公益行动的开展。

2. 变现手段的跨界化

直播平台甫一出现就以“打赏”模式打破了传统媒体对广告的依赖，而除了打赏，电商自然是变现最快的一大途径。2018年各大平台的电商化运营严格遵循着行业节点，如春节期间YY上线年货节，陌陌开展“主播喂你吃年货”将卖货变成PK，一直播的“直通淘宝”扎根淘宝平台风生水起。不管是引流效果还是直销业绩都令人振奋；“6·18”期间，斗鱼平台618位人气主播升级为“剁手代言人”，携手京东旗下品牌推出相关明星产品，在斗鱼专题页展开24小时不间断直播，为购物节疯狂打call；“双11”期间，快手上线“快手卖货王”的比拼活动，斗鱼一哥一天销售额达1.6亿元……

如果说以上方法属于借势造势，那么快手平台上线“快手小店”功能，主播可申请开店，与有赞商家店铺打通；YY直播在“个人中心”栏目上线了“YY信用”的新功能，提供针对普通用户的“YY借呗”和针对主播的“主播贷”，这标志着直播平台开始试水金融业务……种种尝试无疑通过跨界创新实现了变现手段的升级，进一步强化了直播平台的商业价值。

3. 人才培育的专业化

短视频平台更强调拍摄者，而直播平台更注重表演者本身，表演型人才的培养和引入一直是各大平台的运营重点。2018 年，一个显著的变化是：主播们纷纷从达人向艺人转型和发展，如 YY、快手、斗鱼等平台已有不下十位的主播登上电视综艺。音乐类主播始终是“吸金”效果最佳的人群之一，意识到这一点的各大平台，纷纷展开新一轮造星运动，熊猫重磅推出“造星计划”，为主播提供精品节目录制、大型赛事参与、媒体曝光、影综拍摄等资源；映客“原创音乐人计划”正式全面开启，为获胜音乐人给予超强流量推广曝光与丰厚制作基金扶持；NOW 直播宣布启动“NOW 新星·音乐人计划”，计划实现超过 100 位优质音乐主播的扶持目标……诚然，各大平台已经意识到：主播不是昙花一现的快消品，而是能够通过系统化的包装，将后者推向更加主流平台的潜在艺人，这一切自然离不开平台的精耕细作。即使不一定能制造出下一个“冯提莫”，但通过对于人才的扶持和引导，主播们在娱乐高度工业化的当下更容易走红，届时他们的价值一定不会只局限在直播间。

4. 发展战略的异质化

（1）瞄准泛娱乐化

网络直播的本质在于“实时互动”[①] ——实时与互动原本是两种属性，但是直播将其融合在一起并成为其独特价值所在。这种独特性已经赋能给诸多领域，如在线直播教育、在线直播电商、在线直播活动/会议，等等。几大主流的直播平台基本上会多点开花，多元经营，整体上更加瞄准泛娱乐领域，让消费者在实时互动中获得快感、愉悦和意义。

表现之一是接连不断地营造活动赛事。据观察，2018 年的 3、4 月份和 11、12 月份是活动扎堆的时间段，有主播的争霸战、有粉丝团大战，还有分为“春季赛、秋季赛、总决赛”从而贯穿全年的巅峰之战……眼花缭乱的活动赛事背后是将主播、土豪、粉丝、公会捆绑在一起，在不断被带起的节奏和氛围里实现“让土豪烧钱，让用户付费”。

表现之二是在泛娱乐领域深耕细作，然后形成各家特色。比如熊猫平台已经将“电竞＋PGC”作为自己的新定位，试图在已有优势上发挥最大势能；一直播是以“明星＋秀场”来形成自身的泛娱乐标签；映客以“选秀＋交友”来标榜自身的主流娱乐身份……无论如何，各大平台均已认识到，有特色的市场价值与定位显然更加重要。

---

① 王建磊．断裂的真实：秀场类直播的文化反思［J］．学习与实践，2018（8）．

(2)出击海外市场

大多数欧美国家、东南亚国家用户高频使用的产品主要是 FaceBook 和 YouTube，需要新产品填补市场，在这方面，抖音的国际版 Tiktok、快手的 Kwai 走在前列，且取得了不错的成绩。相比国内竞争更加激烈的直播内容和主播生态，海外的内容和主播成熟度反而不够，这其实给国内直播产品出海留下了机会。

2018 年，YY 在出海业务上发力直播，实行 BIGO Live 和 YY 双品牌同时运营策略，根据 Sensor Tower 公布的 9 月中国视频平台海外收入 Top 20 排行榜中，BIGO Live 排在首位；除此之外，国内出海的直播类产品还有虎牙直播、Cube TV、LIKE 短视频等。据不完全统计，目前已有 7 家大企业在海外建立起了较大规模的直播平台。

布局海外市场是直播企业壮大格局和摸索增收的良径，虽然这一举措面临着诸多不确定的风险：本地化运营、政策风险、招募困难、当地网络基础不足，等等，但在经济、技术全球化的当下，中国需要有更多的互联网公司将自身的经验因地制宜，将触角延伸至社交、短视频、云存储等诸多领域上，在更多地方扎根发芽，锻造出更多的世界级互联网公司。

以上撷取了 2018 年网络直播行业探索、尝试、落地、践行的诸多断面，种种做法谈不上伟大的创新或创举，却尽是灵活、务实的“小变化”：举措果断、执行坚决、追求效率，转化率高。宏观来看，网络视听生态的大趋势充满变数，新生力量不断冒出和颠覆，好在直播行业对外有延展性和开放性，比如与短视频行业的双向融合；对内其细微场景的创新和可能性没有穷尽(比如始料不及的现象级直播答题)，尤其当直播行业的虚火退去，保留下来的平台、用户、流量、从业者反而会以真正的热情继续渗透、激发和探索，从这个意义上说，期待未来的直播行业以生生不息的“小变化”积累跬步再创神奇。

三、直播行业问题与监管

网络直播行业的热度持高不减，很大程度上也与频见报端的负面报道相关。从早期的直播吃灯泡到新近的主播过度饮酒猝死，不间断的劲爆话题使得行业一直处于舆论风口，这对于营造和谐、绿色的直播环境来说相悖而驰。本文以“网络直播+色情、诈骗、治安、违法、价值观等 25 个关键词”为编码规则，抓取了全网2018年期间与网络直播相关的负面新闻报道共计1138条（剔除重复项），在搜取的负面资讯中，色情范畴占据最大比例（40.16%），而未成年在负面报道中较多次被提及，情形依旧不容乐观（见表4）。

表4　2018年1月1日—2018年12月31日网络直播的负面报道：编码与比例

	范畴	关键词	条目	数量	比例
网络直播+	色情	色情	141	457	40.16%
		涉黄	115		
		淫秽	125		
		脱衣	11		
		挑逗	19		
		ASMR	41		
	诈骗	欺骗	22	193	16.96%
		诈骗	89		
		巨额资金	9		
		巨额打赏	59		
		转账	17		
	治安	扰乱治安	10	111	9.75%
		醉驾	1		
		破坏	53		
		造谣	47		
	违法	赌博	69	163	14.32%
		吸毒	37		
		保护动物	22		
		贩卖	16		
		走私	19		
	价值观	多金	13	214	18.80%
		喊麦	48		
		审丑	15		
		挣大钱	12		
		未成年	116		
	总量			1138	

在现实中，除了显性的负面问题外，一些主播因“三观不正”向其粉丝灌输错误思想或因政治意识不强发表错误言论等行为也逐渐增多。2018年，某知名喊麦主播公开吸毒感受、某平台主播戏唱国歌，还有主播调侃南京大屠杀、东北沦陷等历史……考虑到直播行业本身的热度以及年轻人为主的受众群体，行业治理力度从未松懈，“整改”依然是2018年直播行业的关键词——这一年，有来自最高人民法院、最高人民检察院、公安部、教育部、工业和信息化部、文化和旅游部、国家工商行政管理总局、国家新闻出版广电总局等部门的多方行政治理，也有斗鱼、火山、熊猫等主流平台积极开展自查自纠，加大内容审查力度，集中清理不良低俗内容的自我审查（见表5），“协同共治”已经成为网络直播在内的网络视听行业的主流方式。①

表5　2018年直播行业的监管框架

法律法规	2月，国家新闻出版广电总局要求对已开展的网络直播答题活动进行清理整顿，并将日常监管、定期巡查与网民举报结合起来，对违法违规问题“即发现、即处置” 7月，全国“扫黄打非”办联合国家网信办、工信部、公安部、文化和旅游部、广电总局研究制定了《关于加强网络直播服务管理工作的通知》 8月，全国“扫黄打非”办公室发布《关于加强网络直播服务管理工作的通知》。要求有关部门落实用户实名制度，加强网络主播管理，建立主播黑名单等制度 2019年1月，湖北省标准化学会和武汉市软件协会在武汉联合发布了《网络直播平台管理规范》《网络直播主播管理规范》，这是正式出台的首个网络直播团体标准
行政手段	1月，北京市文化市场行政执法总队破获“Peepla”玩过直播平台传播淫秽色情信息案。抓获犯罪嫌疑人17人。此案成为同时追究直播平台和网络主播刑事责任第一案 2月，全国“扫黄打非”办公室对外曝光了5起直播平台涉黄案件。浙江、江苏、广东、湖北、福建、上海等地查办多起直播平台传播淫秽物品案件，“泛果”“星云直播”等一批涉黄平台被查封 3月，快手、火山两大平台被广电总局约谈、要求整顿平台上的不良内容 3月，上海市网信办关停哆咪直播、猫咪直播等多家违法直播平台

① 刘锐，徐敬宏．网络视频直播的共同治理：基于政策网络分析的视角［J］．国际新闻界，2018（12）．

续表

行政手段	4 月，国家广播电视总局责令“今日头条”永久关停“内涵段子”客户端软件及公众号 7 月，网信办会同相关部门，开展直播短视频行业集中整治，其中约谈了“哔哩哔哩”“秒拍”“56 视频”等 16 款网络直播短视频相关负责人，对其中 12 款平台做出下架处置，要求相关平台企业做出全面整改 11 月，北京市公安局公布第三季度“净网 2018”专项整治活动成果，共清理违规短视频 140 余万部，关闭违规直播间 53 万间，封停违规账号 80 余万个，行政处罚违规平台 3 家 11 月，共青团中央点名了熊猫直播 2 名主播，在直播过程中，为博眼球炒作，这 2 名主播连续报假警长达 4 分钟。不久，这 2 名主播的直播间被平台封禁
行业自律	1 月，北京 12 家互联网直播企业成立“新时代网上正能量直播矩阵”，专门针对辱骂诋毁、死亡宣告、恶搞喊麦等低俗内容 3 月，虎牙直播开启全媒体内容检测审查机制，帮助平台第一时间发现和净化“灰色内容”直播 4 月，熊猫直播公布了《净化网络直播环境专项行动》第一季度的结果：截至 4 月 15 日，共处理违规直播间 14405 个，并禁用发布低俗广告信息的用户账号 39760 个
社会监督	3 月，YY 官方开通了金牌艺人外站开播 10 客服举报通道，凡发现金牌艺人在非 YY 平台直播的，粉丝可通过 10 客服 24 小时举报。

（注：若无特殊标明，时间点均为 2018 年）

可以说，直播平台的社会影响力越大，其相应的社会责任与担当也应更大。政府机构的高压监管有利于直播平台建立正规化机制，不断净化行业环境；同时有利于改善公众的直播平台印象，推动平台竞争向优质内容集中，引导用户的精神文化消费升级。

四、未来趋势的探讨

针对 2018 年网络直播行业发生的林林总总的变化，可以用一个词来概括就是“业务重塑”：迫于行业变动和市场竞争的压力，无论是垂直领域的深度探索，还是积极开展公益活动，无论是结合国内热点输出原创，还是走出去布局多元海外业务，无论是勇于革新大胆试错，还是倡导“自我清洗”正能量……直播行业的整体发展实际上正在步入愈加规范、健康的正道，但同时，以下几方面的问题不容忽视，需早日在前进道路上找出破题与优化方案：

第一，与短视频的竞合问题。根据第43次《中国互联网络发展状况统计报告》，截至2018年12月，网络直播用户规模达到3.97亿；同期数据显示，短视频的用户规模达到6.48亿。不得不说，短视频发展风头正盛，很大程度上也分流了一部分直播的用户以及基础资源。但是这两者的关系并不是你死我活的对立竞争，因为它们各自对应不同的消费场景，满足用户不同的使用体验，所以这两者应该是合作共赢的发展设计。在战略层，目前短视频与直播已处在互相进入的阶段，如快手、抖音开通直播频道，映客、斗鱼也加码短视频生产，形成了“你中有我，我中有你”的态势，这从行业的整体生态建设来说无疑是正确与合理的。

第二，直播移动端战略再升级问题。直播媒介甫一开始，就特别针对移动端进行内容和产品铺设，甚至部分平台和品牌就只有移动端而没有PC端，瞄准移动发展的大势。但短视频的兴起，直接满足碎片化的娱乐需求，似乎与移动端有了更贴切的结合。这种情形下，直播行业应更理性审视自身在移动端的相对优势，比如在保留沉浸、互动感的基础上专注提供精华内容，对直播内容进行二次生产，等等；除此之外，移动直播当前的细分市场也有待进一步运营，在与电商、物联网、人工智能等领域的合作上有很大的想象空间，未来，我们相信直播平台的核心竞争力应该在移动端，所以应继续其垂直内容战略的深化和用户体验的提升，挖掘移动直播的更多潜力。

第三，直播行业的社会认知问题。尽管负面报道重重，泛色情的内容来势汹汹，但直播绝非洪水猛兽，如今打开主流直播网站的主页，美女直播占半壁江山的情形已不复存在。在过去两三年，直播更是渗透到各行各业，带来了诸多积极的变化与可能，在诸多重大事件的节点，直播也从不会缺席。比如2018年6月的世界杯期间，YY、陌陌、花椒等各个平台纷纷开启品球评赛、预测竞猜、交友互动等看球相关的直播系列活动，带来了体验和流量的倍增。事实证明，直播能够与任何社会活动关联与互嵌，也正是从这个意义上说，直播已经植根于社会发展的大生态之中。如今再来审视直播，它既是互联网行业，也是娱乐行业，既是虚拟经济，也是实体经济，尽管它带来一些负面影响，但历经整顿可以更好地造福社会还利于民，对于各直播平台而言，他们需要在提升用户体验、改进运营策略等方面持续发力，同时运用直播的优势去嫁接更多传统行业，激发输出更多有价值、有意义和有营养的内容。事实证明，只有健康优质的直播才具备激发流量和产生“双效”的作用。

第四，主播管理与行业治理问题。主播群体的存在是整个直播行业发展的根基，首先是其发展与管理问题，目前，大多头部主播光鲜艳丽，收入节节攀升，且有加剧社会贫富分化之嫌，而中小主播却生存维艰，收入低下，这种金字塔式的梯队模型亟须调整，所以有必要关注和扶持腰部主播，打造良好中小主播体系，进一步完善整个平台主播生态，才能有利于平台与主播之间良性发展；其次是监管问题：平台越发展，社会责任也就越大，但行业要健康、可持续地发展，行业监管与自律必不可少。经比较研究发现，在行业治理方面，第一，技术手段的使用是我国互联网治理的薄弱环节，尤其是过滤技术比不上英德美韩等国；第二，我国的现有框架大多集中在事后治理，而在上游管理方面欠缺有效对策，基于教育、价值观引导等方法落地困难；第三，与国外相比没有内容分级制，在实际管理中对色情淫秽、违反公序良俗的包容度更低，因而执法范畴更加宽泛，由此也牵扯了大量的社会资源与精力。无论如何，直播行业的现实发展路径只有一条：只有加强规范和监管，直播行业才能维持更健康和可持续的发展。

参考文献

[1] 宋江龙．直播：造就网红星工场［M］．北京：中国经济出版社，2018．

[2]［美］凯文·阿洛卡．刷屏：视频时代的疯传法则［M］．侯奕茜，何语涵，译．北京：中信出版社，2018．

[3] 陆地，靳戈．中国网络视频史［M］．北京：中国广播影视出版社，2017．

[4] 王晓红，曹晚红，包圆圆．中国网络视频年度案例研究 2017［M］．北京：中国传媒大学出版社，2017．

【通讯作者】王建磊：博士，深圳大学传播学院副教授，硕士生导师。

（原载《中国新媒体发展报告 2019》，社会科学文献出版社，2019 年 6 月）

2018年中国视听新媒体技术应用创新发展研究报告

高红波

摘要：2018年，中国视听新媒体技术应用创新发展浪潮中，科大讯飞、爱奇艺等上市公司，运用人工智能技术赋能音视频内容生产与智慧传播。同时，国家广播电视总局“智慧广电”建设规划出台，为视听媒体融合发展指明了方向。展望未来，5G及物联网技术影响日益凸显。

关键词：视听新媒体　新媒体技术　大数据　人工智能

2018年，中国视听新媒体技术应用创新发展，以“人工智能＋媒体”最为引人注目。比如新华社“AI虚拟主播”、央视《创新中国》“AI合成配音”、科大讯飞“翻译机2.0”、小米“AI音箱”等。在“语音识别”和“图像识别”领域，人工智能技术应用创新赋予视听媒体新力量。人工智能、大数据、虚拟现实等技术应用创新所产生的日用品，快速进入寻常百姓家，将“互联网＋”“人工智能”“媒体融合”等国家战略，绘声绘色凝结在一起，加速我国视听新媒体不断发展进化。这一年，国家广播电视总局印发“智慧广电”建设规划，指明了视听媒体融合发展的新方向。中国最大的在线视频网站爱奇艺在美国纳斯达克成功上市，科技创新应用助力网络视听产业快速发展。本文拟从技术、产品、企业、行业等案例入手，梳理和盘点我国视听新媒体技术应用创新发展的现实图景，鉴往知来，分析新技术对视听媒介进化带来的影响。

一、人工智能技术应用创新赋予视听媒体新力量

2018年，科大讯飞（股票代码：002230）无疑是人工智能领域全世界最耀眼的中国明星。这家成立于1999年，2008年在深圳证券交易所挂牌上市的

高新科技企业，多年来深耕“智能语音”与“人工智能”，目前在语音合成、语音识别、口语评测、语言翻译、声纹识别、人脸识别等核心技术上代表国际先进水平。2017 年 6 月，《麻省理工科技评论》杂志公布“全球 50 大聪明公司”，科大讯飞惊艳亮相，位居“全球第六、中国第一”。

笔者对科大讯飞官方网站上“自我报告”的 67 篇动态信息进行研读，整理出科大讯飞“人工智能+”的年度发展状况。（1）在人工智能技术创新方面，科大讯飞 2018 年共获得 12 项语音/人工智能相关技术领域国际赛事的“世界第一”，涉及声音模仿、语义评测、语音识别、图像识别、机器阅读理解等。（2）人工智能技术开发与应用合作方面，科大讯飞 2018 年分别与美国麻省理工学院、中国移动、国家外文局、华为等签署战略合作协议，全面实施智慧教育、智慧医疗、智慧汽车、智慧城市等领域的合作开发。（3）在“人工智能+媒体”方面，科大讯飞已经和新华社、人民日报社、光明日报社、中央广播电视总台等展开合作，比如其声音复刻技术应用的“AI 合成语音”为央视纪录片《创新中国》解说配音等。（4）在人工智能技术新产品展示方面，2018 年科大讯飞旗下的翻译机 2.0 等人工智能产品分别在国际消费电子产品展览会、中国（巴拿马）综合品牌展览会、中国-中东欧国家地方合作成果展会上受到好评。（5）在人工智能语音技术服务方面，科大讯飞为 2018 年世界互联网大会、世界人工智能大会、全球孔子学院大会、金砖峰会等提供智能语音翻译，惊艳世界。

在视听新媒体技术应用创新发展领域，科大讯飞人工智能产品“翻译机 2.0”2018 年重磅升级，一年之内历经四次“进化”。（1）4 月正式发布，支持中文与 33 种语言即时互译。（2）6 月升级，增加中/俄离线翻译功能，应用于俄罗斯世界杯等场景。（3）8 月再升级，新增中/日、中/韩离线翻译，优化拍照翻译功能。（4）12 月，可翻译语言增加到 51 种。[①] 因广泛服务于世界互联网大会、世界人工智能大会等，成为中国国际交流的一张科技名片。同时，2018 年科大讯飞加强“智能语音+媒体”领域的合作，与光明日报合作打造“第一张智能化有声报纸”，让报纸“能听会说”。除智能语音外，科大讯飞也在人工智能影像方面有所拓展，2018 年 11 月讯飞医疗携人工智能医学影像辅助诊断系统等系列产品，参加中华放射学学术大会，实施推进其“人工智

① 科大讯飞．翻译机 2.0 重磅升级［EB/OL］. http://www.iflytek.com/content/details_135_2511.html.

能＋医疗”战略。另外，“智慧广电”建设是广播电视行业与人工智能技术融合发展的重要战略目标，2018 年 6 月，科大讯飞在上海与国家广播电视总局广播科学研究院、沪苏浙皖新闻出版广电局达成战略合作，将围绕智慧广电战略，研发人工智能核心技术，打造长三角区域“广电专属语音云”，联合创建“广播电视与语音技术融合创新实验室”，推动智慧广电建设在平台、技术、应用、硬件、人才等方面的融合创新，助力“AI 赋能智慧广电”。①

2018 年是“科大讯飞国际化元年”。考察其一路走来的“人工智能＋”发展历程，可以清晰描绘出科大讯飞从“中国声谷”的人工智能语音科技创新及应用，逐渐向“人工智能＋教育”“人工智能＋医疗”“人工智能＋汽车”“人工智能＋媒体”“人工智能＋城市”“人工智能＋政法”等全方位拓展的步伐，其“人工智能”领先技术，也由“语音识别”向“图像识别”进发，与国际顶尖科研机构的全面战略合作，将进一步奠定其在人工智能技术领域全球领先地位，同时也为视听新媒体技术融合应用创新开辟了广袤的疆土。

另有相关研究表明，2018 年我国在人工智能语音识别等技术领域的重要成果，主要体现在以科大讯飞为代表的智能语音研发企业的快速发展，讯飞、百度、阿里、腾讯、京东、小米等研发的智能音箱，如百度的“小度”、腾讯的“听听”、京东的“叮咚”和小米的“小爱同学”等，极大地满足了国内用户对智能语音设备交流互动需求，促进了视听消费市场的崛起。②

据笔者观察，除上述人工智能语音技术创新应用外，以视频为中心的全球最大的视频监控行业上市公司海康威视（股票代码：002415），致力于“智能汽车大脑”战略和导航地图、车联网、自动驾驶等业务的上市公司四维图新（股票代码：002405），也都在人工智能技术应用创新方面赋予视听媒体新的力量。

二、“智慧广电”指明视听媒体融合发展新方向

2018 年 11 月，国家广播电视总局发布《关于促进智能广电发展的指导意

---

① 科大讯飞．用人工智能力智慧广电［EB/OL］．http：//www.iflytek.com/content/details_135_2438.html.

② 梅宁华，支庭荣．中国媒体融合发展报告（2019）［M］．北京：社会科学文献出版社，2019：334.

见》，明确指出应在“深化智慧广电发展理念”基础上，重点加快智慧广电“内容生产、节目制播、传播、安全与监管、科技创新、生态”等六个方面的体系建设，“力争用3—5年时间”，实现智慧广电的突破性进展。同月，中宣部副部长、国家广电总局局长聂辰席在贵阳召开的推进全国“智能广电”建设现场会上发表讲话，指出：“智慧广电建设是以全面提升广播电视业务能力为目标，以有线、无线、卫星、互联网等多种手段协同承载为依托，以云计算、大数据、物联网、IPv6、人工智能等综合数字信息技术为支撑，实现广播电视智慧化生产、智慧化传播、智慧化服务和智慧化监管，着力提供无所不在、无时不在的高质量广播电视服务，更好地肩负起广播电视在新时代的重大职责使命。这是广播电视继数字化、网络化发展之后又一轮重大技术革新与转型升级。面对新形势新任务新要求，加快推进智慧广电建设势在必行，意义重大”。[①] 显然，“智慧广电”建设已经成为我国媒体融合纵深发展的传媒业深化改革新形势下，广播电视行业技术应用创新的重中之重，指明了视听媒体融合发展的新方向。

回顾新媒体技术应用创新对我国电视媒体融合发展的影响，电视台技术架构经历了封闭方式的“专业技术”、半封闭方式的“专业技术＋IT技术”、互联互通方式的“IT技术”和云计算方式的“IT技术＋云技术”等四个阶段。[②] 具体而言，云计算、大数据、物联网、虚拟现实等技术都对电视媒体融合发展的积极推动作用如下：[③]（1）云计算帮助电视媒体融合发展业务实现了“数据高度可管可控”“终端设备投入成本最小化”“视频业务跨领域全方位发展”。（2）大数据为电视“智能化升级”带来诸如“数据新闻及其可视化互动”“网络舆情分析”“个性化定制推送”等新空间。（3）物联网则将广播电视网络视为数字机顶盒、家庭网关、移动终端连接的高端物联网，为用户提供“交互视频”“多媒体通信”“智能家居”“家庭医疗”等服务。（4）虚拟现实技术给电视带来新的传播视角和方式，如“VR＋新闻”等。

---

① 聂辰席．推进全国“智慧广电”建设现场会讲话［EB/OL］．http：//www. qianjia. com/html/2018-11/27 _ 313199. html.

② 闫勇，李瑶．电视媒体融合发展的探索与实践［M］．北京：九州出版社，2018：88.

③ 闫勇，李瑶．电视媒体融合发展的探索与实践［M］．北京：九州出版社，2018：92，96，99.

2018年，全国各地智慧广电建设的主要措施有：① （1）加快云平台及有线网络升级等硬件基础设施建设。（2）强化视听内容的智能生产、制播和分发，加快智能终端设备的研发和投产。（3）推动广播电视产业生态的整体创新和优化升级。

笔者依据广电网络上市公司2018年上半年报告资料及国家广电智库对智慧广电发展调研情况，对北京、贵州、江苏、浙江、湖北、广西、陕西、吉林等省市的智慧广电建设进展关键词进行了梳理，具体内容参见表1。

表1 2018年我国部分省市智慧广电建设进展情况一览表

广电上市公司及代码	2018年智慧广电建设进展关键词
北京歌华有线（股票代码：600037）	智慧城市、雪亮工程、无线北京、歌华视联网、广电IPv6应用联盟、智慧云数据中心、智慧家医、歌华小果、视听传媒大数据联合实验室、京津冀上广深大数据业务
贵州贵广网络（股票代码：600996）	广电全光网、高清视频电视会议服务、智慧社区、智慧旅游、农村应急广播、二代智能高清机顶盒、“广电精灵”IP机顶盒、“万物互联”智能警务项目、智慧医疗-万家医视
江苏有线（股票代码：600959）	《智慧城市试点规范》、《智慧城市项目管理规范》、人工智能语音、视频通话、同屏推送、高清4K机顶盒、智慧城市、孝乐工程、银联、微信、支付宝等便捷支付手段
浙江华数传媒（股票代码：000156）	新网络＋应用、新媒体＋内容、大数据＋开发、智慧化新网络、融合化新媒体、数据化新平台、TVOS智慧广电业务示范区、智能平台、4K智能盒子、智能全屋、广电可信安全云
湖北广电（股票代码：000665）	云平台＋光网络＋慧终端、广电网＋互联网＋物联网、视频＋宽带＋智慧应用、电视购彩、慧生活、湖北微TV、智慧党建TV版、广视通、雪亮工程、4K融合终端、全场景＋全时空＋全链条

① 国家广电智库.2018年全国部分省市智慧广电发展情况梳理［EB/OL］.http：//xwcbgdj.fujian.gov.cn/xxgk/gzdt/xyxx/201811/t20181122_4680808.htm.

续表

广西广电（股票代码：600936）	智慧升级工程、小象互动平台、视频监控系统、智慧乡村、智慧小区、智慧旅游、智慧教育、智慧城市、广电云、大数据公司、家庭智能终端、视频融合应用平台
陕西广电网络（股票代码：600831）	秦岭云、智慧社区、广电服务、健康服务、理财服务、养老服务、商家服务、政务服务、便民服务、旅游服务、智慧社区电视端、手机 App 端、电脑端综合信息服务平台
吉林吉视传媒（股票代码：601929）	阿里飞天云、VR 场景、互联网接入、信息化整体解决方案、智慧教育、智慧医疗、智能城市、智慧新广电、智慧产业、智慧运维、孝乐工程、手机电视、云课堂、光纤入户、视频会议

除广电网络上市公司外，智能电视机硬件设备厂商如海信电器（股票代码：600060）、四川长虹（股票代码：600839）、创维数字（股票代码：000810）、暴风集团（股票代码：300431）等，2018 年也都在积极探索新技术研发和互联网电视机的智能化升级。

三、科技创新助力网络视听产业拓展新空间

据中国互联网络信息中心统计数据，截至 2018 年 12 月，我国网民规模为 8.29 亿，手机网民规模 8.17 亿，短视频用户 6.48 亿，网络视频用户 6.12 亿，网络音乐用户 5.76 亿。[①] 这一系列数据勾勒出我国网络视听产业庞大的用户规模，反映出网络视听内容强大的社会影响力。笔者试以 2018 年 3 月在美国纳斯达克上市的中国最大的在线视频网站爱奇艺为例，整理分析其官网新闻动态 197 条“自我报告”中有关技术与视听新媒体融合的相关内容，管窥科技应用创新为网络视听产业带来哪些新的变化和可拓展的新空间。

2018 年 3 月 29 日，中国最大的在线视频网站爱奇艺成功登录美国纳斯达克，股票代码 IQ，成为一家“以科技创新为驱动”的网络视频上市企业。围绕科技创新，爱奇艺在 2018 年动作频频。

人工智能与虚拟现实技术创新方面。2018 年 5 月，爱奇艺自主研发的数

① 中国互联网信息中心．第 43 次《中国互联网络发展状况统计报告》［EB/OL］．2019 年 2 月。

字版权管理（DRM，Digital Rights Management）系统，成为中国首个获ChinaDRM认证的视频平台，标志着其数字版权管理技术达到国际水平。爱奇艺数字版权管理系统主要包括认证标准实现和安全保护两部分，采取对视频加密形式，对解密代码予以保护，能够有效防止攻击者盗取及用户的非法观看，引领网络视听行业版权保护健康发展。① 2018年6月，爱奇艺联合主办“AI竞赛”，推进国内外视频人工智能（AI）技术创新发展。这项“多模态视频任务识别挑战赛”，面向参赛者开放目前全球最大的明星视频数据集，共有5000位明星艺人，长达1000小时，共计50万条视频片段，供参赛者描摹其人脸、声音、动作、服装等特征，共建“AI＋软件＋硬件”的开放生态圈。② 2018年10月，在杭州举办的中国计算机大会上，爱奇艺自主研发的“基于人工智能的爱创媒资系统”获得“2018年CCF科学技术奖科技进步杰出奖”，“智能选角平台关键技术及应用”获得优秀奖。前者是“软件＋硬件＋网络”的影视制作方案，通过对所拍摄的素材进行AI智能分析，实现高效率的影视制作，目前已经成功应用到《中国新说唱》《中国音乐公告牌》等爱奇艺网络自制真人秀节目生产制作当中。后者是爱奇艺自主研发的“艺汇”系统，主要是通过人工智能技术，从“角色”和“演员”的信息库中抽取有价值信息，为网络自制剧选角，目前在网络剧《泡沫之夏》和《最好的我们》案例中都有成功的应用。③ 此外，在虚拟现实技术创新方面，爱奇艺荣获“2018国际虚拟现实具有影响力企业”称号。

人工智能与虚拟现实技术应用产品方面。2018年5月，爱奇艺重磅发布推出全球首款支持8K全景视频播放的“奇遇VR一体机”。该产品内嵌10000部电影、20000部全景视频内容，通过AI自动识别，还可以自动切换180度、360度、3D播放模式，在京东网上商城受到欢迎。10月18日，这款搭载iQUT（智能移动数字院线）系统的“奇遇VR一体机”，还在香港举办的2018年环球资源秋季移动电子展上荣获环球资源分析师推荐，成为“以创

---

① 爱奇艺．爱奇艺自研DRM系统获ChinaDRM实验室认证 成国内首个获认可的网络视频平台［EB/OL］．http：//www. iqiyi. com/common/20180614/8ff6eb4a488f6b8d. html.

② 爱奇艺，2018爱奇艺AI竞赛开幕［EB/OL］．http：//www. iqiyi. com/common/20180614/d9d34eb8787c3e99. html.

③ 爱奇艺“爱创媒资系统”与“智能选角平台”斩获2018中国计算机大会两项殊荣［EB/OL］．爱奇艺，http：//www. iqiyi. com/common/20181029/013369d4e780caca. html.

新科技打造观影新纪元”的重点展示产品。[①] 2018 年 9 月 28 日，歌华有线、百度、爱奇艺联合发布首款 AI 融合机顶盒“歌华小果”，该产品具备语音智能搜索、有线电视频道直播、视频点播等功能，全面实现了“有线网与互联网”“手机小屏与电视大屏”“遥控交互与人工智能操控”“有线直播与互联网点播”等四个方面的融合，标志着“人工智能、互联网和有线电视运营商首次以深度协同的方式进军中国电视智能化业务”。[②] 2018 年 11 月，四川广电联合百度、爱奇艺正式发布 4K 智能机顶盒“蜀小果”，成为爱奇艺智能电视应用“奇异果 TV”姊妹产品。2018 年 11 月，爱奇艺在中国网络视听大会上推出全球首个 AI 手语主播，结合 3D 虚拟偶像，通过语音识别新闻播报内容，自动转换成手语，为听障人士提供全新观影体验。[③] 此外，爱奇艺还布局酒店 VR 应用场景，探索跨界联动的价值。

除爱奇艺外，广电新媒体上市公司如东方明珠（股票代码：600637）、芒果超媒（股票代码：300413）等也在科技应用创新方面为网络视听产业带来新的变化和可拓展空间。

2018 年，东方明珠积极推进网络强国战略，加快发展移动互联网、IPTV、物联网等新业务，互联网电视用户高度活跃，移动互联网视频用户付费意愿增强，影视、游戏、动漫等内容支柱产业不断发展，智能化、网络化视频购物崛起。具体如下：[④]（1）通过云技术、大数据、人工智能等实现云平台转型升级，构建智慧运营平台。（2）推进融合媒体平台建设，与三大电信运营商合作，打造“咪视通”等。（3）提升内容的聚合、生产与发行能力，形成影视互动娱乐精品化、差异化内容矩阵。（4）积极推进“城市大脑”项目，助力上海智慧城市建设。（5）超前布局“5G”及“8K”业务。

2018 年，芒果超媒作为 A 股市场第一家以融合发展为特色的新型主流媒体集团，通过强化“头条”建设和“首页首屏首条”，开创媒体融合新范例，

① 爱奇艺奇遇 VR 一体机荣获环球资源分析师推荐 以创新科技打造观影新纪元［EB/OL］. 爱奇艺，http：//www. iqiyi. com/common/20181019/09a8024ac0613d0c. html.

② 歌华有线、百度、爱奇艺联合发布首款 AI 融合机顶盒 打造创新性智慧家庭娱乐场景［EB/OL］. 爱奇艺，http：//www. iqiyi. com/common/20181008/9e0d1379f78d3b6a. html.

③ 爱奇艺推出全球首个 AI 手语主播［EB/OL］. 爱奇艺，http：//www. iqiyi. com/common/20181203/b47c90918d000779. html.

④ 东方明珠新媒体股份有限公司 2018 年半年度报告［EB/OL］. 东方明珠，2018 年 8 月。

建立起“精品自制+芒果独播+优质精选”的独特内容策略，持续升级芒果TV新媒体平台，重点建设媒资系统优化、大数据平台和融播体系及App客户端，加快社交、IPTV、OTT等渠道布局，发挥全媒体资源整合优势，构建产业协调发展格局。①

四、面向未来的新媒体技术应用创新趋势

面向未来，笔者认为新媒体技术应用创新对我国视听媒介发展影响的趋势如下：

一是视听新媒体融合将向内容创新纵深发展。我国媒体融合发展的传媒业深化改革，肇始于2014年8月中共中央《关于推动传统媒体和新兴媒体融合发展的指导意见》，一路走来，媒体融合从“相加”到“相融”，从“深度融合”到“纵深发展”，即将进入“全程、全息、全员、全效”的“全媒体”新阶段。在数字技术、互联网技术、云计算、大数据、人工智能、虚拟现实等技术应用创新赋能下，我国传媒业深化传统媒体和新兴媒体“内容、渠道、平台、经营、管理”融合改革，建设“中央厨房”，坚持“移动优先”，发展“县域融媒体中心”，信息传播体系在新媒体技术应用创新影响下已经形成了基本的雏形。从技术哲学视角来看，所谓技术是指达成某一目标的人类劳动。新媒体技术应用创新对视听传播而言，主要目标应当是“新人耳目”，具体可以分为“外在的”和“内在的”两个方面的影响。由于新技术的应用，改变了信息传播体系，诸如云计算、大数据技术作用下的“中央厨房”、融媒体中心等均属此类，这种新媒体技术对于信息传播的影响是外在的，不涉及信息内容本身发生的变化。随着媒体融合的纵深发展，人工智能、虚拟现实、5G、8K等新技术应用，已经开始并必将持续影响信息内容本身的形态变化，这种影响可以称之为新媒体技术应用创新对传播信息“内在的”影响。比如，前文所述的科大讯飞智能语音技术产品“AI合成配音”“AI合成主播”等，还有爱奇艺在网络自制节目运用人工智能技术进行后期编辑制作的成功实践等，在这些案例中新媒体技术应用创新都对视听内容信息生产本身起到了决定性的作用。在媒体融合纵深改革的未来，如果说“渠道、平台、经营、管理”的融合改革已在“顶层设计”下基本成型，那么，“内容融合”的纵深改革才

① 芒果超媒股份有限公司2018年半年度报告[EB/OL]. 芒果超媒，2018年8月。

刚刚拉开序幕。面临即将到来的“5G时代”和“移动优先”的媒体融合战略，新媒体技术必将对全媒体信息传播内容形态本身带来更加深刻的影响。

二是智慧广电建设将全面加速。国家广播电视总局出台的“智慧广电”建设规划，可以看作在我国媒体融合纵深发展的传媒业深化改革新阶段，视听媒体借助新技术应用创新向“智能化”转型升级的纲领性文件。在“互联网+”“宽带中国”“人工智能”等国家战略指引下，广播电视行业综合运用云计算、大数据、人工智能、虚拟现实等技术转型升级，构建现代传播体系，最便捷的通道当属将“广播电视网络”进行双向互动等技术改造变身为光纤化的“广电宽带”，成为继中国移动、中国电信、中国联通之后，我国新媒体时代信息传播的“第四运营商”。在“智慧广电”建设规划印发之前，上文所述我国广电网络上市公司纷纷在网络基础设施的改造升级上奋力开拓，努力实现从“广播电视节目有线传输平台”向“全媒体全业务网络运营平台”的转型，积极投身智慧家居、智慧社区、智慧城市、智慧乡村、智慧医疗、智慧教育、智慧旅游等诸多业务领域的“智能化升级”。2018年11月，“智慧广电”建设规划的印发，必将在新一轮视听媒体转型升级过程中掀起新技术应用的高潮，新媒体技术的创新应用也必将对提升广电行业“智能化”水平起到更加积极有效的促进作用。语音搜索、智能标签、虚拟主播、声音合成等人工智能技术应用创新已经初露端倪，全息媒体、人脸识别、车联网、VR场景等新媒体技术应用创新也离普罗大众的日常生活越来越近。在“技术赋能”条件下，广播电视业的智慧生产、智慧传播、智慧服务、智慧监管，有望迅速提升，达到更高的水准。

三是人工智能技术应用从语音向影像快速发展。所谓“人工智能”，一般是指研究、开发用于模拟、延伸和扩展人的智能的理论、方法、技术及应用系统的一门新的技术科学。[①] 前文所述着力打造“中国声谷”的科大讯飞，在人工智能技术研发方面，已经达到国际先进水平。从科大讯飞人工智能技术产品研发来看，正在勾勒出一幅由“智能语音”应用的“翻译机2.0”“讯飞听见转写机器人”等，逐渐向“图像识别”人工智能技术应用的“智慧医疗”影像辅助等产品延伸的图景。在美国纳斯达克上市的爱奇艺，更是用人工智能、虚拟现实科技创新的鲜活案例，展现出新媒体技术应用创新对于网络视

① 腾讯研究院，等．人工智能：国家人工智能战略行动抓手［M］．北京：中国人民大学出版社，2017：23．

听传播机制与传播内容产生的具有进化意义的影响。然而，这一切才刚刚开始。环顾身边无处不在的人工智能技术应用，机器人写作、人脸识别、语音搜索、机器翻译等，未来实现“能说会听的报纸”“机器人拍摄剪辑的影视作品”，也不再是虚无缥缈的想象。面向未来，自动驾驶、智慧金融、智慧生活、智慧医疗、艺术创作等领域，“深度学习＋大数据”的人工智能更有可能成为人类社会全新的一次大发现、大变革、大融合、大发展的开端。① 从视听新媒体发展的角度，未来媒介社会景观的构成都内在地要求对人工智能技术的应用创新，从“语音识别”向“图像识别”迈进。

四是5G时代物联网技术影响日甚。“5G”即“第五代移动通信技术”，2019年商用在即。如果说3G让手机视频普及起来，4G促使手机视频智能互动，5G时代手机视频则面临着跨界跨屏的飞跃。日本总务省发布的视频短片《连结5G以后的世界》，形象化地展示了5G时代日常生活的变化，比如一边开车一边可以语音选择播放与所经过路途景色相匹配的音乐，智能手表在语言不通的异国人之间可以实现智能化的同步语音翻译功能，万物皆媒的视频传输和视频同步直播，VR眼镜在金婚庆典上实现的虚拟现实、增强现实乐队演唱等。正如葡萄牙学者Jonathan Rodriguez在其编著的《5G：开启移动网络新时代》一书中所言：“5G并不仅仅是一项新技术，而是一个通过无线网络协同工作为终端用户提供无缝通信媒介的技术生态系统”。② 5G将至，视听媒介融合人工智能、虚拟现实等技术，实现物联网、车联网等新媒体服务应用场景依稀可见。未来，5G时代物联网与视频媒介联姻，将充分满足人类对信息传播的“可视化”需求，塑造空间与环境、反映实时状态、培养生活习惯等重要应用场景。一个由新技术应用带来的全新的“万物皆媒、人媒共生”“媒介生态、新生共荣”“技术垄断、人文复兴”的媒介生态环境，终将呈现。

参考文献

[1] 梅宁华，支庭荣．中国媒体融合发展报告（2019）［M］．北京：社会科学文献出版社，2019．

[2] 闫勇，李瑶．电视媒体融合发展的探索与实践［M］．北京：九州出

---

① 李开复，王咏刚．人工智能［M］．北京：文化发展出版社，2017：149．

② ［葡萄牙］Jonathan Rodriguez. 5G：开启移动网络新时代［M］．江甲沫，韩秉君，沈霞，朱浩，等译．北京：中国工信出版集团，2016：5．

版社，2018 .

［3］中国互联网络信息中心 . 第 43 次《中国互联网络发展状况统计报告》［EB/OL］. 2019 年 2 月 .

［4］腾讯研究院，等 . 人工智能：国家人工智能战略行动抓手［M］. 北京：中国人民大学出版社，2017.

［5］李开复，王咏刚 . 人工智能［M］. 北京：文化发展出版社，2017 .

［6］［葡萄牙］Jonathan Rodriguez . 5G：开启移动网络新时代［M］. 江甲沫，韩秉君，沈霞，朱浩，等译 . 北京：中国工信出版集团，2016 .

【通讯作者】高红波：河南大学新闻与传播学院副教授，广播电视系主任，硕士生导师，传播学博士，艺术学博士后。

（原载《中国新媒体发展报告 2019》，社会科学文献出版社，2019 年 6 月）

2018年度中国数字报纸发展报告

李　珠

摘要： 本报告是对2018年中国数字报纸发展情况的总结，主要分为两个部分：第一部分主要是介绍中国的数字报纸在2018年的发展状况，既有对总体情况的概括，也有对具体现象，如对人工智能的进一步运用、媒体融合的深入发展、版权维护的实质性进展等方面的表述；第二部分则是对中国数字报纸发展趋势所做的分析，以及对国内数字报纸未来发展的建议。

关键词： 数字报纸　人工智能　媒体融合　区块链　版权保护

2018年对中国报业来说是颇有成效的一年。报纸的数字化转型在继续，从中央到省市，再到区县，数字化步步深入。这种深入，不仅体现在内容产品的表现形式上，还体现在报纸与广播、电视等传播媒介的融合上。此外，之前一直困扰报界的版权问题，经过前几年不断的努力，终于在这一年获得了实质性的进展，这一进展又为数字报纸始终纠结的付费工作提供了实现的可能。

一、2018年中国数字报纸发展情况

（一）新闻纸使用量仍在下降，印刷版报纸广告收入继续下滑

受报纸停刊休刊、广告收入下滑等因素的影响，2018年报业新闻纸的采购量比2017年减少11.6万吨，降幅为6.5%，与2017年持平，这证明报业已经进入小幅缓慢下降的状态。[①]

根据CTR媒介智讯的数据，2018年前三季度，报纸广告在各类媒介广告中下

① 2018中国报业新闻纸供需报告［EB/OL］. 中国纸业网，2018-12-20. http：//www.chinapaper.net/news/show-33458.html.

降幅度最大，其中刊例收入下滑了 31.9%，与 2017 年相同；广告面积下滑更是高达 35.4%，超过了 2017 年的 25.7%，形势更加严峻。① （见图 1、图 2、图 3）

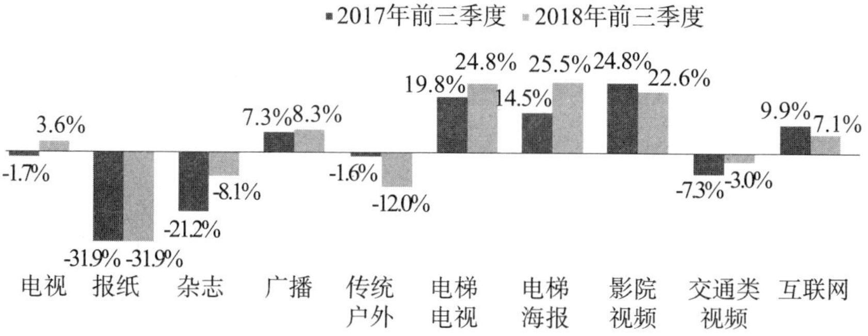

图 1　2017—2018 年前三季度各媒介广告刊例花费变化

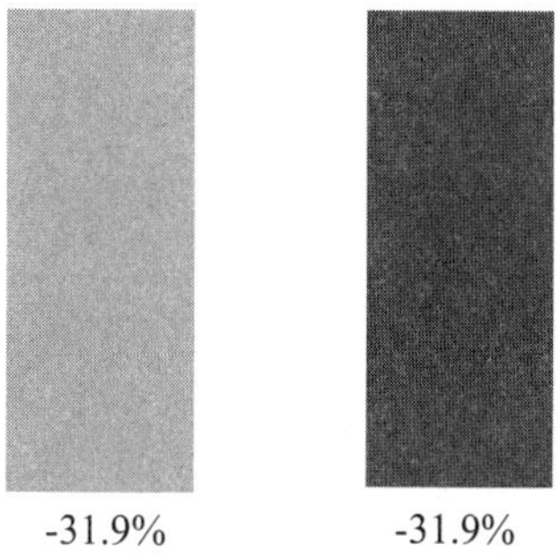

图 2　2017—2018 年前三季度报纸广告刊例收入变化

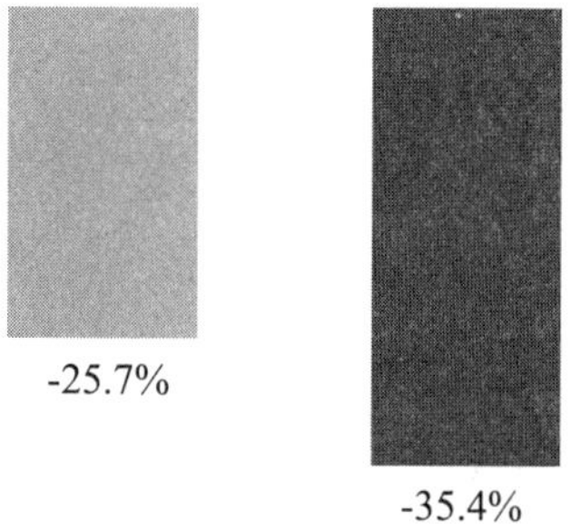

图 3　2017—2018 年前三季度报纸广告面积变化

（二）中国互联网络发展保持良好势头

2019 年 2 月中国互联网络信息中心（CNNIC）发布了第 43 次《中国互

① CTR 媒介智讯最新发布：2018 年前三季度中国广告市场同比增长 5.7%［EB/OL］. 网易，2018-11-01. http：//dy. 163. com/v2/article/detail/DVH4VQAP0519D71G. html.

联网络发展状况统计报告》，报告显示：到2018年12月底，我国网民规模达8.29亿，全年新增网民5653万人，互联网普及率达到59.6%，比2017年底提升了3.8个百分点。（见图4）

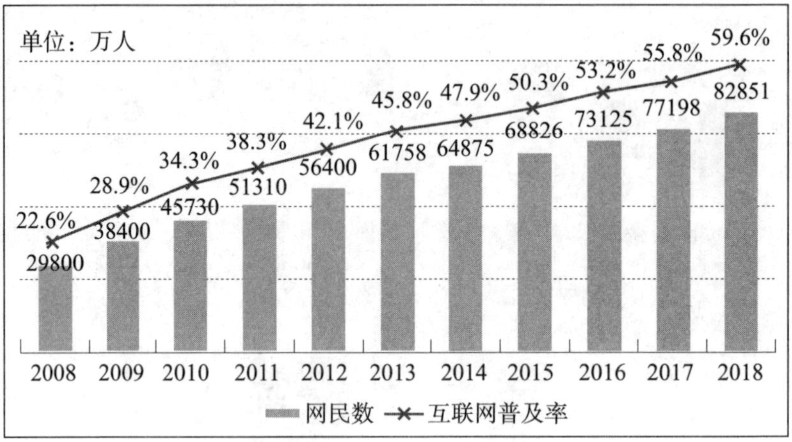

图4　中国网民规模和互联网普及率

到2018年12月底，我国网络新闻用户规模为6.75亿，年增长率达到4.3%，网民使用比例为81.4%。其中，手机网络新闻用户规模达到6.53亿，占手机网民的79.9%，年增长率达到5.4%。① （见图5）

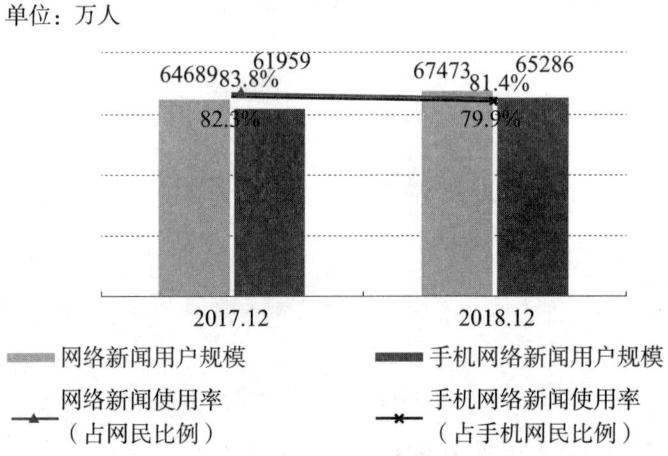

图5　2017.12—2018.12 网络新闻/手机网络新闻用户规模及使用率

① 第43次《中国互联网络发展状况统计报告》[EB/OL]．中国互联网络信息中心．2018-02-28. http：//www. cac. gov. cn/wxb _ pdf/0228043. pdf.

（三）纸质报纸停刊休刊，向数字化转型

除了在2017年宣布、在2018年元旦正式休刊停刊的《台州商报》《渤海早报》《北京娱乐信报》等二十家纸媒外，截至2018年末，宣布停刊休刊的报纸超过了40家。

2018年1月16日，国内第一份免费地铁报《I时代报》宣布于次日休刊。[①]

2018年6月22日，《西部商报》宣布于次日起休刊转型。[②]

2018年6月30日，《新疆都市报》在致读者信中宣布停刊。[③]

2018年9月28日，《地铁时报》宣布于9月29日正式休刊。[④]

2018年11月21日，《申江服务导报》宣布于11月28日休刊。[⑤]

2018年11月30日，《羊城地铁报》宣布于12月休刊。[⑥]

2018年12月，有多家报纸宣布将于月底或2019年元旦正式停刊或休刊，主要包括：《北京晨报》《法制晚报》《北京文摘》《春城地铁报》《黄山日报·黄山晨刊》《中国技术市场报》《郴州新报》《京郊日报》《黑龙江晨报》《安阳晚报》《新知讯报》《赣州晚报》《北方周末报》《羊城晚报》《中国测绘报》《伊犁晚报》等。[⑦]

这些报纸多为都市报，它们中的大多数选择了在停刊休刊之后以各种形式转向数字化方向。作为报业集团中的二、三级报纸，都市报这几年面临发展上的困境，停刊和休刊是优化资源的第一步，接下来其采编团队会与上级单位整合，加入媒体转型的进程中，比如《法制晚报》休刊后，会参与打造“北京头条”客户端。[⑧]

---

① 休刊公告［N］．I时代报，2018-01-16（1）．

② 休刊转型——致读者［N］．西部商报，2018-06-22（A03）．

③ 又一家纸媒退市，《新疆都市报》7月1日起停刊［EB/OL］．凤凰网，2018-07-03. http：//ent. ifeng. com/a/20180702/43063440 _ 0. shtml.

④ 休刊公告［N］．地铁时报，2018-09-28（1）：3.

⑤ 休刊公告［N］．申江服务导报，2018-11-21（1）．

⑥ 休刊启事［N］．羊城地铁报，2018-11-30（A2）．

⑦ 2018年，这些纸媒与我们告别［EB/OL］．搜狐，2018-12-31. http：//www. sohu. com/a/28578 2036 _ 196120.

⑧ 《法制晚报》转型新媒体 打造“北京头条”客户端［EB/OL］．网易，2018-12-01. http：//bj. news. 163. com/18/1201/15/E1UVV10C04388CSB. html.

（四）全国党报融合传播情况①

2018年，党报的发展更进一步，在7月1日发布的《2018全国党报融合传播指数报告》中，人民网研究院对全国377家党报的融合传播情况进行了考察。经过统计，党报的网站开通率最高，为92.8%；微信公众号次之，为76.4%；自有客户端（App）再次之，为74%；入驻聚合新闻客户端的党报占总数的72.7%；开通了官方微博账号的党报占68.7%。（见表1）②

表1 党报传播渠道建设情况一览表

	网站	微博	微信	入驻App	自建App
全部党报	92.8%	68.7%	76.4%	72.7%	74.0%
中央级报纸	100%	100%	100%	100%	83.3%
省级党报	100%	100%	97%	100%	93.9%
地市级党报	91.9%	64.5%	73.5%	69%	71.7%

具体说来，2018年党报的融合传播体现出如下特点：

1. 纸质版的传播力仍然很强，中央级报纸网站被转载量更大

党报的发行量可观，平均发行量为13万份，《人民日报》、《广州日报》、《人民日报海外版》、《光明日报》、《南方日报》的发行量更是超过百万。从日均被转载篇次看，纸质版的均值有三项（全部、省级和地市级）远高于网站，说明仍有很强的传播力，而中央级网站的日均被转载篇次独占鳌头，大大高于各级纸质版和网站，说明它在全国的影响力更大。（见表2）

表2 党报、党报网站文章被转载情况

	党报报纸		党报网站	
	日均被转载篇次均值	报道平均被转载次数	日均被转载篇次均值	原创报道平均被转载次数
全部	622	13	189	14

① 《2018全国党报融合传播指数报告》发布［EB/OL］. 东方头条，2018-6-20. http://mini.eastday.com/a/180620135737587.html.

② 2018全国党报融合传播指数报告发布［EB/OL］. 人民网，2018-07-01. http://media.people.com.cn/n1/2018/0701/c14677-29376415.html.

续表

中央级	889	20	2062	15
省级	1029	15	490	17
地市级	454	10	68	11

2. 微博的影响力远超微信和头条号

377 家党报中有 259 家开通了官方微博账号，平均每家拥有 126 万粉丝，大大高于其他传播渠道，其中，粉丝量最高的是@人民日报，超过 5800 万。党报微博账号日均发文 12 条，平均阅读量为 9.6 万次，是微信的 20 倍，头条号的 10 倍。（见表 3）

表 3　党报在第三方平台的文章平均阅读量（次）

	微信文章	微博文章	头条号文章
全部党报	4605	96427	9229
中央级报纸	29040	689920	10627
省级党报	3578	25027	6223
地市级党报	2526	18153	3852

3. 中央级报纸微信公众号传播力强，部分地市级党报表现突出

377 家党报中有 288 家开通了微信公众号，每个微信号日均发文 5 篇。平均阅读量最高的人民日报微信公众号，超过 10 万，平均阅读量过万的 13 个党报中有 7 家是地市级党报。（见图 6）

相对于微博和头条号，省级和地市级党报微信公众号的影响力还有待提高。（见表 3）

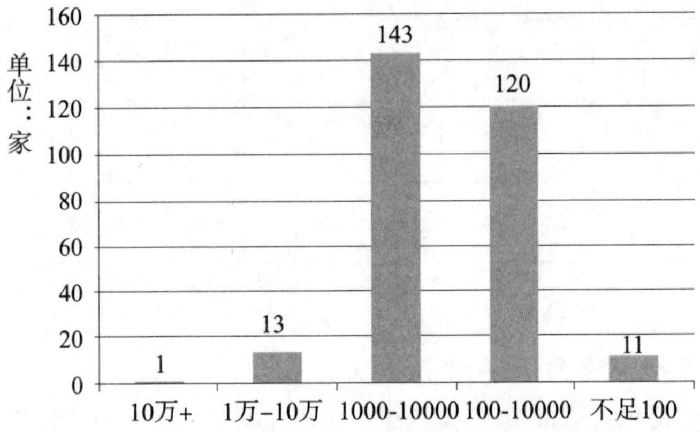

图 6　党报微信公众号文章平均阅读量分布图

4. 党报自有客户端（App）用户量最多，增长迅速

377 家党报中有 279 家自办了新闻客户端（App）。从数据上看，自有 App 的下载量最多，超过了报纸、微博和入驻 App，拥有最大数量的用户。中央级报纸自有客户端下载量更是惊人，人民日报客户端的下载量已经超过了 2.2 亿，是具有压倒性优势的最大用户端。（见表 4）

表 4　党报各渠道用户量中位数、均值（单位：万）

	报纸发行量中位数	报纸发行量均值	微博粉丝量中位数	微博粉丝量均值	自有 App 下载量中位数	自有 App 下载量均值	入驻 App 订阅量中位数	入驻 App 订阅量均值
全部党报	6	13	16	126	3	190	0.6	18
中央级报纸	74	84	239	1768	422	2863	171	350
省级党报	25	32	203	282	42	605	4	14
地市级党报	6	8	11	43	3	24	0.4	2

和 2017 年相比，党报新闻客户端下载量增长迅速，下载量达到千万级、百万级、十万级的党报数量明显增加，不足一万的党报数量下降了近一半。（见图 7）不过，中央级、省级、地市级同级别报纸间客户端下载量仍有较大差距。

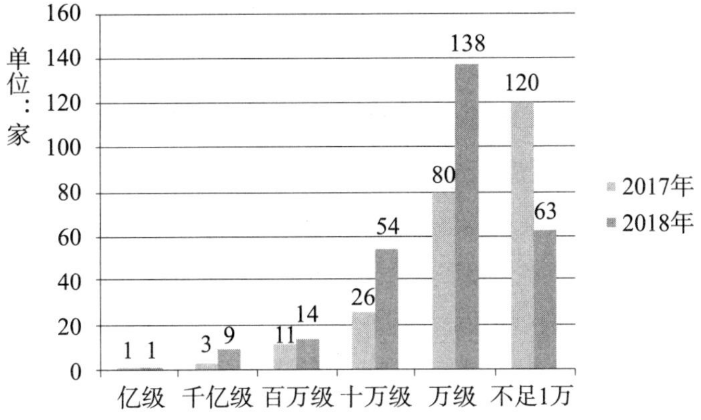

图 7　2017—2018 年安卓客户端下载量比较

5. 党报可以借助聚合新闻客户端继续扩大影响力

377 家党报中入驻网易新闻、腾讯新闻、搜狐新闻、一点资讯、今日头条五个聚合新闻客户端的有 274 家党报，今日头条入驻率最高，接下来是腾讯新闻、搜狐新闻（见图 8）。

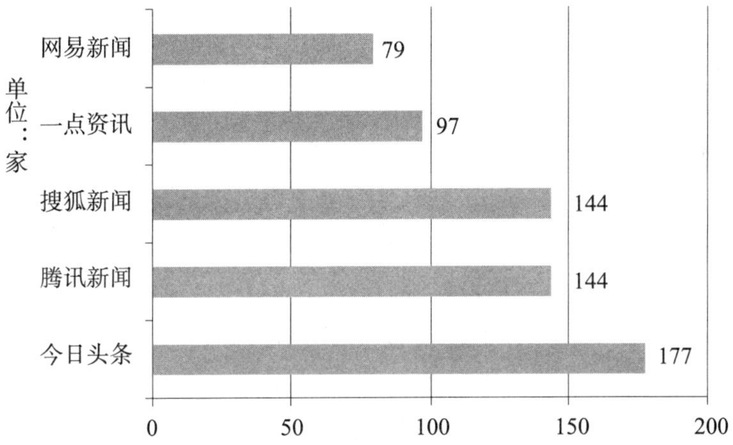

图 8　党报入驻五个聚合新闻客户端数量

目前，党报在五个聚合新闻客户端上的订阅量不算多，中位数为 0.6 万。但中央级党报和省级党报、地市级党报的情况不一样，中央级入驻 App 订阅量中位数和均值都超过了纸质版的发行量。而省级党报、地市级党报的订阅量和其他传播渠道比还是差距很大。（见表 4）

从发文量来看，党报在头条号的日均发文量均值为 55 篇，比微博和微信都要多，是微信的 11 倍，微博的 4.58 倍。具体到各级报纸，中央级党报的

发文量达到了595篇，省级也有51篇，均高出微信和微博很多，但地市级只有9篇，和微博、微信的差距不明显。（见表5）

表5　党报第三方平台账号日均发文量均值（篇）

	微信公众号	微博账号	头条号
全部党报	5	12	55
中央级报纸	9	28	595
省级党报	8	22	51
地市级党报	5	9	9

可见，无论是订阅量还是发文量，党报在入驻App这一领域还是有拓展空间的，尤其是省级、地市级党报，还需要继续努力。

（五）县级融媒体中心纷纷建立

2018年，“县级融媒体中心”的涌现是一个令人瞩目的现象。

北京在县级融媒体中心的建设中处于领先位置。2018年6月6日，石景山区融媒体中心成立；6月12日，大兴区融媒体中心成立；6月16日，延庆区融媒体中心成立；6月19日，朝阳区融媒体中心成立；7月16日，西城区融媒体中心成立……到2018年8月底，北京16个区级融媒体中心都已建立。这些融媒体中心整合了报纸、广播、电视、网站、移动客户端等多种平台资源，以“中央厨房”模式运行，形成了集中高效的生产传播体系。[①]

2018年8月，玉门市融合媒体共享平台开始运行，这是甘肃省第一个县级融媒体中心。该中心整合了区域内各种传播资源，形成传播矩阵，结合数据抓取、移动直播、机器人写作等技术，生产高质量的新闻内容。[②]

2018年9月，郑州市16个县级融媒体中心启动。郑州报业集团与之签署了合作框架协议，以报业集团的“中央厨房·新闻超市”大平台为基础，为

① 领先全国！北京16个区级融媒体中心已建立［EB/OL］．北晚新视觉网，2018-08-03. https：//www. takefoto. cn/viewnews-1531242. html.

② 田野．甘肃有了首个县级融合媒体共享平台［N］．中国新闻出版广电报，2018-08-30（1）．

县级融媒体中心打造统一的指挥调度和分拨平台，并提供技术和业务指导。①

到2018年10月底，福建省已有43个县市区的融媒体中心成立，其中漳州、泉州两个市的县级融媒体中心已全部挂牌。②

（六）人工智能的进一步发展

2018年3月，法制晚报社和北京电视台科教频道等单位合作推出了中国人工智能服务推广联盟。联盟将借助媒体这个宣传平台，促进人工智能整体产业的紧密合作与市场普及。③

2018年3月，全国两会期间，新华社借助新推出的人工智能平台“媒体大脑”，只用了15秒就生产并发布了一条有关两会的视频新闻，这是新闻史上的首次尝试。同时，新华网还使用“Star”生物传感智能机器人，准确地描绘出了观众在听政府工作报告时最真实的“情绪曲线”。④

2018年11月7日，全球首个“AI合成主播”在新华社正式上岗，这个用人工智能技术合成的新闻主播，实现了实时音视频与AI真人形象的合成，可以大幅度地节约新闻播报视频的后期制作成本。⑤

（七）继续建设融媒体采编平台和各类网上平台

2018年1月18日，安徽日报客户端、安徽新闻网·视觉安徽和新闻大数据中心上线，与新版的微博、微信一起构成了安徽日报社的新媒体平台。⑥ 10月18日，安徽新闻网（www.ahnews.com.cn）正式上线，而同日开通的自

---

① 宗边诗．郑报集团与16县区联手建县级融媒体中心［N］．中国新闻出版广电报，2018-09-06（1）．

② 张福财．福建：县级融媒体中心年底全挂牌［N］．中国新闻出版广电报，2018-11-13（1）．

③ 任晓宁．法制晚报社北京电视台发起联盟推广人工智能［N］．中国新闻出版广电报，2018-03-27（3）．

④ 黄楚新，张露引．2018两会新媒体报道观察［EB/OL］．人民网，2018-03-23. http：//media.people.com.cn/n1/2018/0323/c14677-29884565.html.

⑤ 全球首个“AI合成主播”在新华社上岗［EB/OL］．腾讯网，2018-11-07. http：//tech.qq.com/a/20181107/013284.html.

⑥ 杜一娜．安徽日报社推出新媒体平台［N］．中国新闻出版广电报，2018-01-22（3）．

媒体平台“江淮号”，使安徽日报社新媒体平台更加完善。[①]

2018年2月，“现场云”新闻在线生产系统发布3.0版本，这是新华社服务全国媒体的平台。此次升级后，入驻“现场云”的媒体可以免费获得基于移动端的全媒体采编发功能，实现新闻的即采即拍即传和即收即审即发。[②]

2018年4月9日，“融媒小厨·梧州新空云”泛媒体融合一体化开放平台正式启用。该平台是由北大方正和广西梧州日报社共同建设的，该平台融信息传播和政务服务于一体，进一步深化了媒体融合进程。[③]

2018年6月11日，人民日报社推出了“人民日报创作大脑”平台。该平台借助人工智能（AI）等技术，向内容创作者提供创作工具，帮助他们进行内容生产和发布。[④] 同日，“人民号”正式上线，作为全国移动新媒体聚合平台，一上线就吸引了2000多家主流媒体、党政机关、高校、优质自媒体和名人入驻。[⑤]

（八）视频新平台和视频化战略

2018年10月26日，视频新平台——“上海时刻”上线。该平台是由新民晚报社推出的、“以时间为刻度，用短视频的形式，记录和分享上海的变化与发展”的原创视频平台。[⑥]

2018年12月25日，新华网正式启动视频化战略。根据该战略，新华网制订了两个计划：“源创计划”——建立规模化优质短视频自制生产体系；“共鸣计划”——联合有志之士组成跨行业的“视频战略联盟”，制作更多更

① 岳怀让．安徽新闻网今日零时上线，安徽日报客户端推出“江淮号”［EB/OL］．澎湃新闻，2018-10-18. https：//www. thepaper. cn/newsDetail _ forward _ 2540804.

② 新华社“现场云”面向智能化在线生产传播全面升级［EB/OL］．新华网。2018-02-19. https：//baijiahao. baidu. com/s? id＝1592816878151213258&wfr＝spider&for＝pc.

③ 李子木．梧州日报社联手方正电子打造“梧州新空云”［N］．中国新闻出版广电报，2018-04-11（3）.

④ 人民日报推出AI创作平台［EB/OL］．搜狐，2018-06-15. http：//www. sohu. com/a/235948779 _ 320333.

⑤ 全国移动新媒体聚合平台“人民号”上线［EB/OL］．人民网，2018-06-12. http：//hlj. people. com. cn/n2/2018/0612/c369793-31692612. html.

⑥ 陈灵玮．视频新平台“上海时刻”今日揭幕［EB/OL］．新民网，2018-10-26. http：//shanghai. xinmin. cn/xmsq/2018/10/26/31446016. html.

好的短视频作品。[①]

（九）版权保护获得突破性进展

2018 年 1 月 24 日，版权线上调解平台启动，这是一个“互联网＋调解”的公共服务平台，可实现版权纠纷的全程在线调解服务。[②]

2018 年 4 月 23 日，国家版权局和日本文化厅、韩国文化体育观光部联合开展了 2018 年版权宣传周活动，希望借此活动提升中日韩三国公众的版权保护意识。[③]

2018 年 4 月 26 日，国家版权局与中国版权协会、中国移动签署了《网络版权保护合作备忘录》，三家联合推进网络版权执法落地，积极采取行动推动社会对网络版权保护的认识和自觉性，推动行业自律。[④]

2018 年 6 月 28 日，浙江省杭州互联网法院对一起侵害作品信息网络传播权的案件进行公开宣判，判定被侵害方《都市快报》胜诉。这是法院第一次确认采用区块链技术存证的电子数据的法律效力，同时明确了区块链存证的审查判断方法。[⑤] 9 月 7 日，最高人民法院对电子证据问题做了明确规定，肯定了杭州互联网法院的做法。[⑥]

2018 年 9 月 9 日，北京互联网法院正式成立，“全程在线”受理互联网案件，受理范围包括：互联网著作权权属纠纷、互联网著作权侵权纠纷等。[⑦] 9 月 28 日，广州互联网法院正式挂牌成立。[⑧]

2018 年 9 月 29 日，国家版权局约谈了趣头条、淘新闻、今日头条等 13

---

① 余俊杰．新华网启动视频化战略［N］．中国新闻出版广电报，2018-12-27（1）．

② 邹韧．版权线上调解平台正式启动［N］．中国新闻出版广电报，2018-01-29（1）．

③ 赖名芳．2018 年版权宣传周启动［N］．中国新闻出版广电报，2018-04-24（1）．

④ 赖名芳．国家版权局与中国版权协会、中国移动签署备忘录 联合打造网络版权保护新模式［N］．中国新闻出版广电报，2018-04-27（1）．

⑤ 李稹，陈欣文．杭报集团如何利用区块链技术维护版权［N］．中国新闻出版广电报，2018-08-02（6）．

⑥ 最高人民法院关于互联网法院审理案件若干问题的规定［EB/OL］．最高人民法院网，2018-09-07. http：//www. court. gov. cn/zixun-xiangqing-116981. html.

⑦ 鞠焕宗．北京互联网著作权纠纷有了“全程在线”法院［N］．中国新闻出版广电报，2018-09-12（1）．

⑧ 孙航，隋岳，段莉琼．广州互联网法院挂牌成立［EB/OL］．中国法院网，2018-09-28. https：//www. chinacourt. org/article/detail/2018/09/id/3517007. shtml.

家网络服务商，要求他们提高版权保护意识，必须做到“先授权、后使用”，规范网络转载版权秩序。

2018 年 10 月，江苏省高级人民法院驳回今日头条上诉《现代快报》一案。根据一审判决，今日头条因未经授权转载《现代快报》4 篇稿件，被判赔偿经济损失 10 万元及相关合理费用 1.01 万元。①

2018 年 11 月 16 日，“区块链媒体实验室”成立，这是由封面传媒、百度和中国人民大学新闻学院共同成立的，旨在以百度超级链技术探索区块链在内容平台版权保护等领域的应用潜力。

2018 年 11 月 22 日，泛内容版权合作平台正式发布。这是由封面新闻发起，今日头条、一点资讯、百度百家号、新浪移动、UC 大鱼号共同成立的，是在尊重原创版权前提下的合作。②

（十）媒体智库建设

2018 年 3 月，原国家新闻出版广电总局印发了《关于加快新闻出版行业智库建设的指导意见》，明确提出要加快中国特色新闻出版行业智库建设。③

2018 年 5 月 24 日，羊城晚报传媒智库成立。羊城晚报集团将传媒智库定位为“原创服务型媒体智库”，借助报纸的资源优势，发展原创高智力服务产品，致力于成为各级党委、政府以及各行各业的“耳目、尖兵和参谋”。④

2018 年 6 月 29 日，南方报业传媒集团推出了南方传媒智库矩阵。南方报业致力于以智库化、智能化为标志的智慧转型，通过建设十大智库机构、上线中央数据库（大数据服务中心）1.0 版本等一系列举措，加快推动智慧传媒建设。⑤ 12 月 24—28 日，“南都智库产品发布周”上，共发布了 8 份智库报告。这些报告成功连接了各方面的资源，通过调研与研究，成果具有很强的

① 李斯睿．今日头条侵权转载 4 篇稿被判赔 10 万元［N］．中国新闻出版广电报，2018-10-17（1）．

② 王婷．封面传媒发起成立泛内容版权生态平台［N］．华西都市报，2018-11-23（A2）．

③ 常湘萍．媒体智库已成产业发展新方向［EB/OL］．人民网，2018-05-22. http：//media. people. com. cn/n1/2018/0522/c40606-30005862. html.

④ 刘云，李焕坤．传媒名医智库［N］．羊城晚报，2018-05-25（A11）．

⑤ 骆骁骅．大动作！南方报业智库矩阵亮相，十大智库助力智慧型媒体转型［EB/OL］．南方网，2018-06-29. http：//news. southcn. com/gd/content/2018-06/29/content _ 182401135. html.

实用价值，为政府和各决策层提供了参考。①

（十一）新闻客户端的上线与升级

2018年1月23日，新华社英文客户端正式上线。新华社在该客户端上设置了《中国新闻》《世界动态》《时政要闻》等多个栏目，读者可以从中获得海量的原创英文资讯。该客户端还具备智能推荐功能，可以进行个性化资讯推送，具有智能推荐功能的英文客户端是第一次在中国主流媒体出现。②

2018年3月2日，人民视频客户端上线。这是由人民网、腾讯、歌华有线视频合作开发的，主要是为短视频和网络直播提供生产和发布平台。③

2018年5月4日，封面新闻客户端正式升级到4.0版本。新版本采用全场景沉浸式互动模式，提供更多的新闻短视频和人工智能机器人的互动服务。④

2018年5月10日，羊城晚报移动客户端升级为羊城派4.0。这次升级是对云计算、人工智能互动技术等的进一步运用。⑤

2018年6月11日，人民日报英文客户端升级到2.0版本。新版本大大优化了用户体验，引入了人工智能机器人“微软小冰”和Bing搜索，增加了个性化和互动新功能。⑥

二、2018年中国数字报纸的发展趋势分析和发展建议

（一）中国数字报纸的发展趋势分析

2018年数字报纸，有几个非常明显的特点，一是党报的发展持续走强，

---

① 杜一娜．举办智库型媒体发展高峰论坛，相继发布8份智库报告——南都：以智库研究助推人员整体提升［N］．中国新闻出版广电报，2019-01-08（3）．

② 任晓宁．新华社上线英文客户端 首创英文版“现场新闻”［N］．中国新闻出版广电报，2018-01-24（1）．

③ 李雪昆．人民网联合腾讯等共同发力移动视频领域［N］．中国新闻出版广电报，2018-03-05（3）．

④ 杜一娜．打造全新智媒体 封面新闻客户端4.0迭代［N］．中国新闻出版广电报，2018-05-04（3）．

⑤ 张君成．羊城晚报移动客户端——羊城派4.0项目启动［N］．中国新闻出版广电报，2018-05-04（3）．

⑥ 微软小冰与Bing搜索“入驻”人民日报英文客户端2.0版［EB/OL］．搜狐，2018-06-13. http：//www. sohu. com/a/235528351 _ 629694.

二是版权保护工作取得了实质性的突破，三是对技术，尤其是新技术的运用始终抱有极高的热情，四是区域化的合作在不断强化。结合既往的经验，预计在未来，中国的数字报纸会在以下几个方面继续有所发展：

1. 融合进一步走向全面和深入

2014年，《关于推动传统媒体和新兴媒体融合发展的指导意见》发布以后，我国报业的互联网思维不断强化，报纸的数字化进程，已经走过了“相加”阶段，走向了“相融”阶段。而在“相融”阶段，局部的、浅层的融合也在向全面的、深度的融合进化。“报网端微”已经成为今天报纸的标配，但在今后，这样的相融还不够，还需要继续深入，2018年开始的县级融媒体中心的建设就是一个很好的例子。

从国家层面看，2018年的媒体融合工作，其重点已经从省以上媒体延伸到了基层媒体，而基层媒体的成功融合将会促使整个国家媒体体系更加健康、富有活力。从2018年先行启动的600个县级融媒体中心情况可知，它们融合的不是某一类的传统媒体和新兴媒体，而是将区域内所有的媒体资源，包括报纸、广播、电视、网站、新闻客户端、微信公众号、微博、第三方账号等，融合在一起，以“中央厨房”模式进行信息的采集、处理和发布，最大化地节约成本，提升传播效果。

除了区域内的整合，县级融媒体中心往往还与上级单位建立了合作关系，比如郑州报业集团与当地16个县级融媒体中心合作，给予技术和业务上的帮助和指导。这样的合作有效地提升了县级融媒体中心的实力，也给上级报纸提供了更为丰富的新闻来源，在融合方面双方实现了合作共赢。相信到2020年底基本实现县级融媒体中心在全国的全覆盖之后，我国的数字报纸也会在媒体融合方面取得突破性进展。

2. 逐步走上智媒体化发展道路

数字化进程中，报业对新技术抱有极大的热情，云计算、区块链、人工智能技术在新闻的采集、编辑、发行中发挥了巨大的力量。而且，随着技术自身的发展，未来它们还会展现出更多令人惊叹的实力。因此，越来越多的报纸相信，智媒体会成为未来发展的方向。2018年11月16—17日召开的中国传媒年会的主题就是“努力实现由融媒体向智媒体的飞跃”。

数字化时代，传播主体的多元化导致了海量信息的产生，仅靠人工而不借助于新技术，是无法处理如此庞大的信息的，所以，人工智能等必然成为媒体的选择。从实际情况看，智能机器人出现在新闻领域只有短短几年时间，就已经成功进入新闻报道各个领域，有采访智能机器人、写稿智能机器人，还有可以在网络上和受众聊天的机器人；基于大数据的用户行为分析可以精准地进行个性化推送；区块链技术的“分布式记账”的工作原理则为实现新闻业的真实性提供了可能，它还将带来一种新型的新闻平台的经营管理模式。

按照国家的计划，我国将在2020年实现5G的商用，到那个时候，智能技术必将迎来爆发式发展，可以期待的是更新的智能技术会给数字报纸带来更多的惊喜。

3. 智库化是党报智慧转型的一个重要方向

媒体融合中的智慧转型，除了智能化，还有智库化。智能化正如前面提到的，是指运用智能技术使媒体更好地获取、处理信息，服务用户；而智库化则是指将自身的信息资源转化为政府和社会各界发现问题和解决问题的能力。近年来，智库化主要表现在媒体智库的建设上。2012年《南方都市报》与奥一网共同成立的南方民间智库、2014年南方报业传媒集团成立的南方舆情数据研究院、2015年湖北日报传媒集团成立的长江智库和人民网成立的人民智库等，都利用了自身在信息获取方面的优势，取得了一定的成绩。

报纸在信息采集方面天然具有的优势，从发行之初的新闻信息到最新的各项数据，成为数据库中最有价值的、可以累积的数据资产，使得它们在智库建设上独树一帜。而党报更是拥有雄厚的实力，一方面，它一直以来都与政府保持着紧密的联系，对决策层有很大影响力；另一方面，近年来它在数字化方面具有领先地位的长足发展，使得它的影响力不仅仅停留在精英阶层，对普通民众的影响力也在增强，这些都决定了它是智库化当仁不让的主要角色。

党报智库在2018年取得了不错的成绩，南方传媒智库矩阵的出现，是在之前几年媒体智库发展基础上的升级，也是党报智库未来发展的方向。

4. 版权保护会越来越健全，付费使用将成为常态

2018年数字报纸在版权保护领域取得了一系列的进展：《都市快报》的胜诉，使得区块链存证的合法性得到认定，解决了困扰维权方的取证难、维权成本高的问题，为维权方提供了一条低成本、高便捷度的取证方法，使维权

更有可操作性；《现代快报》在终审判决后得到了十万元的赔偿，则解决了一直以来困扰维权方的另一个问题：赔偿额度低，维权成本远高于取得的赔偿费。此外，国家版权局在改善网络版权环境、督促行业自律以及提高社会对版权的认知方面所做的工作也有一定成效。

区块链技术在版权保护中发挥了巨大的作用。区块链可以将数字报纸发布的内容信息记录在链上，无论查询、复制还是转发，都可以追溯到来源，区块链的不可篡改性，也杜绝了侵权的高级形式——“洗稿”，这样，版权内容在被侵权时可以快速、准确地发现和保存证据，不用担心证据被恶意删除。除此之外，区块链的安全机制、加密货币和智能合约技术，支持版权内容的自动登记、自动验权、自动获权、自动结算和自动备案，不仅使原创者不再需要为获得版权而奔波，而且还为内容付费夯实了基础。对今后内容市场的健康有序的发展提供了可能。

（二）对中国数字报纸的发展建议

2018 年的中国数字报纸总体来说发展得不错：在新技术上依然保持了很高的热情，人工智能技术、区块链技术是这一年发展的重点；报纸在微博、微信公众号上有所发展，新闻客户端更新升级的速度也比较快；短视频的流行使得更多的报纸加入开拓视频内容的领域，等等。但另一方面，一些老生常谈的问题还是存在，还是需要再一次强调：

1. 强化“用户意识”

社会越发展，信息越丰富，对于报纸来说，就算使用了新技术，也不可能把所有的新闻一网打尽。要在海量的信息中让人注意到自己，必须将传统媒体的思维转换成互联网思维。所谓互联网思维，就是“以用户为中心，以体验为核心”，换句话说，就是“用户意识”。在互联网上，受众不是等在那里的接受者，而是用户，是需要你去关注和揣摩的对象。因此，在呈现内容时，不能只是把信息简单地展示出来，等受众自己去寻找自己感兴趣的东西，而是应该把握受众的需求和互联网的特点，将最新的、最关键的信息提炼出来，以最生动形象、最直观的方式传递给受众。

2018 年的全国两会报道中，可以看到各大报纸的数字版面，长篇大论、长视频少了，大量主题明确、富有意趣的短视频出现了，这是一个好现象，希望可以在日常的报道中继续保持这种状态，做鲜活的、简明的、有趣的新闻。

2. 坚持生产优质内容

“内容为王”的口号喊了很多年，但是报业的很多人还是对内容以外的新东西更感兴趣，一项新的技术、一个新的显示终端、一种新的表现方式……确实，这些东西是吸引眼球，但这种吸引只是一时的，新鲜劲过了就会发现，没有好的内容，一切都是浮云。

世界知名的大报，如《纽约时报》《华尔街日报》等，在数字化转型的时候，在引进新技术、新的表现手段的时候，从来没有忘记过要紧紧抓住优秀的专栏作家和见解独到的学者，请他们为自己提供优质的内容，为了得到好的内容，他们会不遗余力去争取，乃至争夺。我们的报纸当然要在技术上、表现手段上不断推陈出新，但仅仅这样肯定是不够的，我们更应该重视的是优质的内容。或者更确切地说，我们要坚持生产优质内容，并且为这些优质内容选择最合适的技术手段和表现方式，只有这样，才能够赢得受众，在竞争中立于不败之地。

3. 版权保护还要继续

2018 年我们在版权保护上取得了不小的成绩，这值得欣慰。但是版权问题并没有消失，有些还没有解决，有些又已经产生。比如，版权意识缺乏的问题虽然经过宣传已经比前几年好一些，但仍然普遍存在：智能机器人写作的成果，有没有版权，受不受保护？短视频和网络直播的版权如何认定？

版权问题涉及方方面面，是一项系统工程，不是哪个作者或者哪个报业集团的事情，单靠个体的努力是不现实的。版权保护实践也证明了这一点，2018 年版权保护工作的亮点就是社会各方的共同努力：国家版权局在版权宣传、政策制定、违规处理等方面做了很多工作，互联网法院在网络侵权案件的审判和证据认定上做了贡献，报纸坚持不懈地维权行动，组织维权的联盟，等等。

但是这样仍然不够，版权保护，应该是有“顶层设计”的。只有从全局的角度，对数字报纸的版权保护的各方面进行统筹规划，才能有效地实现目标。版权保护需要管理部门集思广益，在通观全局的基础上，进行合理规划，为各部门搭建平台，大家分工合作，才有可能集中有效资源，将版权保护的工作落到实处，取得更大的成绩。

参考文献

［1］黄楚新，张露引．2018两会新媒体报道观察［EB/OL］．人民网传媒频道，2018-03-23. http：//media. people. com. cn/n1/2018/0323/c14677-29884565. html.

［2］谢新洲．扎实抓好县级融媒体中心建设［EB/OL］．人民网传媒频道，2018-11-08. http：//media. people. com. cn/n1/2018/1108/c40606-30388093. html.

［3］杜江茜，张想玲，崔江．转型路上　探索融媒体如何向智媒体飞跃［N］．华西都市报，2018-11-17（A1）．

［4］李鹏．打造智媒体　提升传播力［J］．新闻战线，2018（7）．

［5］李鹏．迈向智媒体［M］．上海：东方出版社，2018.

［6］刘红兵．南方报业传媒集团：推进深度融合　实现“智慧转型”［EB/OL］．人民网，2019-01-04. http：//media. people. com. cn/n1/2019/0104/c40606-30504162. html.

［7］王斯敏．智库化转型：主流媒体突围发展新路径［J］．新闻战线，2018（2）．

［8］唐磊．中国智库体系建设与民间智库发展［A］．《中国社会组织报告（2018）》蓝皮书［C］．北京：社会科学文献出版社，2018.

［9］杜一娜．媒体智库：一盘越下越活的棋［N］．中国新闻出版广电报，2018-06-05（15）．

［10］双传学．全媒体语境下党报智库功能的应然与实然［N］．光明日报，2018-02-22（15）．

［11］李媛，方卿．基于区块链技术的报纸出版数字化转型［J］．中国出版，2018（15）．

［12］以区块链技术重塑数字版权保护，解决版权三大痛点！［EB/OL］．搜狐科技，2018-06-15. http：//www. sohu. com/a/235904446 _ 460230.

［13］夏凡．广州日报：增强“用户意识”　让剧情如你所想［EB/OL］．人民网传媒频道，2018-05-18. http：//media. people. com. cn/GB/n1/2018/0518/c40606-29998188. html.

［14］陈明明．关于新闻客户端“用户意识”的几点思考［J］．传媒观察，2016（5）．

[15] 邹海涛．对融媒体时代“内容为王”的思考［J］．今传媒，2017（11）．

[16] 叶琳玲．纸媒转型，“内容为王”该如何坚守［J］．新闻世界，2018（11）．

[17] 冯桢．融媒体时代“内容为王”还是“渠道为王”？［J］．新媒体研究，2018（8）．

[18] 隋明照．网络版权保护存在“三难”问题［EB/OL］．人民网传媒频道，2018-08-30. http：//media. people. com. cn/n1/2018/0830/c40606-30261532. html.

[19] 彭飞．人民日报评论员观察：版权保护需要立足网络特性［EB/OL］．人民网，2017-05-02. http：//opinion. people. com. cn/n1/2017/0502/c1003-29246839. html.

[20] 张延平．传统媒体版权保护呼唤“顶层设计”［N］．中国新闻出版广电报，2019-01-31（6）．

【通讯作者】李珠：上海大学新闻传播学院讲师。

（原载《中国新媒体发展报告2019》，社会科学文献出版社，2019年6月。本稿略有增改）

数据采集与分析系统对艺术品网络交易的支持

李运团

摘要：艺术品网络交易不是线下交易在线上的简单复制，网络交易不仅可以提高效率，而且具有独特的交易方式和用户体验。借助当下发展迅速的大数据技术，对线上交易进行数据采集和分析，借助个性化推荐系统，艺术品交易价格指数和评估系统以及信用系统，降低艺术品交易的不透明度，进而提升用户交易信心是目前艺术品网络交易平台中亟须解决的问题。

关键词：个性化推荐系统　艺术电商　信用系统　数据分析

随着我国经济的发展与人们生活水平的提高，对于精神层面的消费需求日益增进，艺术消费作为文化消费的重要组成部分，其增长速度引人侧目。而随着互联网在各行各业中的深入应用，艺术品网络交易已经被传统艺术品交易市场所接受。中国艺术品网络交易历经近20年的发展，从单向传播到双向互动，从提供艺术资讯到实现线上线下同步拍卖，在客户数量、成交额度等方面都取得了进步。

目前来看，拍卖行、综合电商、画廊等都已经在不同程度上开始涉足艺术品网络交易平台的建设。但是从成效来看，线上成交额虽然增长迅速，但只是占据交易总量很小的一部分。从技术层面上分析，相对于目前蓬勃发展的电子商务来说，艺术品网络交易系统的建设在以下几方面有待加强。

一、个性化推荐系统

互联网最大的魅力在于，网上的行为数据都可以被“追踪”和“引导”。通过对线上浏览、分享、活动、购买等信息的分析，网上商家可以很容易地了解到消费者的购买需求及潜在需求，这使得网络推荐成本非常低，而消费者满意度很容易得到提升①。

数据采集与分析技术应用于艺术品网络交易，是网络平台区别于传统媒体的显著优势。“计算机拥有着无止境的耐心”。算法可以在不被用户察觉的极短的时间内，从海量作品中筛选出最符合消费者购买需求的作品。

个性化推荐系统通过获取用户信息，分析用户偏好，运用推荐算法对信息进行处理。通过对用户的数据分析，准确获取用户的购买动机，满足用户的需求和偏好，对其进行精准广告投放并追踪广告效果从而完成对用户的个性化推荐服务。同时可以根据企业的需求，向企业推荐最有价值的用户，实现企业和用户之间的双向信息传递。

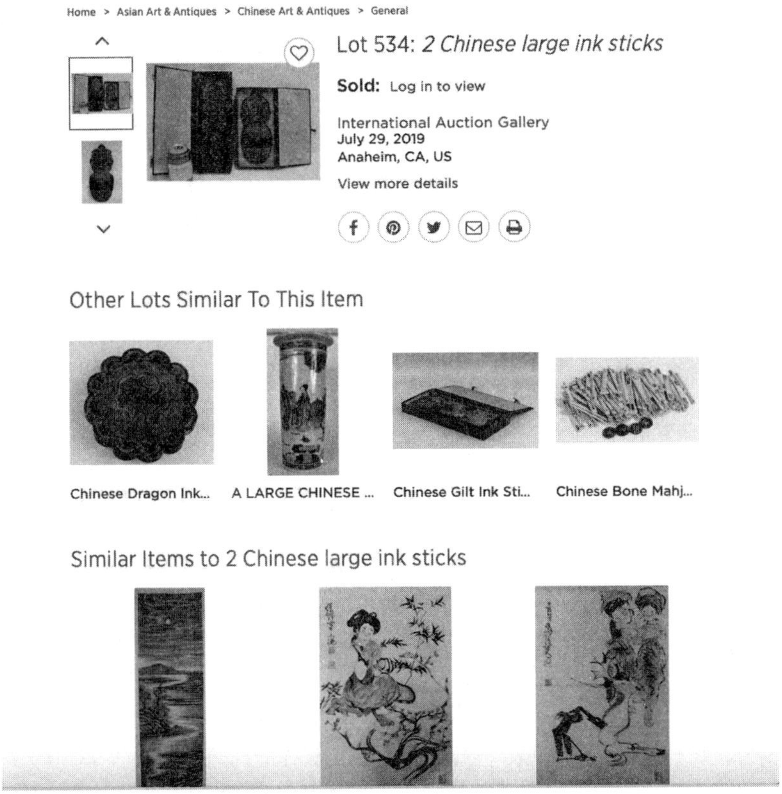

图 1　Invaluable 艺术品交易网站用户推荐

艺术品所具有的属性如艺术家姓名、作品标题、创作时间、作品媒介、作品尺幅、款识信息、作品来源、描述、文献记录、拍卖行信息、拍卖时间、

① 赵大伟．互联网思维［M］．北京：机械工业出版社，2014．

拍前估价、成交价、作品图片、创作时艺术家的年龄及居住地都可以转换为数据库中的电子信息得以保存。而艺术品消费者不仅具有性别、年龄、职业、收入、所在区域等基本属性，而且在网络遨游中还留下了浏览行为、访问频率、使用习惯等数据，细微至客户在网页上哪一幅作品停留的时间最长都可以被记录下来。访问来源、成交价格、买家感兴趣的艺术品等一系列的数据经过计算与分析，转换为精准的营销策略，面向特定用户进行消息推送，很大程度上改变了线下艺术品营销的盲目性。通过大数据的存储与分析，转化为艺术运营者的经营优势，运用大数据营销打造定制化、差异化与体验化的艺术品服务，为艺术消费者提供个性化的服务方案。另外，艺术品电商通过构建专业的艺术家数据库，查询艺术家、画廊、展览等实用的实时信息，以此为藏家提供专业的艺术家发展潜力分析等服务，更有利于导入与挖掘潜在的藏家群体。而线下的博物馆、画廊、拍卖行等机构通过线上平台进行访问数据分析，记录访问流量与流向，通过互联网平台技术的运用揭示数据当中隐藏的客户消费倾向与情感特征，也可以了解与掌握藏家的消费取向与关注趋势。

艺术电商在收集用户信息的同时，要注意用户信息保护及遵守相关法律和规章制度。常见的做法是在网站首页，或者在注册用户的过程中，通过公布隐私政策并要求访问者确认来阐明系统保护用户隐私权的一系列措施。并确保用户私人信息及偏好、机密的交易内容在未得到用户许可的情况下不会被阅读、复制和泄露。这样的声明会增加用户对个性化推荐的感知安全有效性。同时，服务商应该尽可能建立完善的安全体系，从管理和技术两个方面保障用户信息安全的机密性、完整性、不可否认性和可鉴别性的实现。

个性化推荐在传统电商平台中已经广泛应用，推荐同类高评分商品，推荐买家以优惠价格购买配套商品等已经非常成熟。而艺术电商目前所做的大多也只是由用户在注册时选择感兴趣的作品类型、关注艺术品的价格范围等进行有限推荐。仅有的几家在自动收集用户点击历史记录并推荐相关艺术品的艺术电商，在技术实现细节上也远远没有达到理想效果。

二、艺术品指数及价格评估系统

艺术品交易中，不管是为了家居装饰的中低端艺术消费，还是为了投资或者收藏的高端消费，消费者面临的最直接的问题就是购买哪些艺术品，需要参照哪些数据，获得的艺术品是否“物有所值”。艺术品作为一种非标准化的商品，除去真伪争议以外，最难判定的是其价格与价值是否相当。

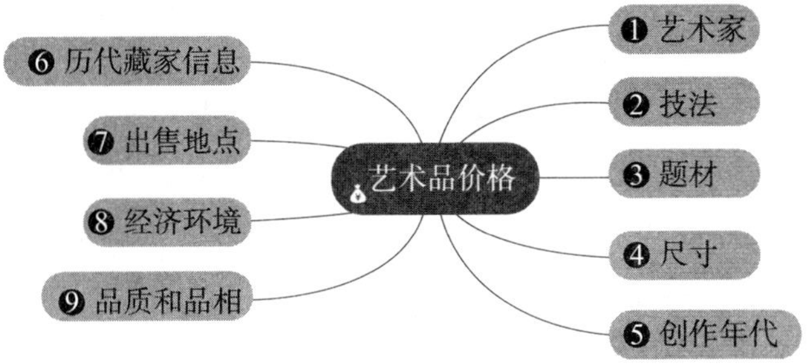

图 2　艺术品价格影响因素

目前主流的艺术品价格指数通常采用三种方法：平均价格法、重复成交法和特征价格法。其目的是用来在特定时间内以及所选样本在不受限制的情况下，对整体市场走势进行判断，并通过对艺术品投资回报率的计算来显示出某一特定艺术板块以及特定艺术家作品的销售潜力。随着全球艺术品市场的繁荣发展，艺术品指数成为评估艺术作品价值时必不可少的一项工具。主流的艺术品指数有梅摩指数（Mei & Moses All Art Index）、中艺指数（AMI）、雅昌指数（AAMI）。

被苏富比收购的梅摩指数依靠它可靠的大数据，科学的计算方法为艺术品价格做出了最准确的评估。梅摩指数采用的是“重复拍卖法”，收集了所有的历史成交价格数据进行研究分析，根据交易价差计算投资回报，与传统的“平均价格法”相比，反映的是价值的实际增幅，从投资角度和资产配置角度展开分析。梅摩指数建立了买卖交易的基本信息，以及它们的成交价格回报率，而这些对培养投资意识、确定投资方向和预判投资回报都很有帮助。

目前已使用梅摩指数的金融机构包括安联保险、摩根士丹利、美林、UBS、花旗银行、德意志银行等。摩根士丹利全球财富管理的首席策略投资师戴维米·达斯特这样说：“梅摩指数使得我们第一次可以在资产分配决策时，将艺术品也考虑进来。”

尽管艺术品指数并不一定是艺术品市场最准确的反映，但众多的艺术品指数及艺术家指数依旧成为中高端投资者观察艺术品市场的参照物。数据和经验的不断完善积累，艺术品指数更加可靠之时，艺术品交易的不透明度将大大降低。

由 ArtPrice 网站创建的 AMCI 指数和 ArtNet 的艺术品指数近几年发展迅

速，成为艺术品网络交易时买家的重要参考工具。

“ArtNet价格数据库帮助订阅者判断其艺术品收藏的价值、购买或出售艺术品的最佳时期，以及某件艺术品最合理的价格。ArtNet美术与设计价格数据库提供全球最完整的彩色图文历史拍卖档案。数据库囊括了全球1400多家拍卖行的700多万条拍品价格纪录。覆盖了从古至今27万多位艺术家的作品。ArtNet装饰艺术数据库囊括了各类古董珍玩的历史成交纪录，包括家具、陶瓷、琉璃、纺织品、钟表、珠宝和古籍文献。从中国的古董文玩，到欧美的装饰艺术，再到非洲、大洋洲的工艺品，满足了各类收藏者的需求。ArtNet指数分析是ArtNet独创的一种综合艺术指数。用户可以将指定艺术家、艺术门类、或艺术品组合的市场表现，对比标准普尔500、道琼斯等金融指数，或黄金等另类投资品种的走势，作为投资参考。目前ArtNet指数分析已涵盖了840多位现、当代艺术家，覆盖的艺术流派包括印象派、拉美艺术、中国当代艺术等。”①

另外ArtNet市场快报提供了邮件提醒服务，一旦用户订阅的艺术家有作品在ArtNet在线拍卖、全球各大拍卖行或者是ArtNet的画廊网络中待售，用户便会收到邮件提醒。另外用户还可以选择订阅拍卖结果追踪服务，拍卖结束后会在第一时间收到邮件获取所关注艺术家的拍卖结果。

法国Artprice网站在2008年初创办了一个艺术品市场信心指数（AMCI），其目的是希望能够与艺术品市场同步。这个信心指标来自密西根大学的调查研究中心，参考全球的市场现象，通过对全球130万艺术交易人在不同地区的24小时不间断调查，以其中最后1000个参与者的答案为依据而周密计算出来，从而成为不间断的即时指数供全球参考。所以，AMCI几乎可以说是同时性地串联起艺术品市场的政治、地理、社会、文化以及经济状况的所有关系。

相对于服务于中高端艺术品投资和收藏的指数来说，ArtNet和Artprice所创建的数据服务，包含的艺术家数量、交易数量等覆盖面更广，对于中低端艺术消费者更加友好。

其他艺术品交易平台也有提供艺术家指数服务的，但目前来看，数据库内容不够丰富，或者所涉及的艺术家成交量较小，不能对艺术品消费者提供有效帮助。

---

① http：//www. cn. artnet. com.

三、信用数据的搜集和应用

目前电子商务平台提供商已建立和应用的相关信用体系主要包括信用评级、网络身份证明、第三方担保等几种形式。其中广泛应用的信用制度是电子商务平台提供的信用评价体系。不同的商家根据自身商品或者平台特点设计的评价体系不同。

信用评价体系是在电子市场中用于产生和传播信用信息的一种工具，其原理是利用以往交易的信息来判断卖方所提供产品或服务的质量以及买方支付货款的情况。当一笔交易完成后，可以就交易涉及的多个方面如产品质量、交货或付款及时性等对买卖双方进行评价，形成信用的信息反馈。信用信息反馈按特定算法汇集成该用户的综合信用分，用以反映该用户的信用状况，并供其他用户作交易决策时参考。对交易双方的行为产生约束，降低交易风险，提高网上交易的成交率。对交易双方而言，信用评价可以降低交易成本。例如可以减少卖方为获取买方信任所进行的广告、宣传等方面的费用，同时也减少买方搜索产品、搜集信息的时间和费用等①。

企业良好的信用提高了自己在行业内的信誉，为消费者建立交易信心提供了保障，从而促进了交易的达成。佳士得、苏富比作为国际知名拍卖公司，以自己的品牌作为信用保障，从而在近几年的艺术品网络交易成交额排名榜上一路飙升，并牢牢占据前三的位置。

传统商品的电子商务平台均采用了多种方式建立信用系统，而艺术电商在这方面虽然成功案例不多，但也进行了积极的探索。艺术品的唯一性决定了无法用现成的电子商务信用系统对交易进行评价。Artand、Hihey 等艺术交易平台提供注册用户对作品或者艺术家点赞、留言评论等方式来积累信用。从实施效果来看，评论中鲜有质量较高的有效信息。嘉德在线、朵云轩在线拍卖等机构采取实时显示拍品竞价记录以及拍卖历史记录的方式，但用户无法查看参与拍卖的用户的历史出价信息，让人担忧是否有假拍、雇佣托价等可能性。

阿波罗艺术网创建的艺术家通过率也可以看成信用评价的一种。阿波罗

---

① 邵兵家，李睿．拍卖网站信用评价体系研究［J］．统计与决策，2006 年 2 月（下）：89.

艺术网召集了来自全国各大艺术院校的老师、社会活跃的藏家、策展人等，组建了一千余人的“伯乐”。“伯乐一千”专门负责给阿波罗艺术网上的作品写评论、评分、估价。阿波罗艺术网则将这些因素汇总后以数字化的形式展示给藏家，帮助藏家做选择。

表1　嘉德在线艺术品拍卖记录

已出的竞价（只显示最近10次竞价）		
竞买人	竞买价	出价时间
零零柒	500.00元	2019-01-13　17:11:15
pink7	400.00元	2019-01-13　10:01:58
零零柒	300.00元	2019-01-11　23:42:09
卜算子	200.00元	2019-01-11　22:55:28
馀	100.00元	2019-01-11　20:45:24

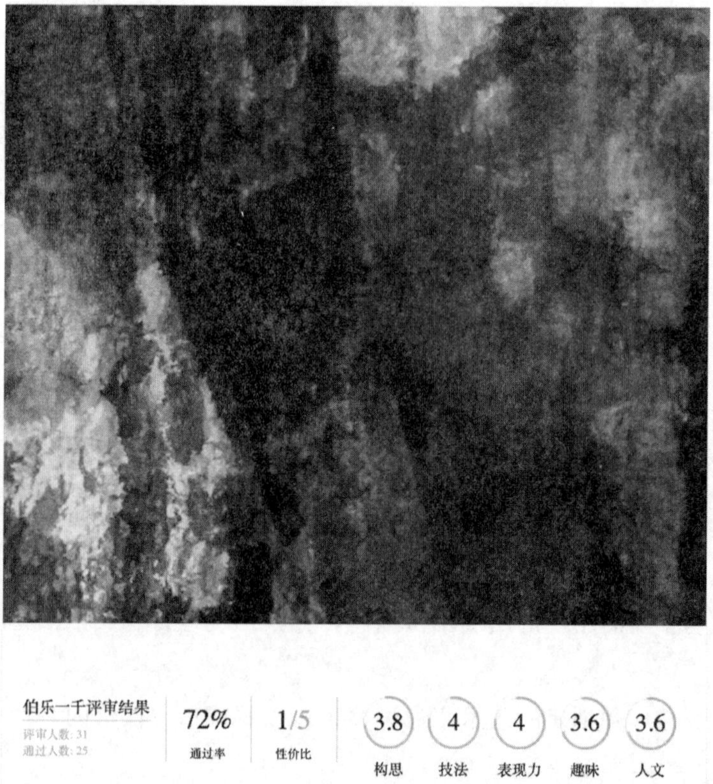

图3　阿波罗艺术网伯乐评审结果

“伯乐一千”结束了传统艺术市场中中介方一家之言的时代，通过众“伯乐”的评估，将艺术品真实、透明地呈现给藏家。以诸多专业人员的评价作为售前信用展示，为艺术品交易信用系统的建立提供了一种思路。

结语

艺术品网络交易的作用主要是增加交易透明度，降低信息不对称。在当前网络大数据在电子商务中开始广泛应用的环境下，艺术品网络交易如何谋求以最合理的方式搭建网络平台，实现最佳用户体验，增加艺术家、消费者的用户黏性，从而达到艺术商业利益的最大化，是平台能否生存下去以及艺术品网络交易能否独辟蹊径，成为艺术市场中的新生力量的关键。

参考文献

［1］陶宇．艺术品市场概论［M］．北京：中国建筑工业出版社，2011.

［2］赵大伟．互联网思维［M］．北京：机械工业出版社，2014.

［3］邵兵家，李睿．拍卖网站信用评价体系研究［J］．统计与决策，2006 年 2 月（下）.

【通讯作者】李运团：上海大学数码艺术学院讲师。

稿件收录时间：2019 年 7 月

流媒体先行者Netflix的运营模式及策略探究

魏洁宇

摘要：以DVD租赁业务起家的Netflix在短短22年的时间里多次转型，一跃成为美国流媒体巨头。Netflix以更便捷价廉的服务赢取受众、以全球化视野与本土化策略拓展市场、融会贯通布局全产业链、优质IP个性化推送播放等运营策略，是其大获成功的重要因素。对我国相关媒体企业具有一定的参考价值。

关键词：Netflix　发展历程　运营策略

2019年5月，迪士尼获得了对流媒体视频网站Hulu的全面运营控制权，11月12日起，将会以每月12.99美元的价格向用户提供包含旗下三大流媒体服务（Disney+、Hulu和ESPN+）的套餐，自此迪士尼搭建的流媒体矩阵已初步成型。与此同时，华纳传媒于今年7月正式宣布将推出自己的流媒体平台HBO MAX，9月环球影业宣布2020年推出的流媒体服务平台名为"Peacock"。除了好莱坞传媒集团，亚马逊和苹果等科技公司也纷纷发力流媒体服务，可见其重要的战略意义。而该领域的先行者Netflix早已开展流媒体服务，并在短短22年的时间里成为流媒体巨头，市值超千亿美元，这得益于其锐意创新的运营策略，本文将对此进行探究，以期对国内娱乐传媒企业提供有益的启示。

一、Netflix发展历程：从DVD租赁到全面流媒体

Netflix是一家提供网络视频点播的OTT服务公司，由里德·哈斯廷斯和马克·伦道夫于1997年8月成立，总部位于加利福尼亚州洛斯盖图。其业

务范围覆盖全球。[1] 2014 年，Netflix 获得了 31 项黄金时段艾美奖提名，它是第一家获得黄金时段艾美奖提名的网络电视公司。2018 年，Netflix 荣获 112 项艾美奖提名，打败了蝉联十七年冠军的老牌电视网络 HBO。[2] 虽然 Netflix 仅有二十几年的发展历史，但其历经多次重大转型，成绩斐然，堪称“勇于创新、敢为人先”的行业标杆。

Netflix 的发展历程主要分为三个阶段，初始阶段是 DVD 租赁时期，开展线上租赁服务并开发 DVD 租赁和售卖网站，与该行业的领导者百事达（Blockbuster）展开竞争。随着科技的快速发展，DVD 租赁市场逐渐衰退。哈斯廷斯看到了流媒体的未来前景，2007 年开始发展流媒体，会员可以在他们个人的电脑上即时观看电视节目和电影，就此 Netflix 进入了发展的第二阶段 DVD＋流媒体共存时期。Netflix 在稳步拓展用户之时，也面临着诸多竞争对手的挑战。除了传统的电视台、强劲的同行对手 HBO、Hulu、亚马逊 Prime 影音，还有突然入局流媒体行业的迪士尼与背靠 AT&T 的 DC 漫画、苹果公司和 YouTube（YouTube Premium）等新兴对手。[3] Netflix 也清楚地看到渠道只是到达用户的一个手段，随时都可能被替代，因此开始发力原创内容，进入其发展的第三阶段，重金打造原创内容的全面流媒体时代。

二、以更便捷价廉的服务赢取受众

以 DVD 租赁业务起家的 Netflix，从羽翼未丰到能够和影碟租赁巨头百视达分庭抗礼，再到市值比肩迪士尼，击败美剧大佬 HBO，全球用户数过亿。它的成功离不开其以服务用户为核心的价值理念。

20 世纪 90 年代，租赁 DVD 录像带进行观看是美国最受欢迎的娱乐方式之一。创立于 1985 年的百视达（Blockbuster）在多年的运营后，成为该行业内的绝对领导者，但却有诸如片源有限、到店借还、滞纳金较高等缺点。Netflix 创始人哈斯廷斯和负责市场营销业务的马克·伦道夫鉴于此，开创了新的商业模式：扩充 DVD 影片资源库，让用户可以在线挑选想看的影片，只需通过邮局借还 DVD，并且不设滞纳金。而后哈斯廷斯还将原来的按片子租

---

① Netflix-中文维基百科 https：//zh. m. wikipedia. org/zh-cn/Netflix.

② Netflix 官网 https：//media. netflix. com/en/about-netflix.

③ Netflix-中文维基百科 https：//zh. m. wikipedia. org/zh-cn/Netflix.

赁付费的方式改为了按月付费的订阅制：允许客户每月支付20美元，一次租用多达6部电影，用户可以无限期保留碟片。如果客户归还所有碟片，就可以再获得6张DVD。一系列创新操作使得Netflix用户数量及业务市场不断扩大。

正当租赁业务如日中天之时，哈斯廷斯看到了即将到来的流媒体浪潮，在继续DVD租赁的同时，大胆转向线上流媒体平台，使得用户不需等待，就能在线观看。反观曾经的行业巨擘百视达，鼎盛时期，拥有超过6万名员工和九千家商店。而2019年3月，全球仅存一家位于美国俄勒冈州本得市的门店。它的失败在于怯于尝新且忽视用户体验。2000年，Netflix建议百视达用5000万美元收购Netflix，Netflix可以帮助百视达打理线上业务，但百视达并不看好线上业务，将其拒绝，并且在百视达内部对线上业务的开展也是层层设限，10年后，百视达破产，市值仅为2400万美元。①

Netflix并没有就此固步不前，哈斯廷斯明白，Netflix只不过将影像市场的业务模式往前推了一步，本质上其身份并没有变化：虽然百视达倒下了，但Netflix仍然只是好莱坞内容抵达受众的万千渠道之一。不想重蹈覆辙，就需要求新求变，Netflix转而将重心放在内容上，不仅重金购买优质影片播放权，而且斥资打造原创剧集，牢牢把握住了美国影视传媒行业的话语权。

无论是线下还是线上，Netflix为提高用户体验的宗旨始终未变。Netflix在创建之初，就以“租借无期限、逾期无罚金”为服务理念，给顾客提供极大便利，同时价格低廉无需滞纳金。Netflix采取的会员制，让顾客只需月缴8.99到47.99美元就能够随心所欲地在线选片，顾客一次最多可租借的DVD张数随月缴费额的档次有所不同（从1—8张不等）。② 为了保持领先优势，Netflix专注于对网站系统以及物流系统的持续完善，以此来优化用户体验。2006年，Netflix公司设立巨额奖金举办了算法大赛：能将算法精度提升10%或更多的团队即可获得100万美元的奖金。借此，Netflix公司持续优化内容分发系统，精准地向订户推荐和推送影片。2007年，在正式推出网络流媒体租赁业务后，Netflix发现网络下载速度缓慢，影响消费者体验，针对这一问

---

① Benjamin Burroughs. House of Netflix: Streaming media and digital lore. Popular Communication, 17: 1, 1-17.

② 苏艳林，张敬伟．Netflix公司（Netflix）的商业模式研究——创新价值创造策略的启示 [J]．江苏商业论，2014（02）.

题，Netflix 公司自己开发可以实现快速下载，并且可以兼容各个终端的程序。[①] Netflix 用户至上的理念为其塑造并建立起良好的形象和口碑，远超利润带来的价值。曾经的对手百视达光逾期费就占其总收入的 10%，而 Netflix 最初却始终呈亏损状，但是大浪淘沙后的今天，百视达已成为历史，Netflix 却已家喻户晓。

三、以全球化视野与本土化策略拓展市场

更多的利润取决于更多的用户，2009 年美国本土用户突破千万后，Netflix 在年报里第一次将进军国际市场提上了议程。2010 年，Netflix 首先从加拿大开始，进军海外。2011 年，Netflix 一口气进入了 43 个拉美市场，2012 年 Netflix 在包括英国、爱尔兰和北欧理事会在内的欧洲地区开展业务，2013 年 Netflix 扩张到了荷兰，2014 年，Netflix 在欧洲的 6 个新国家（奥地利、比利时、法国、德国、卢森堡和瑞士）推出了服务，2015 年 Netflix 在澳大利亚、新西兰和日本开展业务，并继续在意大利、西班牙和葡萄牙等欧洲国家扩张。[②] 直至现在，除部分地区外，Netflix 的业务已经遍布全球。

跨越国界就需要考虑营销方式的转变，最开始，Netflix 的用户增长并不如预期，于是它采用本土化策略并拓展海外市场。2016 年，Netflix 开始在全球批量采购本土剧，先后推出了首部葡萄牙语剧《百分之三》、首部法语剧《马赛》、首部日语剧《火花》、首部英剧《王冠》、首部德语剧《暗黑》、首部意大利语剧《罪城苏布拉》、首部北欧剧《惨雨》、首部韩语剧《阳光先生》。就连还未开展业务的中国大陆也被 Netflix 列在计划之内，如购买优酷的《白夜追凶》、爱奇艺《杀无赦 chosen》、暴走漫画的动画电影《未来机器城》、刘若英的《后来的我们》、韩延导演的《动物世界》等，2019 年又买下了《流浪地球》的海外版权。[③]

Netflix 的全球视野打开了世界市场的大门，2016 年 Netflix 已经进入了

---

① 李宇．美国奈飞公司的发展策略及其对传统电视业的启示［J］．视听界，2018（06）：93-97.

② Netflix-中文维基百科 https：//zh. m. wikipedia. org/zh-cn/Netflix.

③ 买下《流浪地球》海外版权 Netflix 要布局中国市场？［EB/OL］．http：//sc. people. com. cn/GB/n2/2019/0223/c345488-32674099. html.

190多个国家，并在同年1月份宣布要将业务扩展到243个国家，实现跨境分销。[①] 截止到2019年10月16日第三季度财报发布，Netflix的全球流播放服务付费用户总数达到了1.58亿。

四、融会贯通布局全产业链

产业链的概念最早可以追溯到18世纪古典经济学，亚当·斯密的分工思想就是起源之一。迈克尔·波特1985年在《竞争优势》一书中首次提出价值链的概念。[②]产业链从价值链角度而言可以实现产品或服务的价值增值，从产业内部角度可以看成一种产业内部上中下游的分工合作关系。从DVD租赁到线上分发再到内容制作，Netflix进行了后向整合，即从下游渗透到上游，形成了相对完整的产业链，实现了价值最大化。

Netflix从产业链下游起步，找准时机，抓住痛点，简化租借流程，取消滞纳金制度，并采取会员制度，提高用户黏性。同时采取线下的轻资产运营策略，不开店面，不用店员，而是进行邮寄。为保证效率，公司与美国邮政服务公司结成战略联盟，由后者提供邮递服务，以此提升用户满意度。

正当Netflix的下游业务发展得如火如荼之时，哈斯廷斯就预见到流媒体的未来，在2001年上市之初的计划书中，他就大幅强调，DVD影片在线租赁的业务会在未来面临挑战以及流媒体技术在未来的重要性。[③]因此，Netflix向产业中游进军，为受众提供观看内容的媒介平台。2008年，在继续DVD租赁业务的同时，上线了全新的流媒体服务，公司通过购买版权价格较低的老电影和电视节目，会员可免费在线视频观看。同时，以开放的心态与其他硬件设备商合作，2008年与消费电子公司合作，在Xbox 360、蓝光光盘播放器和电视机顶盒上提供流媒体服务。2009年在PS3、联网电视和其他联网设备上播放。[④] 除此之外，Netflix在上线流媒体业务初期，以7.99美元/月的价格附赠网络视频业务，仅相当于多频道电视套餐的13%，并且开创性地在

---

① Luis Aguiar. Joel Waldfogel. Netflix：global hegemon or facilitator of frictionless digital trade. Journal of Cultural Economics，2018，Vol. 42 (3)，pp. 419-445.

② 邢彦辉．产业链整合视域下中国传媒产业集群的形成与发展［J］．前沿，2017 (07)：52-56.

③ Netflix传奇．微信公众号：广告门.

④ Netflix-中文维基百科 https：//zh. m. wikipedia. org/zh-cn/Netflix.

播放时采取整季同时播放的方式，吸引了大批用户。虽然依靠以上两项业务，Netflix 赢得了大批用户，并在美国媒介市场占有举足轻重的地位，但是不生产内容，仅作为搬运工的公司没有独立性，有随时被取代的风险，于是 Netflix 开始向上探索，构筑自身的防护屏障。

2012 年 Netflix 进入内容制作行业，之后大幅扩展电影和电视剧的制作，陆续推出众多原创内容。2012 年 1 月，Netflix 推出首部自制剧《莉莉海默》，2013 年其投资的高品质原创剧《纸牌屋》爆火，使全年 Netflix 全球用户增长 36.5%，年底已有 3171.2 万美国用户，全球用户达 4435 万。至此，Netflix 的内容布局开始了由量向质、由丰富向独家的转变。[①]众所周知，广告与影视传媒息息相关，广告主的投资和用户的体验无疑是矛盾的，然而，Netflix 秉承用户至上的理念，既不做广告投放，也不做广告植入，旨在提升会员体验。

五、优质 IP 个性化推送播放

好的 IP 不仅具有让用户主动分享的可扩展性、可精准分发的可连接性，还具有可解构产生新内容的可转换性以及形成高效聚合的可识别性。[②] Netflix 为填充内容库，与多家影视公司及有限电视网络均达成过授权协议，且花销不菲。仅 2010 年，为获得派拉蒙、狮门、米高梅的 5 年授权就支付了 10 亿美金，2012 年又花费 3 亿美金高价买下迪士尼的独播权。而后，Netflix 开始布局自制内容，2013 年投资电视剧《纸牌屋》，获得了金球奖和艾美奖提名，并新增 1000 万付费用户，Netflix 自制内容的品牌就此打响。2018 年，Netflix 仅自制内容投入的资金就超过 120 亿美元，平台的原创内容超过 700 部，旗下作品一共入围了 112 项艾美奖，首度超越资深电视网 HBO，市值更是一度超过了迪士尼，成为全球市值最高的流媒体公司。[③] 2019 年《怪奇物语 3》在上线后的四周内观看用户达 6400 万。哈佛商学院教授安妮塔·埃尔伯斯通过深入华纳兄弟、21 世纪福克斯、大中央出版社、索尼、YouTube 等 IP 产

① Netflix 崛起启示录：把握行业红利，内容及技术优势成就行业龙头. 微信公众号：观媒万象.

② 吴声. 超级 IP：互联网新物种方法论［M］. 北京：中信出版社，2016：52-53.

③ Netflix：流媒体的内容与模式之争 微信公众号：传播体操.

业运营公司内部，分析得出影视行业的营销策略往往是投注爆款。① Netflix 不仅采用此策略巨资投注，还适当进行小规模投资来“填补生产线”，双管齐下打造内容矩阵。

在开展 DVD 业务时期，Netflix 掌握了大量的用户数据，就此建立了一套推荐算法，根据用户的观影记录和打分推荐符合其喜好的电影。当线上业务日益拓展后，用户的地理位置数据、设备数据、社交媒体分享数据、用户添加书签数据、每次用户登录授权的数据以及每部影片或者剧集的数据，都会进入庞大的数据分析系统中，方便 Netflix 的预期推荐。② 2018 年，Netflix 连续投入数亿美元，进行了几笔重磅的签约，其中包括格雷医生的制片人、美国犯罪故事的作者等。而这些重大投资来自机器学习算法对哪些演员、题材、创作团队的组合最可能获得成功的需求量的预测。

除了 IP 内容与个性化推送，播放方式也是 Netflix 获得高收视率的原因。纵观国内外，日播、周播、季播等节目播出形式较为常见，但 Netflix 在《纸牌屋》第一季开始做了一件颠覆业界的事情，即把一整季的 13 集一次性全部放出，引爆收视。在美国，电视剧通常是边拍边播，一部收视率不高的电视剧，可能会被中途撤掉。Netflix 借助大数据分析，发现越来越多的美国用户趋向于最后一起看完，而非每天等待更新。Netflix 此举引发收视狂潮，由此催生了新的词汇“狂看”。这种播放模式是 Netflix 的一大创新策略，同时也反映了当代快节奏消费的即时感文化。

结语

不同于以内容 IP 为核心，纵横产业链的迪士尼等传媒巨头，中国的娱乐企业大多像 Netflix 一样，凭借互联网业务起家，继而深耕内容，延伸产业链。在“泛娱乐”大环境的影响下，腾讯、爱奇艺、优酷等企业大量购买 IP，储备自身的资源库，但爆款内容大多红极一时后便杳无音信，说明优质、具有延展性的 IP 还是匮乏。虽然中外国情不同，依靠用户付费生存的 Netflix 必须通过精益求精的内容来吸引观众，而我国流媒体平台还有其他业务为企

---

① ［美］埃尔伯斯．爆款：如何打造超级 IP［M］．杨雨，译．北京：中信出版社，2016：34.

② 陈蒙蒙．Netflix 付费流媒体视频网站的突围策略［J］．传媒，2013（08）：60-62.

业进行补充，但是“内容为王”始终是吸引用户的不二法则。腾讯、爱奇艺等将线上 IP 复刻到线下娱乐活动中，以此来扩展业务并反哺线上，这一切的核心还是内容。因此，中国相关企业如何走出一条适合自身发展的道路是值得继续关注的话题。

【作者简介】魏洁宇：上海大学新闻传播学院硕士研究生。

稿件收录时间：2019 年 10 月

大数据与传媒业

Giuseppe Richeri

黄群　郭俞如/译

摘要：越来越多的媒体公司，更广泛地说，还有许多其他领域的公司，正在将大数据处理作为其生产和商业策略的一部分。本文通过三部分的内容，大数据与电视业、大数据用于用户分析、大数据用于内容分析，从而探讨大数据如何影响传媒业。

关键词：大数据　Netflix　运营　战略选择　纸牌屋

传媒业的一个显著特征是其结果的极度不确定性。小说、电影、音乐或任何其他媒体产品，带来的利润是无法预测的。只有在内容公之于众后，才能对其市场价值、财务业绩进行评估，在这些产品未取得成功的情况下，生产和分销成本已经被消耗掉了，而且巨大的投资常常会损失。这意味着传媒业被认为是高风险行业。少数畅销书所带来的利润，有望弥补一家生产公司不成功的产品所造成的损失（Richeri，2012）。有三个因素加剧了这种情况：①生产和销售成本；②受众分化；③争夺人们的注意力和时间。因此，大数据对传媒业的重要性越来越大。收集和整理这些数据为公司提供了减少媒体内容市场不确定性的机会，从而降低所涉及的财务风险。它的主要应用程序帮助公司生产、选择和分发最符合客户品位、欲望和生活方式的内容，并以更有针对性的方式向消费者传递广告信息。

一段时间以来，大数据一直是备受争议的话题，但基于一些简单易懂的指导原则，这个问题可以得到有效的研究。大数据的两个主要特征是其维度和解释方式。它的维度将以太字节（1000吉字节）、拍字节（100万吉字节）和皆字节（100万拍字节）[①] 为单位进行测量，只有大型数字设备才能存储和

① 译者注：1吉字节＝1GB　1太字节＝1024GB　1拍字节＝1024太字节

处理这些数据，而只有很少的数据以吉字节（1000 兆字节）为单位进行测量，普通个人电脑可以像平板电脑和智能手机一样存储和处理这些数据。例如，录制 7 分钟的高清电视需要 1 吉字节的内存，而 1 拍字节则相当于 13.3 年时长的高清电视录像（Stone，2014）。再举一个例子：2013 年，谷歌每天处理 20 拍字节的数据。阐述大数据需要使用或多或少复杂的算法，这些算法本质上是向功能强大的计算机表明获取信息和实现既定目标所需的一系列过程。海量数据的产生与互联网的发展息息相关。2016 年，全球互联网用户达到 30 亿。任何网络活动生成的数据都能以越来越低的成本被存储和传输：1992 年，1 吉字节内存需要的成本为 569 美元，2016 年仅为 0.05 美元；1999 年，每秒 1 吉字节的网络传输需要花费 1200 美元，2014 年只花费 10 美元（Meeker，2016）。

大数据的大量收集者和用户是那些为广大用户提供网络服务的公司，比如谷歌、苹果、Facebook、亚马逊和 Netflix。越来越多的媒体公司，更广泛地说，还有许多其他领域的公司，正在将大数据处理作为其生产和商业策略的一部分。为了更好地说明这意味着什么，让我们关注大数据价值链，在大数据价值链中可以识别四个主要阶段。

第一个数据收集阶段通过多个数据源进行。我们的情况是，当我们访问文档、文章、视听文件或音乐，使用搜索引擎、应用程序或与社交网络等交互时，我们每个人都会通过互联网产生数据。这些活动可以获得关于个人用户社会文化概况的大量数据：兴趣、关系、习惯和行为。在某些情况下，用户应服务提供商的要求，通过互联网自发地提供这些数据。第二阶段是数据收集后的聚合和记录。一些组织在记录数据之前收集并匿名，而另一些组织则保留数据所涉及的人的身份。第三阶段是通过或多或少复杂的算法对数据进行关联和分析，使来自其他来源的数据也能被组合和处理。第四阶段，也是最后一个阶段，将分析结果运用到新媒体内容的创建上，为客户提供更适合他们的消费习惯、更好的目标广告等内容。（International Working Group，2014）。

大数据与电视

当今最具活力的电视行业是由一些公司组成的，它们采用了一种完全不同于传统的商业模式。事实上，这些公司提供随需应变的电视节目内容，而传统模式则为所有用户提供事先安排好的电视节目内容。

过去几年，世界电视市场的新特点是，每个客户都有可能从各种类型的节目中选择自己喜欢的节目，并以各种不同的方式付费。其基础是互联网的使用，多年来，互联网一直在利用合适的电信网络（所谓的宽带），从网络的任何位置（电视、个人电脑、平板电脑、智能手机）访问甚至是高清电视内容。这使得电视节目比“线性”节目更加灵活，因为个人用户可以自由选择他们想看什么，什么时候，在哪里，在什么终端最适合他们（Richeri，2015）。

然而，互联网电视不仅让用户受益，也让电视公司受益。除了提供新的和吸引人的服务外，这些服务还可能获得客户的广泛数据，特别是他们的口味、电视消费的质量、数量和风格。在这种情况下，它不再仅仅是基于样本估计的电视观众知识的问题，而是对使用这些服务的每个用户行为的准确认识。众所周知，我们通过互联网所做的每件事都会产生数据，这些数据被收集并记录在大型数据存储器中，然后可以对这些数据进行处理，以跟踪观众的个人资料（消费、选择、偏好、行为、关系等）。例如，其中一个最明显的结果是，购买一本历史书，在塞维利亚预订一家酒店，参加非洲雕塑拍卖或类似的活动，意味着我们将通过互联网获得与我们之前购买或感兴趣的物品或服务类似的信息。需要注意的是，在新随需应变服务和利用收集到的大数据方面，处于核心地位的参与者并非该行业的传统企业。因此，这不是传统领域出现的新型电视的问题。在这些新服务中取得成功的大多数创新和充满活力的公司，都是非电视行业——Netflix、亚马逊（Amazon）、Hulu 和其他公司，一些传统电视行业的领军企业进入这一领域的时间较晚，仍然处于第二梯队的位置。

分析大数据在电视领域的战略作用，让我们看看 Netflix，它是按需订阅服务的市场领导者。

作为一家于 1997 年在美国成立的公司，收集和处理与用户相关的大数据被认为是 Netflix 最重要的竞争优势之一。该公司先是经营录像带业务，然后是 DVD 分销业务，2007 年又增加了互联网视频点播业务，并很快成为其主要业务。一些数据可以概括公司的规模：

表 1　Netflix 2016 年财务报表

用户		
美国	49.4 百万	(+10.5%)

续表

世界其他地方	44.3 百万	(+47.6%)
营业额		
美国	51 亿美元	(+21.4%)
世界其他地方	32 亿美元	(+64%)
成本		
美国	28 亿美元	(+14.8%)
世界其他地方	29 亿美元	(+70.4%)

资料来源：Netflix 数据细化，Q416 致股东信；
https：//ir. netflix. com/governance. cfm.

截至 2016 年底，Netflix 的视频点播服务拥有 9370 万用户，其中超过一半的用户在美国，其余用户分布在 189 个国家。该公司的总营业额为 83 亿美元，其中 60%以上来自美国。值得注意的是，虽然其美国用户增长率很高(10.5%)，但 2016 年，其非美国市场的用户量激增，增长率接近 50%。在这两种情况下，营业额都以更高的速度增长，分别为 21.4%和 64%。

最后一个重要数据：2017 年，Netflix 在购买和制作节目上投资超过 60 亿美元，其原始内容的共享时间为 600 小时。Netflix 提供的节目数量因国家而异，但没有官方数据。对美国的估计每年都有很大差异，而且呈下降趋势。它的战略似乎有效地集中于提供较少但质量较高的方案。2013 年对美国服务的估计显示，超过 3 万个节目（包括单个电视剧集），而 2016 年的估计显示，仅 6000 多个节目（尽管不清楚是否只包括电影，还是也包括电视剧及其单个剧集）。

Netflix 之所以能在亚马逊（Amazon）和 Hulu 等最接近的竞争对手中占据主导地位，其竞争因素包括：

（1）月费非常低；

（2）拥有庞大的电影、纪录片和电视剧目录，其中列出了数千个节目；

（3）技术广播质量；

（4）大数据开发的三大主要方面：①制作或购买内容的选择；②就可能符合其口味的节目向个别订户提供意见；③客户行为与选择分析。

下面将分析和讨论 Netflix 与大数据的关系。

大数据用于用户分析

收集和处理使用网上视频点播服务的用户生成的数据，主要目的是跟踪他们每个人关于他们的选择、品位和消费者行为的详细资料，以便预测他们未来的习惯。这意味着能够通过购买和直接制作为订户选择和提供最合适的内容，以鼓励订户续订和口碑传播，从而获得新的电视观众。

如果我们考虑到在每个订阅者的活动中，自动记录的所有内容的部分列表，就可以想象到所收集到的信息的复杂性和处理这些数据所产生的订阅者知识的范围：

——他们看什么节目（以及他们的主要特点：导演、剧本类型、故事设定的时期等）；

——他们什么时候观看（白天和时间）；

——他们什么时候停止，倒带或快进；

——他们从哪里看节目；

——他们使用什么设备（电视、个人电脑、平板电脑、手机）；

——他们什么时候关掉节目，什么时候（如果）他们重新收看节目；

——他们对观看的节目的评价（每天订阅者给的总分达几百万分）；

由订户搜寻的节目类别；

——所观看节目的次序；

——每天花时间在 Netflix 的节目上。

（资料来源：Blygo，2013 年）

通过处理这些数据，Netflix 可以在很大程度上预测用户的消费取向，并在此基础上为他们提供可用节目的建议。首先也是最重要的是，这有助于减轻许多订阅者在从数千个可用节目中选择节目时的挫折感，因为了解所有这些节目是不切实际的。这种咨询服务还能提高用户对订阅服务的感知价值，增强 Netflix 与用户之间的纽带，以及前者对该品牌的忠诚度。换句话说，它鼓励订阅者续订。令人惊讶的事实是，基于对用户生成的大数据的处理和分析而提供给用户的建议通常会得到用户的认可，他们 75%的选择都是基于此（Nightingale，2016）。

大数据分析也被用于与 Netflix 面临流失风险的订户相关的行动。另一方面，那些看 Netflix 提供的节目至少 15 小时的人很可能会续订。而几乎所有每月看 Netflix 节目少于 5 小时的人，他们的订阅量都会减少。因此，问题是如何让低消费用户观看更多 Netflix 的节目。为了解决这个问题，Netflix 使用了一系列的技术，例如，当用户正在观看的一集结束时，自动开始新的一集。

大数据用于内容分析

大数据应用的另一个重要领域与 Netflix 购买新作品版权的决定有关。

2011 年，Netflix 在美国已经拥有 2500 万用户，它决定将部分资源投入原创内容的制作，为用户提供从好莱坞主要电影公司和电视网络购买的内容。Netflix 因此从 BBC 手中买下了新版《纸牌屋》（*House of Cards*）的版权。《奥雷内尔的起源》以华盛顿为背景，这部电视剧改编自英国作家大卫·多布斯的一本书，故事发生在英国的政治和政府机构内。这部 13 集的电视剧投资 1 亿美元，平均每集 700 万美元。令观察人士感到意外的是，这项投资的决定并没有首先创造一个“试播集”来评估该剧的潜力和降低风险。Netflix 决定不采取与此类规模投资相关的常规预防措施，其背后的原因已由该公司的公关总监乔纳森·弗里德曼（Jonathan Friedman）清楚地解释了：

“因为我们与消费者有着直接的关系，我们知道人们喜欢看什么，这有助于我们了解人们对某一特定节目的兴趣有多大。这给了我们一些信心，我们可以为《纸牌屋》这样的电视剧找到观众。”

Netflix 的另一位经理史蒂夫·斯瓦西（Steve Swasey）补充道：

“我们对《纸牌屋》的导演、制片人和主演都有很大的信心……我们不需要花费数百万美元来让人们了解这些。通过我们的算法，我们可以确定谁可能对凯文·史派西（《纸牌屋》的主演，ndr.）的政治剧感兴趣，并对他们说，‘你可能想看这个’。”

Netflix 收集的数据还被用来创建演示材料，向订阅者介绍该剧，突出显示最符合他们个人资料的元素。有十场演讲，每一场都基于不同的组成部分来推广这个系列。例如，那些已经看过很多由该剧男主角凯文·史派西主演的电影的人看到了一场关于他的演讲。那些通常观看以女性角色为中心的节目的人，看到的是一场由女演员领衔主演的演出，以此类推。

实际上，使个别用户的个人资料与所提供的内容相联系的准备工作要比这复杂得多。

为了了解 Netflix 是如何处理大数据的，外部尝试通过测试归纳轨迹，重构Netflix的分析方法、节目描述、组合以及影视剧分析过程结果。然而，在这一具有挑战性和艰巨的任务之后所获得的理解水平，仅仅是Netflix最常用的系统的一个近似，Netflix使用强大而秘密的自动处理方法来处理特殊创建的数据和算法，以获得有效的结果（Madrigal，2014）。

用来分析订阅者在节目中寻找什么的框架是基于对数千种微型类型的识别。Netflix对每一部电影和电视剧都进行了细致入微的审查，现在拥有了数量空前的产品目录数据。

为了得到这个结果，大约100名受过专业训练的专业人士将电影和电视剧分解成最小的细节，并考虑每一种变量。这是一项非常复杂的分析任务，它基于一份36页的文件，每个分析人员必须按照一长串成分和特征对一部电影或电视剧进行分类。这一描述考虑了广泛的方面，从明星的身体特征到剧本和情节的各种组成部分、表演风格、服装、导演、制作年份以及数百个其他变量。从用来识别一部电影或电视剧的所有变量的潜在组合来看，成千上万的“标签”被创建出来，每一个标签都能识别出不同数量的电影。例如，以1939年至1945年为背景、由美国明星主演的欧洲战争片，肯定比以日本为背景、面向美国Netflix观众的战争片要多。

Netflix的主要竞争优势之一，恰恰是其具有将标签和他们所认定的电影，与数百万用户的资料和他们的电视习惯结合起来的潜力。事实上，这个数据库不仅仅为用户选择最适合他们口味的节目提供建议，而且还可以确定电影和电视剧的内容，如我们所见，2017年的投资超过60亿美元（+20%）。

因此，当Netflix决定制作《纸牌屋》（*House of Cards*）等剧集时，它不需要猜测公众想要什么，而是可以依靠大量的数据、信息和指导方针，大大降低不确定性和风险。通常估计，只有35%的电视节目能够成功地在明年继续播出，而65%的电视节目在第一季或第二季之后就会停播。以Netflix为例，其70%的产品在用户中非常受欢迎，可以认为是成功的。

标识产品的标签是多种多样的。这里有几个例子：

奥托·普雷明根导演的电影；

基于现实生活的电影；

80年代邪教恐怖电影；

文学经典电影；

西尔维斯特·史泰龙主演的动作片；

广受好评的20世纪40年代犯罪电影；

20 世纪 30 年代的间谍和动作片；

根据文学名著改编的电影；

以爱德华时代为背景的电影；

关于婚姻的浪漫电影；

关于亚马逊动物的纪录片。

每个标签都可以对应多种多样的电影，而且每个电影都可以根据 36 页文档中包含的一长串变量列表，在多种多样的标签下进行分类，该文档用于培训上面提到的分析人员。主要的导演、演员、地点、体裁和子体裁、音轨、历史年代，等等，仅凭这些就足以产生一长串的类别及其可能的组合，这些组合产生了 Netflix 使用的数千个标签，这些标签注定会自动与那些可能对这些内容感兴趣的用户结合在一起。例如，Netflix 可以根据用户的个人资料推荐一部由西尔维斯特·史泰龙主演的古典文学改编的浪漫婚恋电影，等等。

结论

Netflix 利用大数据指导其运营和战略选择，这或许是当今电视行业发现的最先进的例子。

正如我们所看到的，Netflix 创建的模型当然非常复杂，需要大量的投资，尽管对其功能的了解有限，但最重要的是，数百人参与了节目分析和算法处理，需要不断更新和磨炼。专业媒体指出，Netflix 利用内容和用户大数据获得的结果明显是正面的，这是其在视频点播市场占据主导地位的主要因素之一。

然而，有一些关键问题需要强调，这些问题一方面与用户的行为有关，另一方面也与在目录中出现的电影和电视节目的选择有关。正如我们所看到的，超过 75%的用户遵循 Netflix 的建议，这一事实表明，Netflix 有能力利用大数据处理和分析，在相当大的程度上识别和预测消费者的口味，从而从其目录中提供“正确”的节目。

事实上，众所周知，在传统的“线性”电视中，电视观众的选择更多地是由惯性而不是品位和兴趣来引导的。因此，Netflix 的相当大比例的用户可能会像传统电视观众一样做出同样的选择，接受提供给他们的内容，以避免在选择时付出的努力。

此外，Netflix 给用户的建议可能会限制他们的电视消费，限制节目的数量，相比之下，目录提供了很多机会。能够仅仅在一部电影或纪录片中出现，也许是我们没有预料到会感兴趣的，出于好奇选择一个我们一无所知的节目——这些都被认为是积极的。

进一步的观察与大数据在目录方案的选择中所占的比重有关。在过去3年里，Netflix向美国观众提供的节目种类逐渐减少。官方解释是，这是由于该公司决定减少产量以提高质量。但实际上，由于恢复权利所需的过高价格，其相当一部分方案已不再列入其目录。此外，我们不知道有多大比例的方案的权利在使用权期满时没有得到续期，因为它们是"错误"的，即它们在客户中不够受欢迎。换句话说，有多少大数据引导下的购买没有成功。

还有一个有趣的问题是，大数据分析的准确性如何随着用户数量和节目的变化而变化。网络交互的数量取决于这两个变量，从而决定了收集和处理的大数据的维度。在交互次数较少的情况下，大数据处理结果的准确性会降低吗？

正如我们所看到的，在美国有5000万Netflix用户，他们可以使用的目录非常之多，美国节目非常流行。然而，Netflix现在已经在190个国家正式上线。在其中许多国家，因为人口较少，宽带互联网接入有限，或出于其他原因，用户数量非常有限。此外，在美国以外的所有国家，提供的目录课程数量都比美国少得多。

因此，我们可能会假设，Netflix在其正式运营的190个国家中的许多国家的成功仍完全不确定。目前尚不清楚，Netflix对大数据的利用——美国市场的首要因素，能否在其近年来开拓的所有其他国家市场上产生竞争优势。

参考文献

[1] Blygo Z. (2013), How Netflix uses analytics to select movies, create contents and make multimillion dolla decision, in Kissmetric Blog, https: //blog. kissmetrics. com/how-netflix-uses-analytics/; visited 2nd March 2014.

[2] Darrik H. (2012), Netflix analyze a lot of data about your viewing habits, Gigaom, https: //gigaom. com/ai/.

[3] International Working Group on Data Protection in Telecommunication (2014), Working Paper on Big Data and Privacy, 55th Meeting Skopje, file: ///C: /Users/Utente2017/Downloads/WP _ Big _ Data _ final _ clean _ 675. 48. 12%20 (1) . pdf.

[4] Madrigal A. C. (2014), How Netflix Reverse Engineered Hollywood, The Atlantic, Washington D. C. , 2/1/2014.

[5] Meeker M. (2016), Internet Trends 2016, Kleiner, Perkins, Caufiels& Byers, www. kpcb. com.

[6] Nightingale R. (2016), How Netflix knows exactly what you want to watch, Makeuseof, http://www. makeuseof. com/about/.

[7] Richeri G. (2012) Economia dei Media, Laterza, Bari.

[8] Richeri G. (2015) Televisione, crisi del mercato e nuovi modelli commerciali, in Problemi dell' Informazione, 2/15, il Mulino, Bologna.

[9] Stone M. L. (2014), Big Data for Media, Reuter Institute for the Study of Journalism, University of Oxford.

【通讯作者】Giuseppe Richeri：瑞士卢加诺大学荣誉教授，中国媒体观察中心总负责人，传播科学系主任。

稿件收录时间：2018年12月

在冲击与碰撞中前行：“互联网+”模式下的中国电影产业

龙锦　郭俞如

摘要：互联网企业与中国电影产业的交集，走的是从产业链末端到前端、先被动后主动的路径，即从视频网站播放电影、在线票务发展到投资电影制作乃至直接成立电影公司。不过，在激发了电影产业商业活力的同时，也引发了不少电影相关者对过度商业化的不满。中国电影产业应该积极对接“互联网+”发展模式，努力寻找5G移动互联网与电影产业发展之间的契合点，打造新的电影生态，加速中国电影产业由“大”而“强”的进程。

关键词：“互联网+”　中国电影产业　融合发展

2019年是互联网进入中国25周年。“25年来，互联网对中国最大的价值和意义，就是将中国从过去一个弱联结的社会变成了一个强联结的社会，从根本上改变了中国的社会结构、运行方式和动力机制，由此带来了社会、经济、文化、生活和政治等各个层面的变化。”[①]

自从李克强总理2015年3月在十二届全国人大三次会议政府工作报告里正式提出“互联网+”行动计划，以及2015年7月4日国务院印发《关于积极推进“互联网+”行动的指导意见》以来，“互联网+”以创新创业为引领，为传统产业的转型升级提供了极大的支撑。

互联网在中国的发展，以及“互联网+”发展模式的提出与实施，自然也对正在转型中的中国电影产业产生了相当大的影响。这种影响首先体现在互联网技术及互联网企业对中国电影产业带来了强烈的冲击，而在互联网激发了电影产业商业活力的同时，也引发了不少电影从业者对过度商业化的不满。如何加强双方的有效合作，充分发挥“互联网+”发展模式在中国电影

① 方兴东，陈帅．中国互联网25年［J］．现代传播，2019（4）：1.

产业发展中的作用，是中国电影产业由“大”而“强”的关键。

一、冲击：电影公司“为BAT打工”

中国互联网企业与中国电影产业发生交集，走的是从产业链末端到前端、先被动后主动的路径，即从视频网站播放电影、在线票务发展到投资电影制作乃至直接成立电影公司。

表1　2003年以来的中国电影产业相关数据①

年份	故事影片生产数量（部）	年增长率（%）	国内城市总票房（亿元）	年增长率（%）	国产电影票房（亿元）	年增长率（%）
2003	140	40.00	9.50	5.56		
2004	212	51.43	15.70	65.26	8.30	
2005	260	22.64	20.00	27.39	11.00	32.53
2006	330	26.92	26.20	31.00	14.00	27.27
2007	402	21.82	33.27	26.00	18.01	28.64
2008	406	1.00	43.41	30.48	26.89	49.31
2009	456	12.32	62.06	42.96	35.13	30.64
2010	526	15.35	101.72	63.90	57.34	63.22
2011	558	6.08	131.15	28.93	70.31	22.62
2012	745	33.51	170.73	30.18	82.73	17.66
2013	638	-14.36	217.69	27.51	127.67	54.32

① 根据历年公布的统计数据整理。数据主要来自：原国家新闻出版广电总局网站、《中国电影报》、《中国电影市场》杂志。

续表

2014	618	-3.13	296.39	36.15	161.55	26.54
2015	686	11.00	440.69	48.69	271.36	67.97
2016	772	12.54	492.80	11.80	266.63	-1.74
2017	798	3.37	559.11	13.45	301.04	12.91
2018	902	13.03	609.76	9.06	378.97	25.89

从表1可以看出，随着2003年开始试点、2006年全面深化的文化体制改革进程，国有电影单位转企改制、鼓励非公有单位进入影视行业等政策举措的落实，中国电影产业开始步入高速发展的轨道，这其中一个重要的标志点就是2012年全国电影票房首次超越日本，位居全球第二。[①] 这样的高增长率自然也吸引了已经完成初步资本积累的中国互联网企业的瞩目，尤其是2008年世界金融危机后，有较大量的资金涌入了中国电影业，完美时空、乐视网、盛大游戏等互联网企业都在2009年开始了对电影制作领域的投资，2010年，优酷、土豆等视频网站也开始投资电影制作。2011年3月，乐视影业成立，中国第一家视频网站乐视网成为最先设立电影公司的互联网企业。同年，腾讯公司宣布正式设立5亿规模的影视投资基金，第一次向互联网及IT产业以外的行业跨界发展。[②]

2014年是互联网企业大举进军电影业的一年。此时，分别以搜索、电商、即时社交为特色的百度、阿里巴巴、腾讯三大互联网公司（合称BAT）凭借着在各自领域的领先优势，已经占领了中国互联网的制高点，并跻身全球互联网前十强。在中国互联网协会、工业和信息化部信息中心2013年首次推出的“中国互联网100强”统计中，百强互联网企业2012年的营收总规模超2000亿元，位列前三的腾讯、阿里巴巴、百度三家企业的营收之和就逾千亿元。[③] 而阿里巴巴2014年9月19日在纽约证券交易所上市时，以2314亿美

① MPAA. Theatrical Market Statistics 2012 [R]. http://www.mpaa.org.

② 尹鸿，程文.2011年中国电影产业备忘 [J]. 电影艺术，2012 (2)：9.

③ 中国互联网协会. 中国互联网100强 (2013年) [R/OL]. (2016-07-30) http://www.isc.org.cn/download/china100.pdf.

元的市值超越 Facebook，成为仅次于谷歌的全球第二大互联网公司。[①]

2014 年，阿里巴巴将其控股收购的文化中国改为“阿里影业”，腾讯设立“腾讯电影+”事业部，而原本就是百度独立视频公司的爱奇艺也宣布成立爱奇艺影业公司。当年新成立的 5 家较大的电影公司有 4 家是由互联网企业创立的。[②]而据国家新闻出版广电总局统计，2014 年拥有互联网背景影片的年度票房收入超过 60 亿元，占到中国内地总票房的 1/5。[③] 另一方面，由爱奇艺首次提出、作为网络平台独特产物的网络大电影也在 2014 年崛起。[④]

这种发展态势给传统的电影制作、发行、放映各环节都带来了很大的冲击。乐视影业 CEO 张昭甚至在“乐视影业 2014 战略发布会”上宣告：“以后不要再叫我们电影公司，我们是互联网公司。”[⑤] 而面对着以 BAT 为代表的互联网企业在电影产业的频繁布局，保利博纳总裁于冬在 2014 年上海电影节上的一句“电影公司未来都将给 BAT 打工”，令不少影片制作公司不寒而栗。[⑥]

二、碰撞：电影产品的过度商业化与电影作品艺术价值的坚守

无论如何，互联网还是给中国电影产业带来了可喜的变化：网络视频平台拓展了电影的传播渠道，使得此前每年无缘院线放映的约占出品数三分之二的电影有了与观众见面的机会，也使得在院线放映结束下档的电影能继续获得展示，收获其“长尾”效益；在线票务的推行，则以其便利的购票环境及折扣的经济诱惑，吸引着原来已逐渐远离电影院的年轻观众群体，同时也为电影生产经营者提供了决策的数据支持；而互联网企业相对充裕的资金，

---

① 崔西．阿里登陆纽交所：成第二大互联网公司仅次于谷歌［EB/OL］．［2014-09-20］（2014-11-19）http：//tech. sina. com. cn/i/2014-09-20/00529626120. shtml.

② 孟佳．防御性占位 or 产业链拓展　2014 电影跨界姿势你知道几个？［EB/OL］．［2015-01-12］（2015-01-13）http：//www. entgroup. cn/news/Exclusive/1223189. shtml＃0.

③ 瀚元．传统电影业如何应对“不温和”的互联网力量［N］．中国文化报，2015-07-20（6）．

④ 武建勋．中国电影产业与互联网融合发展研究［M］．北京：中国电影出版社，2018：52.

⑤ 迟小磊．乐视影业——互联网公司的自白［EB/OL］．原载《中国广播影视》，转自《广电独家》微信公众号．［2014-04-10］．

⑥ 孙雨．保利博纳于冬：“电影公司未来都将给 BAT 打工”［EB/OL］．原载《北京晨报》，转自中国新闻网．［2014-07-14］ http：//www. chinanews. com/cj/2014/07-14/6381896. shtml.

则为高水平的电影制作提供了更多的经济支撑，以大制作为主打的现象级大片频现。中国电影产业出现了短期的超高速增长，2015 年的国产电影票房达到了前所未有的 68%的年增长。而由优酷与土豆于 2014 年合并成立的合一影业，两年中出品和合作出品了《万万没想到》《捉妖记》《唐人街探案》等 38 部电影，累计票房 90 亿元。①

好景不长。2016 年，中国电影进入转折之年。“在宏观经济下行等多重因素共同作用下”，② 虽然影片出品数量创了新高，但年初人们普遍预计的 600 亿元票房并未如期到来，国产影片票房甚至不升反降。源自互联网文学的“IP”不再神奇，影视公司并购与上市受挫，票补减少、电影质量下降……种种迹象表明互联网企业对中国电影产业的冲击力度在减弱，中国电影产业开始进入较为平缓的发展阶段。而 2017 年 3 月，《电影产业促进法》正式实施，使得电影成为我国文化传媒业中首个具有专门法的行业。

喧嚣过后，人们开始反思。尽管有国家对互联网金融乱象的整治这一宏观环境存在，但电影运作过程中存在的一些不良现象，与互联网企业将电影作为一种能赚快钱的工具有着很大的关联，而这往往会导致不少电影人以及观众的反感甚至抵制。在互联网企业快速进入电影产业并呈现较大优势的情况下，这种碰撞虽有但不明显，但在增速减缓的情况下，随着互联网企业与中国电影产业的交集走向深入与泛化，以及国家对电影产业管制体制与政策的调整，一些明显不合规甚至不合法的操作手法被更多人所认识、发现。虽然电影的商业化和艺术性（文化价值）的矛盾一直存在，但当一度裹挟电影产业快速前行的互联网商业洪流退去，这种碰撞就被再次凸显出来，并成为近几年中国电影产业的一种新常态。再加上本该在 2017 年进行的中美双方有关电影配额的谈判没有下文，随后中美贸易摩擦升温，某种程度上延缓了中国电影受外界冲击的进程，实际上这也是近两年中国电影产业不温不火的原因之一。

电影的互联网营销是最能发挥互联网企业优势的一个环节，但也是最为人诟病的一个环节。虽然有低成本高票房的《失恋 33 天》、开创了“自来水”口碑的《大圣归来》等成功案例，但虚假营销却是屡有出现。

---

① 范文博．合一影业总裁刘开珞：互联网让电影有了盈利方法论［EB/OL］．原载《新金融观察报》，转自《第一制片人》微信公众号．［2016-09-08］．

② 刘汉文．2016 年中国电影产业发展分析报告［J］．当代电影，2017（3）：18.

2016 年底，出现了围绕《长城》《摆渡人》等电影的网络影评、网站评分的争议；而 2017 年 9 月 22 日，《纯洁心灵：逐梦演艺圈》出品方就上映首日电影评分为豆瓣史上最低向豆瓣发函，认为有人故意通过低分、恶评攻击电影，导致重大经济损失，这是电影制作公司首次公开直接质疑评分网站。这些事件引发了人们对网站评分规则与刷分等的讨论，一些专业网站甚至一度宣布取消部分电影评分功能。而通过网络水军操控的“叫好不叫座”的高口碑、低票房的“口碑扑街”现象也时有出现。

2018 年 4 月，《后来的我们》首映当晚即出现大量退票，导致部分影院紧急关闭退票功能，使在线票务平台与院线关系出现紧张局面。

此外还有商业利益驱动下的票房造假、粉丝锁场等行为。

片面以市场为导向所致的票房造假、虚假评分、投资溢价等现象的出现自然不能全部归咎于互联网对电影产业的介入，但以赚快钱的心态来从事电影这样一种具有精神文化价值的产品的生产经营，从而纵容一些互联网陋习在电影产业特别是在发行放映环节的运用，互联网企业还是有相当责任的。

三、共赢：互联网思维与电影行动的有机融合

我国从 1992 年开始的电影改革，尤其是 2003 年之后随文化体制改革逐步深入的电影业的转企改制，为业外资本进入电影行业进而为我国电影票房连续多年的屡创新高奠定了良好的基础。而进入 21 世纪 10 年代后，互联网技术及资本的大量涌入，给我国电影产业带来了新的生长动力，并开始影响我国电影产业的生态。

但也需要看到，到目前为止，互联网对我国电影产业的影响更多体现在电影生产末端的营销发行环节上。互联网技术的应用使观众的消费方式特别是购票方式发生了很大的变化，除此之外，互联网企业的介入并未对电影的创作与产业化产生革命性的影响。这些年电影票房的提升，有相当大一部分是由于院线的发展所带来观影人数的增加而形成的，而这一人口红利很快就会消去。同时，我们虽然已跻身电影票房世界第二，但电影的海外影响力令人汗颜。如何通过电影生产的转型升级，把电影的数量优势变为质量优势，这是我国电影产业亟待解决的问题。

按照国务院《关于积极推进“互联网＋”行动的指导意见》的要求，到 2025 年，网络化、智能化、服务化、协同化的“互联网＋”产业生态体系基

本完善，“互联网+”新经济形态初步形成，“互联网+”成为经济社会创新发展的重要驱动力量。根据《关于积极推进“互联网+”行动的指导意见》，“互联网+”是把互联网的创新成果与经济社会各领域深度融合，推动技术进步、效率提升和组织变革，提升实体经济创新力和生产力，形成更广泛的以互联网为基础设施和创新要素的经济社会发展新形态。

互联网的发展已经改变了人类的生产与生存状态，电影的创作及产业发展自然也受益其中。虽然从提出“互联网+”的初衷以及《关于积极推进“互联网+”行动的指导意见》所明确的11项重点行动来看，文化传媒业并未被明确纳入这一行动的范围，但作为文化软实力的重要组成部分，电影产业也应该积极对接“互联网+”发展模式以增强自身实力。另一方面，5G移动互联网即将商用，互联网的发展将驶入万物互联的新高速公路。5G及智能媒体时代的互联网技术会给电影带来什么？这也是电影人必须考虑的迫在眉睫的问题。

2019年1月，好莱坞发生了两件标志性的事件：一是奈飞公司出品的电影《罗马》首次斩获奥斯卡最佳影片提名，二是奈飞也获得了美国电影协会的接纳，成为与迪士尼、华纳兄弟等好莱坞“六大”公司并立的成员。[①] 传统好莱坞势力终于在与互联网视频平台的对峙中低下了头，这也意味着互联网企业将会在电影产业发展乃至电影生态的变革与重构中发挥更大的作用。

从我国的实践看，互联网与电影之间的关联，已经走过了以电影的互联网营销为主的第一阶段，目前正处在网络大电影发展的第二阶段。虽然网络大电影是否属于电影范畴还有争议，但其对传统电影所造成的冲击是显而易见的。作为互联网与电影紧密结合的产物，网络大电影起到的是承前启后的作用。

从当前的态势看，5G移动互联网应该是“互联网+”模式的最新技术支撑，智能媒体的发展则可能会进一步带来观影方式的革新，在此背景下电影创作及产业发展将会颠覆原有的电影生态。

因此，“互联网+”模式下的中国电影产业，要促进互联网思维与电影行动的有机融合，应该以网络大电影为抓手，寻找电影发展中的“互联网基因”，尤其是寻找5G移动互联网与电影产业发展之间的契合点，追踪并使最新的移动互联网技术以及智能媒体技术所提供的可能在电影产业中得到完全

---

① 彭侃．2018年北美电影产业发展报告［J］．电影艺术，2019（2）：52.

有效的应用。

同时，借鉴电影先进国家及文化相近国家在移动互联时代电影创作及产业发展的经验，结合智能媒体发展给受众观影方式变化所提供的可能性，从创意、制作、发行、放映、欣赏全方位进行综合性的研究，探讨我国电影打造“新电影生态”的可能路径。

在这一过程中，传统电影产业链在新媒体环境下的全新呈现，将打破制作、发行、放映各环节的界限，电影创作与电影欣赏渐趋融合，这会对电影生产者提出更高的要求。电影从业者包括电影观众都需要对自己的角色进行重新定位。

【通讯作者】龙锦：上海大学新闻传播学院副教授；郭俞如：上海大学新闻传播学院研究生。

稿件收录时间：2019 年 8 月

◆ 跨文化交流与观察

新时代中国文化国际传播议程设置

苏宏元　黄晓曦

摘要：在我国文化国际传播中，议程设置是配合国家战略需要，从国家层面来谋划、设计重点议题，以达成预期的传播效果，是对外文化传播谋略与艺术的体现。不仅需要从战略高度谋划我国对外文化传播的现实需要，还需要配合国家战略需要进行设置，并形成一定的国家表述。新时代，中国文化对外传播应目标明确，以针对性强的议题为牵引，与国际受众的接受心理对接，扩展议程切入渠道，打破西方文化霸权，以提高我国文化传播效果。

关键词：新时代　中华文化国际传播　议程设置　现实路径

近年来，“中国通过广泛传播独特的文化来提高吸引力和影响力，使其文化软实力一直处于上升趋势”。[①] 国际社会掀起“中国文化热”浪潮，“中国故事”“中国元素”“中国声音”一度成为响彻全球的文化高频词，中华文化的国际推广取得了突出成效。截至2016年底，我国国际广播电台在全球拥有101家海外整频率播出电台，每天播出近3000小时节目，覆盖50多个国家的首都或主要城市约5亿人口；在海外建有地区总站、驻外记者站、节目制作室、广播孔子课堂等近100个机构和4115个听众俱乐部，汉语覆盖全球98%以上的受众。2017年，我国文化产品进出口总额为971亿美元。

然而，现有实证研究表明，“中华文化确实开始大规模地走出去，但还没有能够真正走进去（其他国家），没有能够真正传播到公众层面”。[②] 中国国际话语权还处于较为弱势的地位，在国际文化领域主要扮演“局外者”的大国

① 蔡武．新中国60年我国对外文化工作发展历程［J］．求是，2009（15）：28-30.

② 洪俊浩，严三九．中华文化国际传播的必要性、紧迫性与挑战性［J］．新闻与传播研究，2014（6）．

形象，加之西方文化的强势地位和中西方文化视角和价值观念的差异，中国文化的对外传播面临严峻的冲击与挑战。可以说，当前中国文化从“走出去”到“融进去”依旧任重道远。鉴于此，本文拟结合国际议程设置理论对中国文化对外传播的国际议程设置进行理论分析并提出相应的对策建议。

一、议程设置：从战略高度谋划我国文化国际传播

20世纪70年代，针对国际权力日趋激烈的角逐，美国政治学家罗伯特·基欧汉（Robert O. Keohane）和约瑟夫·奈（Joseph S. Nye）在《权力与相互依赖》一书中初步提出了“国际议程设置”概念。即“在国际层次上，国家和行为体‘在各种论坛上展示自己的观点’（shop among forums），并力图使自己关注的问题在国际组织中提出来，通过议程扩大或缩小追求自身优势的最大化。”

他们认为，在“复合相互依赖”的国际政治环境中，议程形成和控制的政治将变得更加微妙的多样化，巧妙设置话语议题，同样可以达到维护国家利益，提高国际声誉的目的。这为当时国际关系的研究提供了一个崭新的视角。此后，理查德·曼斯巴赫（Richard W. Mansbach）和约翰·瓦斯克斯（John A. Vasquez）等学者又提出要深入研究国际政治中的“议题”范式，构建“权力政治”主导范式向“议题”范式转移的命题。这就是新闻传播学经常提到的话语权。

这些研究成果使新世界格局中的国家认识到了国际议程设置的战略意义。当议题控制“成为获取和扩展权力的工具”时，国际议程设置便成为一种软实力，它决定了哪些是国际社会最为突出的议题，并由此深刻影响国家战略的制定与实施。

本文认为所谓中国文化对外传播的国际议程设置即指以国家政府为主导的行为体有意识地通过文化议题的选择与设计、议程的设置、组织落实等向世界其他国家传播本国的文化符号和价值观念，进而在深层次上建立他国民众对本国的文化认同以及价值认同，最终达到增强文化软实力，提升国际文化话语权的目的。

文化国际传播的议程设置机制主要包括三个阶段：

第一阶段是议题的选择与设计。一是选择那些既与本身利益密切相关，又能引起国际社会广泛关注的议题；二是设法将选择的议题界定为具有“公

共物品”属性的议题，或将一个纯粹的技术议题上升为政治或伦理问题。第二阶段是议程的切入与扩散。通过对某些议题属性的“框架构建”，形成国际舆论铺垫。第三阶段是议程的认同与规范。通过议题的设计以及议程设置所形成的舆论环境构建“集体记忆”和“集体认同”并最终成功进入议程。

二、议程设置：多维视角的战略机遇

今天，中国正处于实现中华民族伟大复兴中国梦的关键时期，“一带一路”建设的深入推进更是为新时代中华文化全方位走出去提供了新的历史机遇。而从目前国内外局势来看，中国文化国际传播的议程设置具有多重机遇。

作为一国战略体系的重要组成部分，中国文化国际传播的议程设置不仅是战略布局的问题，更是综合国力的比拼。世界历史进程表明，软实力只有建立在硬实力的基础上才能称其为实力，国家的兴盛和文化对外影响力的提高从来都是共舞共进的。当前，国内外形势发生深刻变化，世界经济复苏乏力，而我国经过改革开放四十年的快速发展，经济发展进入了新常态并迎来重要的战略期。G20峰会、金砖国家峰会使中国在世界经济秩序的协调中崭露头角，并开始争取更多的国际话语权。特别是党的十九大以来，依托“一带一路”建设与沿线国家在文化领域开展深入合作，推动对外文化交流向全方位、多层次、宽领域不断扩展。文化产业加快发展、对外文化贸易驶入快车道、“欢乐春节”“中国文化年（节）”“亚洲艺术节”“中国文化论坛”等一系列对外文化交流品牌活动遍及全球，海外中国文化中心数量逐年增加，截至2017年底，全球范围内已成立495所孔子学院和1113个中小学孔子课堂，不仅有力推动了中国文化走向世界的同时，更为世界人民提供了直接领略中国文化独特魅力的机会，向世界讲述了中国故事、唱响了中国声音。可以说，正是因为中国综合国力的增强以及国际影响力的扩大，才为中国文化走出去提供了坚实的物质力量，才使中国文化对外传播的国际议程设置具备强大的实力基础。

塞缪尔·亨廷顿认为，冷战结束后，价值观取代军事实力成为西方盟国之间的精神纽带。美国这个超级帝国在全球化进程中，不仅一直仰仗着自己的硬实力即强大的政治、军事实力耀武扬威，而且一直在依赖着自己的普世价值观对其他国家进行潜移默化的渗透，利用意识形态作为道德依据，争取舆论支持，进而达到干涉他国事务的目的。世界历史表明，中国之所以能够超越资本主义价值观的历史局限性，在当今意识形态领域占有一席之地，与我们始终坚持的价值观密不可分。一方面，中国的历史和现实证明，社会主义核心价值观具有强大的生命力。它是中国共产党在推动中国特色社会主义事业发展过程中所做的又一创新性思想成果，既是对人类一切优秀文明成果的批判继承，同时反映出中国人民的共同理想追求，表明当代中国在道路自信、理论自信和制度自信基础上形成的一种价值自觉和文化自信。另一方面，国际社会层面，以“仁爱”“和合”“中庸”等为核心的中国传统价值体系不断焕发出新的活力，不断丰富着人类价值追求的内涵。

在以西方化为特征的全球化过程中，旧的国际文化秩序主要以意识形态领域的斗争为主要特点。但是，随着国际政治多边主义、民族文化多样性的浮现，“新的，真正属于多元文化的话语体系”的国际文化秩序的构建正成为大势所趋。与冷战时期相比，意识形态的对抗性可能减弱，这为多元文化的多主体交流传播提供了更为广博的空间，也为中国文化的国际传播提供了生存空间。此外，从自身的实践情况来看，中国向世界证明，其发展不仅具有鲜明的中国特色，而且符合人类共同利益，因为，它无可置疑地蕴藏着全人类的共同价值。譬如，以儒家为代表的中国传统文化所推崇的“和而不同”“仇必和而解”的理念为消弭当今世界各种对立与纷争提供了哲学解释；“协和万邦”“亲仁善邻，国之宝也”的思想对于当前国际关系的和平相处提供了理论借鉴；“亲亲而仁民，仁民而爱物”“民吾同胞，物吾与也”等主张人与万物平等的理念，为解决全球环境问题提供价值参考。简言之，作为一个正在崛起的大国，中国文化对外传播不仅为提升国家形象的国家战略服务，同样也为国际事务的解决提供了中国智慧，共享了中国力量。

三、议程设置：传播策略与技巧的重要体现

从国际议程设置的理论逻辑和现实国际行为体文化议程设置的历史实践出发，中国要进一步提高文化对外传播的国际议程设置能力，既要在议题内容的选择上关注“传播什么”，也要在议程切入的过程中重视“如何传播”，更要在议程认同的过程中实现“更好传播”。

（一）与国际受众接受心理对接

对于历史悠久、体系庞大且风格独特的中国文化来说，首先，应该梳理、

总结和提炼中国自身的文化精髓，提升中华文化的某些品质、属性、特质。其次，中国文化国际传播要针对国外受众的接受心理，最好是寻找出国际受众的共同关注点和兴趣点。最后，所传播的文化内容必须具备高度现实关怀性，尤其要着眼于解决当前迫切的世界性问题。例如，与个别西方大国的文化扩张、文化霸权主义的普世价值观相比，“人类命运共同体”“和平发展”“文明互鉴”的理念提出正是对和平共处、繁荣共赢国际文化新秩序的理性反思。

（二）扩展切入渠道

国际知名学者南希·斯诺认为一国是否有能力运用跨国网络及全球传媒影响新闻议事框架是进行国际舆论铺垫的重要维度之一。所以，应及时掌握传播主动权，通过新媒体、国际组织、国际文化传播人才，构建多元平台。打造“互联网＋传播”体系、利用数字电视、互联网媒体、手机媒体等新兴媒体开放性、互动性、延展性的特点革新信息传播方式，扩大信息传播范围。此外，要提升对民间社会的关注度，发展中外民间友好力量，打通非官方传播渠道。这是因为国外公众对官方渠道信任度较低，有时表现出“与政府不合作主义”倾向，而民间组织和国民的日常行为则具有最广泛的渗透力，通常不自觉地成为国家文化的传播者，甚至在某种程度上民间力量所展示的形象往往更易于为国际社会所接受。据最新数据统计，我国目前有6210万海外华人华侨分布在世界200个国家和地区，广大侨胞作为联通国内外的“金丝带”，是中华文化对外传播的生力军。

（三）在议程规范过程中进行利益动员

在议题的传播及扩散过程中，由于其涉及国际社会的利益冲突，这时就需要议题的提出方吸引足够多的潜在盟友，以获得有效的声援。早在2003年，为反对文化霸权，有“六十多个国家讨论签署一项保护文化多样性的联合国公约，旨在阻击‘美国制造’的‘巨无霸文化’，帮助其他国家保护本民族文化”。[①] 当前，在西方发达资本主义国家主导的经济全球下，文化霸权主义依然大行其道，而政府间和非政府间的文化交流与文化合作难以形成规范

① 陈顺武．论世界的多样性［J］．中国社会科学，2003（1）：144-156.

的国际组织、制度，从而影响和制约着国际文化发展。因此，有必要积极开展文化外交，从战略上进行广泛利益动员，化解潜在的风险挑战，推动国际议程的落地生根。一方面，要依靠自身权利影响范围完善和推动建立国际社会共同认可的文化标准、文化规则，在议题中实现价值的有效传递。例如，在金砖领导人厦门会晤中，习近平主席倡导金砖国家的伙伴关系超越社会制度和意识形态的异同，致力于在交流互鉴中实现优势互补，在求同存异中共同进步，成功为全球经济文化交流设定议题，这表明我国在外交过程中完全有能力、有实力凝聚金砖国家共识，进行国际议程设置。另一方面，要充分利用国际制度、外交资源，健全国际文化合作机制，通过广泛举办国际文化高层论坛、国际合作高峰论坛、设立国际文化基金等制度化平台拉拢利益攸关方组建议题联盟，健全对外文化交流与合作机制并最终引导国际舆论走向，最终成功推动中国文化对外传播的国际议程设置。

【通讯作者】苏宏元：华南理工大学新闻与传播学院院长、教授、博导；黄晓曦：华南理工大学马克思主义学院。

稿件收录时间：2018年11月

培养担当“人类命运共同体”道义的传媒人才

吴信训

摘要：当今世界风云变幻，新兴国家、发展中国家迅速崛起，但另一方面，西方霸权国家迫不及待挥舞大棒，恃强推行单边主义。第二次世界大战之后，难得的半个多世纪以和平发展为主题的世界氛围，又开始弥漫起鼓吹对抗与战争的喧嚣。人类社会几千年的发展史已经让全球善良的人们觉醒并深深懂得，世界文明是多元的，但地球只有一个。要在这唯一的地球上让多元的文明不冲突，让各国的人民都能去实现“和平，发展，幸福”的梦想，必须是各种文明彼此包容，各美其美，以礼相待，互相尊重。共建“一带一路”旨在造福沿线国家人民，推动构建人类命运共同体。顺应了全球治理体系变革的内在要求，彰显了同舟共济、权责共担的命运共同体意识，有利于促进沿线各国经济繁荣与区域经济合作，加强不同文明交流互鉴，促进世界和平发展，是一项造福世界各国人民的伟大事业。世界一切有识之士都应当奋力推动构建人类命运共同体成为当今人类社会进步发展的主旋律。传媒人应是担当“人类命运共同体”世界道义的排头兵。新闻传播学界则应当着力培养担当“人类命运共同体”道义的传媒人才。

关键词：传媒人才　人类命运共同体　世界道义

构建人类命运共同体是当今世界的主旋律

当今世界风云变幻，新兴国家、发展中国家迅速崛起，尤其是“一带一路”倡议揭开了世界经济发展新篇章，沿线国家焕发出蓬勃的经济发展活力。但另一方面，西方霸权国家迫不及待挥舞大棒耀武扬威，逆时代潮流而动，恃强推行单边主义。第二次世界大战之后，难得的半个多世纪以和平发展为主题的世界氛围，又开始弥漫起鼓吹对抗与战争的喧嚣。

人类社会几千年的发展史已经让全球善良的人们觉醒并深深懂得，对抗与战争是人类的悲剧，“和平，发展，幸福”才应该是人类永恒的主题。

人类社会几千年的发展史也让全球善良的人们日益懂得，“和平，发展，幸福”的基础，是世界各国人民和政治家们都必须清醒地认识到，由于历史、地域的差异性，政治、经济、文化、社会发展的差异性，世界文化、文明是多元的，而且，在未来相当长的历史时期里，这种文化、文明的多元化还将不以任何人意志为转移地共同存在于世界。

塞缪尔·亨廷顿在《文明的冲突与世界秩序的重建》一书中就写到，在冷战后的世界，主导世界格局的是七种或八种文明，包括中华文明、日本文明、印度文明、伊斯兰文明、西方文明、东正教文明、拉丁美洲文明，可能还有非洲文明。①

人类文明的进步也使人们日益理智地懂得，世界文明是多元的，但地球只有一个。要在这唯一的地球上让多元的文明不冲突，让各国的人民都能去实现“和平，发展，幸福”的梦想，必须是各种文明彼此包容，各美其美，以礼相待，互相尊重。尤其是伴随当今高度发达的信息化，高度发达的交通化，高度发达的军备化，人类共同生存的地球愈来愈是一个“鸡犬之声相闻”的空间——地球村。

在这个地球村里，各家各户之间发生的任何利益冲突，都会不仅瞬间家喻户晓，而且城门失火，殃及池鱼，人人自危。稍有不慎，都有可能瞬间酿成全村毁灭的灾难。

所以，各家各户之间都必须舍各自小利，顾全球安危的大义，必须互相包容发展，和睦相处，和谐共生，共享未来。这应该是当今时代的主旋律。

2013年9月和10月，国家主席习近平在出访中亚和东南亚国家期间，先后提出共建“丝绸之路经济带”和“21世纪海上丝绸之路”（以下简称“一带一路”）的重大倡议，得到国际社会高度关注。

共建“一带一路”旨在造福沿线国家人民，推动构建人类命运共同体。顺应了全球治理体系变革的内在要求，彰显了同舟共济、权责共担的命运共同体意识，为完善全球治理体系变革提供了新思路新方案。有利于促进沿线各国经济繁荣与区域经济合作，加强不同文明交流互鉴，促进世界和平发展，

---

① ［美］塞缪尔·亨廷顿．文明的冲突与世界秩序的重建［M］．周琪，刘绯，张立平，王圆，译．北京：新华出版社，2015：23-24.

是一项造福世界各国人民的伟大事业。也体现了中华民族历来秉持的天下大同理念，以及中国人怀柔远人、和谐万邦的天下观，体现了国际道义的制高点。

毋庸置疑，世界一切有识之士都应当奋力推动构建人类命运共同体成为当今人类社会进步发展的主旋律。

传媒人应是担当“人类命运共同体”道义的排头兵

社会发展的实践与理论都已揭示，传媒和传媒人是社会的良心！传媒和传媒人承担着观察社会发展动向，为社会进步呐喊的神圣责任！

今天的世界，尤其需要传媒和传媒人担当“人类命运共同体”的世界道义，异口同声为之呐喊。

但是，现实又在不断地警醒我们，当人类进入新媒体时代，一方面，互联网、移动终端等新媒体为人们传播信息带来了前所未有的更大自由，传媒影响社会的能力得到空前地加强。另一方面，也出现了一些令人忧虑的动向。如，一些寡头政治、商业资本有了更大的可能操纵、腐蚀传媒为个人或小集团的利益混淆视听，扰乱舆论。单边主义、霸权主义论调张牙舞爪，低俗娱乐、拜金主义风潮甚嚣尘上；随着传统主流媒体日渐式微，一些传统媒体精英人士开始职业理想信念动摇，另谋高就；“学新闻的不做新闻，做新闻的不学新闻”的危机也开始显现。有报道揭示，据2017年12月的数据：全国有681所大学开设了1244个本科专业点（新闻学326，广播电视234，广告378，传播学71，编辑出版82，网络与新媒体140，数字出版13），本科生23万，在校教师7000人。23万新闻毕业生要找工作，可当下传统媒体正处于痛苦的转型期，人才需求大幅收缩，一些媒体单位不仅好几年不进人了，甚至还在裁员。传统媒体员工的收入也多呈下降趋势，尤其是新进员工收入水平与毕业生的心理诉求差距更为明显。所以，近年来，不少新闻院系学生很少去传统媒体工作，多喜欢选择银行、大国企、房地产企业等有收入前途的行业，新闻学院被毕业生戏称为“房地产学院”“银行学院”“公关保险学院”。[①]

为此，作为培养传媒人才的新闻传播院校也应该清醒意识到现实的严峻

---

① 曹林．新闻学致命危机：学新闻的不做新闻，做新闻的不学新闻［EB/OL］．http：//www.360doc.com/content/18/0609/13/9742787_760930329.shtml.

挑战，更自觉地肩负起时代的重大使命。

新闻传播教育面临的机遇及应有的历史担当

2014年8月18日，在中央全面深化改革领导小组第四次会议上，审议通过了《关于推动传统媒体和新兴媒体融合发展的指导意见》。这是改革开放后中央第一次正式提出这方面的意见。意见提出了着力打造一批形态多样、手段先进、具有竞争力的新型主流媒体，建成几家拥有强大实力和传播力、公信力、影响力的新型媒体集团，形成立体多样、融合发展的现代传播体系。

可以说，这对中国的新闻传播学教育来说，是面临前所未有的发展机遇。需要每一位新闻传播教育工作者深思，如何深刻理解当今时代国际政治经济格局的风云变化，中国崛起正承担着的维护世界和平发展，构建人类命运共同体的伟大时代意义及崇高历史使命。如何从自己的职业使命出发，敏锐把握全媒体时代的媒体融合趋势，从更高的站位上，从培养担当“人类命运共同体”道义的传媒人才的高度上，认识和定位新闻传播人才的培养目标，深化改革教学内容与方法，以不辜负时代的期望。

同时，我们还要努力思考并积极推动，如何在全球的新闻传播院校都能逐步形成担当“人类命运共同体”世界道义的共识，并付诸实践。

如果全球的新闻传播院校都能形成担当“人类命运共同体”世界道义的共识及其行动，一定能够对世界朝着“和平，发展，幸福”的道路前行产生有力的推动。

为此，我们中国的新闻传播教育工作者首先应该具备担当“人类命运共同体”道义的国际情怀。同时，还需要全球的新闻传播院校之间开展更密切的沟通与交流。然而，就目前的情况来看，全球新闻传播院校之间的沟通与交流还存在诸多不平衡和短板。

如，从现在的情况来看：

我国的新闻传播院校还存在与发达国家之间的沟通和交流较多，与发展中国家之间的沟通和交流较少；

与英语国家之间的沟通和交流较多，与小语种国家之间的沟通和交流较少；

发达国家及新兴国家的新闻传播产业规模较大、发展较快，相应地，发达国家及新兴国家的新闻传播院校设立较多，欠发达国家的新闻传播院校设立较少；

发达国家及新兴国家的新闻传播教育与网络数字新媒体的发展态势比较接轨，欠发达国家的新闻传播教育则相对滞后，等等。

比如我们曾经就“一带一路”沿线65个国家新闻传播教育的情况做了一个调查梳理，在65个国家里面，从现在互联网上能够查阅到的材料来看，各个国家的新闻学院的数量差异是非常大的。各国和地区间的新闻传播教育发展很不平衡，增进沟通和交流还需要做很多的努力。就包括在网上数据来看，有一些国家做得好一些，还有很多国家，尤其是欠发达国家的网络上的基本材料都是比较欠缺的。

要增进与“一带一路”沿线国家新闻传播教育的沟通和交流，尤其是应加强同小语种国家新闻传播院校之间的沟通与交流，加强同欠发达国家的新闻传播院校之间的沟通与交流。首先，突破语言障碍，就是其中的难点之一。

“一带一路”覆盖的国家，官方语言超过40种，仅就中国的外语教育来看，有统计显示，2010—2015年高校外语专业招生的语种只覆盖其中的20种。在已招生的20个小语种专业中，11个语种的在读学生数量不足100人，波斯语、土耳其语、希伯来语、孟加拉语等语种的在读人数非常少。其他很多国家可能也都会有这个问题。

同时，我们还需注意，在人才培养的知识结构中，在今天的新媒体时代，很多院校比较注意到加强对学生新媒体科技应用能力的提升，增开了一系列新的课程。但对学生国际视野能力的开阔提升，其重视度还显得不足。

我觉得应该在传媒人才培养的课程体系中，增加国际政治方面的内容。尤其是增强学生对有关“一带一路”国家政治、经济、文化、社会发展等方面的了解。增强学生对“一带一路”倡议对世界经济文化和谐发展重大意义的理解。这样，未来的传媒人才才可能担当起促进“人类命运共同体”健康发展的世界道义！

【通讯作者】吴信训：上海大学新闻传播学院教授，博士生导师。

稿件收录时间：2019年7月

中国在“一带一路”对外传播中的国家形象与文化符号创新

单　凌

摘要：在跨文化沟通中，标志性的文化符号能直接影响一个国家的国际形象。当前中国对外传播面临的一个突出问题是，国际社会习以为常的中国文化符号几乎都属于传统文化。当世界都已经知道中国的古老时，真正需要的是能表征中国历史、现状和理想未来的文化符号。本文旨在探索“一带一路”对外传播中的符号更新，反思当前使用的“丝绸之路”“中国制造”等文化符号可能产生的误读现象，结合“一带一路”倡议遭遇的阻力，提出在“一带一路”的起步阶段应量力而行，以沿线国家和周边地区为主，根据具体国家和地区的关切点、对“一带一路”可能产生的疑虑、双边特殊的记忆和情感基础，以“文化间性”思维精准选择文化符号，有的放矢地呈现中国的国家形象，开启一个认知和认同中国的新时代。

关键词：一带一路　国家形象　文化符号　创新

在全球化的背景下，具有代表性的文化符号能直观体现一个国家的形象和价值观，在跨文化沟通中有天然的优势。然而，符号的运用是一把“双刃剑”，既能建构起对他者的文化想象，也常常被无意识地误读，甚至引发文化冲突。因此，对外传播中文化符号的选择和使用，对于有效促进中国与世界的沟通和了解，提高国家文化软实力有着重要的现实意义。

从建构主义的视角出发，国家形象通常是国家间以及结构内交往互动的产物，存在着自我认知的形象和他者认知的形象两种维度。[①] 当前中国面临的一个突出问题是国人自我认知与其他国家对中国的看法之间，横亘着巨大的

① 侯洪，董彦君．国家形象叙事的“他者”视域：从《超级中国》说起［J］．新闻界，2016（1）：31-37.

差距。当国民沉浸在“大国崛起”激发出的民族认同感和自豪感时，其他国家对中国的看法还停留在固执的偏见和刻板印象中。造成这一现象的原因是多方面的，其中一个重要因素在于改革开放四十年来，中国社会已经发生了史无前例的巨大变化，但是中国的国家形象建构没有能跟上社会变迁的步伐。①

目前国际公众习以为常地能指代中国的符号有长城、功夫、瓷器、京剧、龙、茶，等等，② 这些传统文化符号满足了“文化的他者”对古老东方文明的想象，受到西方国家媒体和公众的青睐。然而这些传统的中国元素表征的是中国遥远的过去，输出的国家形象不但碎片化，还缺乏时代感，甚至会对中国的核心形象造成伤害③，比如兵马俑也可能给人穷兵黩武的混乱印象。

当世界都已经知道中国的古老时，真正需要的是能同时表征中国历史、现状和理想的未来的文化符号体系。本研究旨在探索“一带一路”对外传播中的文化符号创新。“一带一路”倡议是中国推广国家形象的良好契机，然而随着中国在世界舞台上扮演更为重要的角色，世界对中国的误解和猜疑也明显加剧了，疑虑和不信任成为各方共建人类命运共同体的最大挑战。如何才能向世界展现出既有历史感又有亲和力和责任心的中国形象呢？这就需要在原有国家形象符号系统上进行有的放矢地拓展和重构。

一、当下表征“一带一路”倡议的主要文化符号

（一）丝绸之路

“一带一路”是中国政府借用古代丝绸之路的历史符号而提出的合作倡

---

① ［美］乔舒亚·库珀·雷默．淡色中国［A］．乔舒亚·库珀·雷默，等．中国形象：外国学者眼里的中国［C］．沈晓雷，译．北京：社会科学文献出版社，2008：9.

② 中国外文局发布的“中国话语海外认知度调研报告”（2018）中，排名前 20 的中国话语是少林、阴阳、元、故宫、你好、武术、气、气功、人民币、麻将、胡同、户口、龙、拼音、红包、功夫、太极、关系、师父、大妈。北京大学推出的“中华文化国际影响力”（2016—2017）报告中，排名前十的中国文化符号是大熊猫、长城、烹饪、汉语、太极、功夫、茶、医药、唐装（旗袍）、中国园林。

③ 蒙象飞．文化符号在中国国家形象建构中的有效运用［J］．社会科学论坛，2014（6）：226-230.

议。古代丝绸之路代表着东西方世界曾经持续发生的互动和交往，为新时代政策的合理性和正当性提供了历史注脚。然而“现代丝绸之路”绝不是古代版本的简单延续，从贸易结构来看，古代丝绸之路上交换的是丝绸、瓷器、香药和珠宝，而现代丝绸之路上流通的是“中国制造”、石油、矿产等大宗商品和必需品。[①] 从交流形式来看，在古代丝绸之路上经商的主要是今天的中亚、波斯和阿拉伯商人，以及周边小国的朝贡贸易，在“普天之下莫非王土”的观念支配下，古代中国人没有主动地利用丝绸之路，也很少从丝绸之路贸易中获得利益。[②] 而现代丝绸之路是由中国官方自上而下的顶层设计和规划，并且在空间范围上极大地拓展了原有的地理尺度。

基于这样的历史比较视野，“一带一路”既与古代丝绸之路有联系，也存在着显著的差异，因此在运用丝绸之路这一文化符号和历史记忆时应该审慎考虑语境，侧重于发掘丝路精神的当代遗产。已有研究指出需要将丝绸之路与当代社会价值观、审美取向和生活方式相连接，使丝路文化的意涵更贴近当代社会生活与文化消费需求。[③] 然而如何使这一理念落地，目前还缺少相关的深入研究。

（二）中国制造

“一带一路”倡议提出已有五年多的时间，随着中国在这五年间不断地为世界输出公共产品，参与区域公共产品建设的中国制造产业也收获了一定的认知度。以高铁为代表的中资建设公司，凭借其技术、价格和劳动力方面的优势成功地在海外签订了多份建设合同。这些民生基础设施是当地群众能够直接观察到的“一带一路”倡议的实质性组成部分，从工程中折射出来的企业形象会潜移默化地影响当地社会对“一带一路”倡议以及中国国家形象的看法，[④] 因此企业品牌和工程形象的塑造显得尤为重要。

就现状来看，中资企业往往重视产品营销和市场开拓，轻视知识产权和

---

① 邹磊．中国“一带一路”战略的政治经济学［M］．上海：上海人民出版社，2015：60.

② 葛剑雄．“一带一路”与古丝绸之路有何不同［N］．解放日报，2016-06-07（12）.

③ 董鸿英，熊澄宇．大格局中的丝绸之路文化产业发展：历史与当代的视角［J］．中国文化产业评论，2015，22（2）：143-153.

④ 舒欢．“一带一路”重大工程建设正面形象的舆论营造研究［J］．南京社会科学，2016（11）：151-156.

品牌布局，即便是在我国国际产能合作的重点领域，如高铁、机械等，我国的企业品牌布局也落后于经贸投资布局。①此外，中资企业比较重视与政府的沟通路线，对于争取社会认可缺乏认识，② 导致我国企业在土耳其、中东与澳大利亚等地推进工程时，与当地劳工组织、环保组织的意见领袖发生纷争，③承接的海外工程甚至因负面舆论影响而被迫停工。2014 年墨西哥因外界质疑和国内压力单方面宣布取消与中国铁建签订的高铁项目；④ 2015 年，柬埔寨政府因为当地环保组织的反对，推迟了和中国水利水电签署的价值 4 亿美金的大型水坝建设项目。⑤ 这表明中资企业需要培养良好的企业口碑，才能成为中国国家形象对外传播中的助力。

除了丝绸之路和中国制造以外，其他传统文化符号如茶叶、美食、陶瓷、中药等也在“一带一路”沿线国家中得到了一定的传播度。总体而言，“一带一路”对外传播中的文化符号并没有能跳出传统外宣的定式思维，仍然集中在中国传统文化领域，当代文化符号如文学、科技、经济品牌、媒体等相对缺位，即使出现了“中国制造”这样的新符号，也还不足以成为认同度较高的核心文化符号，因为“一带一路”倡议常常被外界误解中国要搞霸权主义，像“中国制造”这样强调中国作为世界经济强国的文化符号可能是危险的。

二、“一带一路”倡议：目标与阻力

“一带一路”是我国作为和平崛起的大国提出的一项长期国际合作倡议，它更多被外界呈现为一个经贸合作计划，甚至被误解为只是为了转移中国国

① 盛保晨．中国企业参与“一带一路”建设中的商标品牌风险及防范对策［J］．理论视野，2017（11）：42-44.

② 舒欢．“一带一路”重大工程建设正面形象的舆论营造研究［J］．南京社会科学，2016（11）：151-156.

③ 周啸东．“一带一路”大实践——中国工程企业走出去经验与教训［M］．北京：机械工业出版社，2016：263-316.

④ 墨西哥取消中国铁建高铁招标［EB/OL］，新浪财经，2014-11-07. http：//finance. sina. com. cn/focus/zhongtiejian/.

⑤ The Economist Intelligence Unit. Prospects and challenges on China's “one belt，one road”：a risk assessment report［EB/OL］. https：//static1. squarespace. com/static/529fcf02e4b0aa09f5b7ff67/t/554c49cee4b06fc215162cb4/1431062990726/One＋Belt%2C＋One＋Road. pdf. 2015.

内的剩余产能，而忽略了人文交流与民心相通等面向。事实上，人文交流才是“一带一路”倡议的重要支柱，民心相通是其终极目标。要传递这些意涵，需要认识并处理好中国与“一带一路”沿线国家之间存在的文化和价值观冲突。

亨廷顿认为在冷战后的世界，主导世界格局的是七种或八种文明，包括中华文明、日本文明、印度文明、伊斯兰文明、西方文明、东正教文明、拉丁美洲文明，可能还有非洲文明。[①]“一带一路”几乎辐射到了世界上所有的文明体系，数据显示“一带一路”涵盖全球约63%的面积，约44亿的人口，连接东盟、南亚、西亚、北非和欧洲。[②]沿线各国人民在生活方式、习俗、信仰、思维等方面都可能存在着差异，亨廷顿用“文明的冲突”夸大了这种差异对世界秩序的破坏力量，但不可否认的是，文化和价值观的差异的确可能会引发民族和区域纷争，阻碍各方凝聚共识。

考虑到这些挑战的存在，中国国家形象的建构不是举办一次盛会，或是发布一部国家形象宣传片就能实现的。国际传播要跨越如此多不同的文化和价值观，克服国与国之间利益的竞争，传播的内容要得到各国、各地区人民的理解，这将是一个投入大、时间跨度长的庞大工程，“一带一路”倡议要在真正的意义上融入民心，可能需要几十年、几代人的不懈努力。

三、文化符号的选择与传播

基于以上论述，在“一带一路”对外传播的不同时期，传播者、组织者都需要针对对象的不同而制定不同的传播策略，配合倡议的逐步推进而展开，当发现传播的实际情况与设计之间出现差异时，还需要根据反馈即时调整计划。下文尝试探讨在“一带一路”倡议的起步阶段，应该如何拓展和更新表征中国的文化符号，这些文化符号既需要与中国历史文化、现状和引领全球化的未来相匹配，也需要具备普遍的认知价值，能获得国际受众的认同。

---

① ［美］塞缪尔·亨廷顿．文明的冲突与世界秩序的重建［M］．周琪，刘绯，张立平，王圆，译．北京：新华出版社，2015：23-24.

② 习近平提战略构想：“一带一路”打开筑梦空间［EB/OL］．新华网，2014-08-11. http：//www.xinhuanet.com/politics/2014-08/11/c_1112013039.htm.

（一）寻找具有间性特质的文化符号

传统的形象建构模式总是倾向于塑造一个近乎完美的中国形象，对外传播的目的也集中在“抢夺国际话语权”“增加中国文化输出”“提升中国文化影响力”等层面，与“一带一路”和人类命运共同体思想所包含的“超越性”“世界主义内涵”是不匹配的。因为“一带一路”倡议将涉及形形色色的民族、国家、组织和个人，这就需要突破方法论上的民族中心主义，摆脱“自我”与“他者”二元对立的主客体思维定式，转向以多元文化沟通、对话为根本的间性思维。

“文化间性”以文化间的开放为前提，承认差异，承认文化对话中的力量对比，关键是维持差异、求同存异，以文化间的永恒对话为旨归。[①] 文化间性思维对跨文化沟通中文化符号的选择给予了操作指引，寻找两种文化之间相互能认同的部分，就是去寻找不同文化间流动与相互交融的部分，最能体现文化间性的精神。

（二）传播的顺序与层级

从发展路径出发，“一带一路”倡议是从沿线国家和周边地区开始，不断延伸、拓展到全球的宏伟计划。考虑到中国本身的实力以及面临的诸多阻力，中国应该量力而行，根据目标合理配置资源，制定传播策略。习近平主席曾专门提出要让命运共同体意识在周边国家落地生根。[②] 东亚和东南亚、俄罗斯和中亚等国家和区域应该作为起步阶段的重点传播对象，根据具体地区、具体国家主要的关切点、对“一带一路”可能产生的疑虑、双边特殊的记忆和情感基础，精准选择文化符号，有的放矢地呈现中国的国家形象，开启一个认知和认同中国的新时代。

1. 东亚和东南亚国家

我国和东亚国家之间既有地缘优势，又同属于儒家文化圈，在语言、文化和社会价值观上有许多相似之处。新加坡前总统李光耀曾提出“东亚价值

---

① 蔡熙．关于文化间性的理论思考［J］．大连大学学报，2009，30（1）：80-84.

② 习近平：让命运共同体意识在周边国家落地生根［EB/OL］．新华网，2013-10-25. http：//www. xinhuanet. com/2013-10/25/c _ 117878944. htm.

观”，认为“东亚人的带有更强群体意识的价值观和实践，在赶超进程中是明显宝贵的东西。东亚文化所持有的价值观，例如集体主义高于个人主义，支持了团体的努力，而这对于迅速发展是必要的”。[①]传统的儒家文化具有包容的精神，强调天、地、人、物既相互区别，又紧密相连，重视工作、教育和家庭，赞颂节俭、孝顺、忠诚、勤劳等美德，这些理念与中国提出的“一带一路”倡议和周边命运共同体是吻合的，在与中国文化相近的这些国家传播“一带一路”时，应注意强化“儒家文化”这一共有的文化符号，激发周边国家对于东方文化和价值观的自豪感和认同感。

相比较之下，东盟国家普遍对基础设施的需求更为迫切，目前中国在基础设施建设领域具备的技术、劳动力、资本和经验，使许多东盟国家都希望与中国在这一方面展开合作，因此，对于“一带一路”倡议的反应更为积极。从东南亚国家如何从“一带一路”建设中获益，中国如何助力东南亚国家实现各自的地缘政治想象（geopolitical imagination）出发，强调中国与东盟国家在“一带一路”框架下已经形成的“利益共同体”，提炼出“海洋大国——印尼”“海上丝路支点——泰国”“陆地枢纽——老挝”等新的国家名片，通过“中国梦”向“世界梦”的迁移，将“印尼梦”“泰国梦”“老挝梦”等符号传播出去，证明中国是在积极对接沿线国家和地区的发展和规划的基础上，共同制定发展路线，形成良性互动机制，为“一带一路”倡议在其他国家和地区的落地起到良好的示范效应。

此外，华侨华人也是中国与东亚、东南亚国家间主要的文化和情感纽带。早在17世纪，中国在东南亚地区的移民群体已经超过10万人，近年来，东南亚的华侨华人已经占海外华侨华人总数的73.4%，在日本和韩国的华侨华人数量也增长飞快。[②]这些中国移民经过多年苦心经营，已经融入当地社会，不少人有一定的地位和社会影响力，他们熟悉所在国情况，同时又不同程度地保留了对中国文化和价值观的认同感，他们希望看到中国继续保持上升的势头，也希望所在国能够借鉴中国发展的成功经验，因此，活跃在东亚和东南亚各国的华侨华人是调和双边关系的中介和文化符号。而且，对华侨华人文化认同双重性的强调，佐证了周边命运共同体所倡导的“你中有我”“我中有你”的意涵，也有利于消解周边国家对于中国有意借“一带一路”重构

① 李光耀．儒家价值观与东亚发展［N］．参考消息，2001-02-03.

② 庄国土．海上丝绸之路与中国海外移民［J］．人民论坛，2016（8）：244-246.

“宗主国”地位，将周边国家视为“进贡国”的忧虑和怀疑。

2. 俄罗斯与中亚国家

2013年9月，国家主席习近平访问中亚四国，首次提出共同建设地跨欧亚“丝绸之路经济带”的构想，这无疑说明了中亚地区在“一带一路”倡议中的独特位置。中亚国家毗邻中国西部地区，又是中国联系欧洲的中转站，中亚国家在地缘上的双重位置，决定了中亚经济带是丝绸之路经济带的核心区域。[①] 然而中国在面对中亚五国（哈萨克斯坦、吉尔吉斯斯坦、乌兹别克斯坦、塔吉克斯坦与土库曼斯坦）时，必须考虑到俄罗斯在这一地区的影响力。中亚地区普遍亲俄情绪浓厚，在国家身份方面，俄罗斯是首要的合作和认同对象，相比较之下，中国在中亚民众中只具有一个较为模糊的印象。[②]因此，中国应该“搭车”俄罗斯在这一地区的控制力，以“俄罗斯的政治互信伙伴”的身份，与俄罗斯一起将中亚地区打造成“洲际走廊”，避免中亚国家在地区大国潜在的力量博弈面前有所顾虑。

作为中亚最大的经济体，哈萨克斯坦与中国合作的意愿最为强烈。这与中哈两国地缘上的接近性、经济上的互补性不无关系。哈萨克斯坦虽然是中亚国土面积最大的国家，却是一个内陆国家，没有出海口，但是“一带一路”建设弥补了哈萨克斯坦这一劣势，目前中国发往欧洲的货物绝大多数需要经新亚欧大陆桥、渝新欧国际铁路大通道过境哈萨克斯坦，通过借力“一带一路”，哈萨克斯坦实现了它成为“欧亚十字路口”的梦想。“哈萨克斯坦之梦”和“印尼梦”“泰国梦”“老挝梦”等文化符号一样，具有正面宣传“一带一路”效应的功能。

从文化交流方面，2014年中国联合了哈萨克斯坦和吉尔吉斯斯坦一起申报了丝绸之路文化遗产，成为首例跨国合作而成功申遗的项目，项目名为“丝绸之路：长安——天山廊道路网”，长约5000公里，沿线包括各种中心城镇、宫殿、商贸点、佛寺等遗迹共33处，中国境内有遗迹22处，哈萨克斯

① 胡鞍钢，马伟，鄢一龙．“丝绸之路经济带”：战略内涵、定位和实现路径［J］．新疆师范大学学报（哲学社会科学版），2014，35（2）：1-11.

② 周明．地缘政治想象与获益动机——哈萨克斯坦参与丝绸之路经济带构建评估［J］．外交评论（外交学院学报），2014，31（3）：136-156.

坦、吉尔吉斯斯坦境内各有8处和3处遗迹。[①] 中哈吉三国在申报成功的基础上，应该联手二次开发丝路文化的当代意义，沿线省份新疆、甘肃、陕西可以与中亚两国展开合作，打造有风格和特色的“新丝路街区”文化符号，包括各种遗址公园、创意街道等，将丝路精神真正融入现代社会的生产和生活空间之中。

2013年，习近平主席先后在哈萨克斯坦和印尼发表演讲时提出了“丝绸之路经济带”和“21世纪海上丝绸之路”，证明这些国家及周边地区在“一带一路”倡议中的优先位置，五年来，中国与这些国家和地区在“一带一路”框架下已经取得了一些合作成果，在这些前期成果的基础上，通过精准定位文化符号，更能清晰和深化“一带一路”的概念和实际效果，并为“一带一路”建设在世界其他区域的推进提供参考经验。

结语

“一带一路”倡议是中国对世界未来的期许，更是中国对自己提出的挑战。当中国的高层领导人提出具有超越性的、世界主义精神的战略蓝图时，参与对外传播的中国媒体、企业、组织和个人是否具备了世界公民的意识和自觉，能够跨越文化的横沟，超越利益的局限？文化符号的选择和优化只是第一步，如何促进符号和价值观的有效传递，建立民心相通的桥梁，仍然任重而道远。

【通讯作者】单凌：博士，上海大学新闻传播学院讲师。

稿件收录时间：2018年11月

① Silk Roads: the Routes Network of Chang'an-Tianshan Corridor [EB/OL]. 2014-06-23. http://whc.unesco.org/en/list/1442.

萌芽中的中国对外传播建设性新闻学：央视英语新闻非洲频道的结构性新闻框架分析

相雨　赵欣妤　张晓星

摘要：2018年在北京举办的第七届中非合作论坛标志着中非多边经济合作的进一步深化。关于中国新闻报道模式在非洲大陆上的同步深入也在中非媒体研究领域引起了广泛的讨论。作为中国媒体走出去的主要参与者之一，中央电视台的国际频道在2012年于肯尼亚首都内罗毕建立了媒体中心。在接下来的几年中，关于中国媒体在非洲的报道风格继而得到了持续上升的关注。一方面，有的学者认为中国在非洲的媒体实践和广泛意义上的“建设性新闻学”如出一辙，都是在发掘媒体在构建社会问题积极解决方案的潜能；另一方面，也有学者认为央视英语新闻非洲频道在新闻结构上还是突出了精英阶层的声音，这在某种程度上削弱了普通人的话语。本文希望在这些讨论的基础上，根据现有的、对于央视英语新闻非洲频道2016年5月至7月期间的经济类新闻节目所作的框架分析，提供一个更加结构性的、关于国际新闻在跨国政治经济活动中所起的作用的讨论。

关键词：中国对外传播　建设性新闻学　中非媒体

一、背景介绍

从2015年到2019年的四年中，中非在社会交往和经济互动等领域都进入了一个更加紧密的时代。2018年下半年在中国北京和上海分别举办的中非合作论坛以及中国国际进口博览会都记录了中国与非洲多国更加多元的经贸往来的发展现状。随着中非关系的逐步升温，关于中国在非洲的相关问题也都相应地变得较为醒目。中国对外媒体在非洲的报道模式也得到了广泛的关注和讨论。中国中央电视台作为中国媒体走出去计划的主要参与者之一在2012年于肯尼亚首都内罗毕设立了媒体中心。这一举动被视为中国对外媒体进入非洲公共舆论的一个重要标志。继而，在接下来的几年中，关于中国媒体在非洲的新闻活动的学术和业界讨论逐渐升温。

由于中央电视台的国家媒体性质，大部分的讨论都是在“软实力”或者“公共外交”的理论框架下展开的。2014年，在关于中国对非报道的新闻研究中出现了一个较为新颖的理论范式讨论。由中国传媒大学张艳秋教授提出的、关于中国在非新闻报道的“建设性”取向聚焦了国内外很多国际传播学领域学者们的注意。张艳秋教授认为中国媒体在非报道的新闻框架不仅仅停留在“积极报道”这一层面，它进一步地实现了更加具有“建设性”的社会舆论导向作用（Zhang，2014；Zhang and Matinguina，2016）。这种新颖的提议为研究央视英语新闻非洲频道的话语议程提供了全新的视角。中国在非媒体出现的这种具有“建设性”可能的新闻框架在一定程度上也反映了中非多边政治经济关系的诉求，同时也表现了在当下全球秩序中中国和非洲各国作为发展中和较为不发达国家在意识形态传播上的一种结构关系。因此，本文希冀从政治经济学的角度出发，通过对央视英语新闻非洲频道的新闻节目以及其建设性新闻学的实证研究，对国际新闻在调节全球政治经济结构中所起的作用进行结构性分析。

二、具有中国特色的“建设性新闻学”

央视英语新闻非洲频道是央视在海外建成的首个分台，作为央视英语新闻频道的非洲特别频道，制作了多档节目，内容涉及整个非洲的政治、经济、社会和文化的不同方面，向世界介绍了非洲。央视英语新闻非洲频道为了让世界听到中国的声音，向世界迅速传输多角度的信息，其成立在一定程度上具有重要的政治意义。正如中央电视台新闻节目制作总监所指出的那样：“央视英语新闻非洲频道的成立标志着中国与非洲国家之间的外交关系更上一个台阶”（Zhang，2010）。这项举措深受肯尼亚当地政府的欢迎，肯尼亚信息与通信部门常务秘书 Bitange Ndemo 提道：“中国已经成为肯尼亚强大的合作伙伴，你在内罗毕看到的任何一座天桥都是中国建设的，光纤电缆的铺设同样也离不开中国，我们需要继续发展我们之间的友好关系。”中国在肯尼亚的长期投资使得央视英语新闻非洲频道的建设计划获得了肯尼亚政府的支持，同时也成功招募了一支年轻的、优秀的采编团队，突破性地以本地雇员作为主要力量。Africa Live，Talk Africa，Face of Africa 三大节目的制作播出标志着非洲频道的开播，内容涵盖了时事、商业、体育等多方面的内容，同时也聚焦于非洲历史上的杰出人物以及获得巨大成就的普通非洲人（Gagliardone，2013：30）。

央视英语新闻非洲频道致力于创造一个积极向上并充满活力的非洲国家形象，欢迎外国投资且对商业友好，这种宣传被视为中国促进与非洲国家经济互惠关系的信号，受到当地精英阶层的赞扬与好评。加蓬总统 Ali Bongo Ondimba 作为非洲精英阶层的代表，在接受中央电视台非洲分台节目 Talk Africa（2013 年 8 月 14 日）采访时表示，“许多非洲国家，包括加蓬都希望实现真正的双赢战略，加蓬欢迎任何想要来非洲发展，并且能够帮助我们发展我们国家的人”。央视英语新闻非洲频道旨在改变全球范围内有关非洲的负面叙述，并讲述有关非洲大陆的积极正面的故事。尤其在涉及其以经济为导向的话语议程建设时，中国国家媒体有一种趋向于精英阶层导向的路径。为了促进中国在非的投资建设，并且为中国企业创造一个更有利的投资环境（Mckenzie，2012）。这种关于中国媒体核心议程多样化的讨论在媒体研究领域也是显而易见的。

一些人担心中国媒体的审查制度将冲击非洲本土脆弱的自由主义媒体传统（Jacob，2012；Keita，2012）；而另一些人则认为中国媒体已经调整报道负面新闻的策略，以接受一些西方的新闻价值观（Madrid Morales，2016）。还有人指出中央电视台非洲分台的积极报道风格是提高中国软实力的战略（Day，2013）。部分学者认为由于非洲形象一直受到西方媒体的刻意侮辱和丑化，中国媒体的报道方法是纠正非洲形象的替代性新闻报道方式。以上这些关于中国媒体在非洲的话语讨论在一定程度上都为中国媒体在建设性新闻学理论框架下进行新闻报道的独特性做出了理论讨论的基础。张艳秋教授在对央视英语新闻非洲频道的媒体内容进行分析时，提出了“on a progressive reading of conflicts”的新闻报道路径。她对该频道所涵盖的话题进行研究，“从不同角度展示了非洲的面貌”（2016：101）。在关于中非新闻报道差异性研究中，部分学者将中非新闻报道实践中的两个主要特征总结为“以解决问题为导向”和“以精英为目标”。

在 *Understand China's media in Africa：from the perspective of constructive journalism* 一文中，张艳秋教授引用了 Jay Rosen 对于“建设性新闻”的定义：有别于新闻的舆论监督，建设性新闻运用积极的心理策略，将公众的注意力集中在具体问题上，以此激发公众基于问题解决的讨论。不同于正面报道（positive journalism）中“一味宣扬集体成就，忽视新闻事件冲突性问题”，央视英语新闻非洲频道的新闻报道不仅仅关注社会问题的成就性解决路径，同样也聚焦于存在的各种内在及外在冲突。这样的报道方式回应了建设性新闻这个概念的核心诉求，都是在关注问题解决方案的同时，提供多方面的信息。

而在央视英语新闻非洲频道和BBC的新闻框架比较研究中，英国学者Marsh Vivien发现央视英语新闻非洲频道的记者在进行建设性新闻报道时，更加倾向于当地政府的权威性意见，整体表现出以非洲社会稳定为主流的报道趋势。她将此总结为“央视的报道优先考虑政府官员的声明……（倾向于）精英阶层的对话，而非提供其他视角进行报道。”（Marsh Vivien，2016：184）。

中国和非洲各国作为发展中和较为不发达国家之间的媒介动态，是在多边政治、经济交流互动中形成的，双方具有共同的发展目标以及一致的利益诉求。央视英语新闻非洲频道进行的新闻报道一定程度上显示了中国对非的政策理念，与中非交流的目的交织在一起。因此，在全球等级权力结构的条件下以及在中非跨国关系的背景下，探讨央视英语新闻非洲频道的新闻报道风格背后的逻辑意义显得至关重要。

三、以经济为导向的跨国精英共识

央视英语新闻非洲频道以经济为中心和非政治性的话语议程源于中国政府为促进非洲部分国家政治稳定和经济发展所做的努力。中国在非洲的利益是遵循邓小平同志倡导的新自由市场经济的主张，而不是意识形态的对抗（马国川，2017）。

中国的和平发展模式是中国决定加入世界经济体系的产物。伊曼纽尔·沃勒斯坦（Immanuel Wallerstein）的世界体系理论中，将世界分为中心国家、半边缘国家以及边缘国家（Wallerstein，1976）。就当代的资本主义世界经济体系而言，半边缘国家是介于中心国家和边缘国家之间的过渡性国家。半边缘国家一方面将所得价值转移到西方经济体系中，但同时也通过自由市场的方式与不发达国家进行在全球性框架下的常规贸易并从中获利。中国被认为是半边缘国家，一方面为西方国家提供自然资源和廉价的劳动力，而另一方面它也在现代化的道路上仿照西方国家遵循全球化的市场经济规则在不发达国家的市场谋求利益。

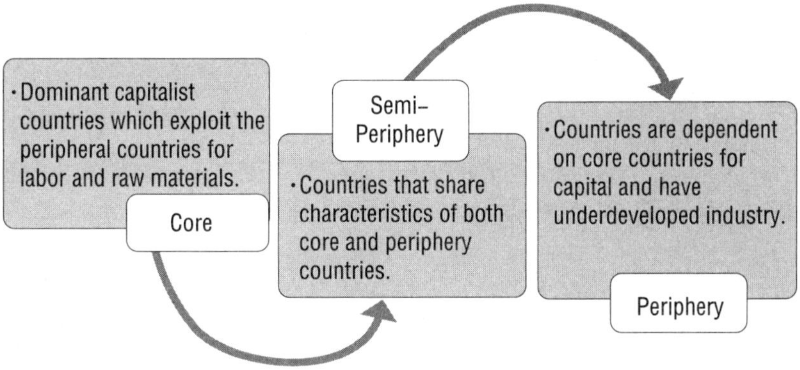

图 1　世界体系理论（Immanuel Wallerstein）

马丁内斯（Martinez）认为民众对社会性不平等的质疑、污染引起的健康问题以及碳氢化合物和其他战略资源的短缺等都在一定程度上导致了中国国内经济发展渐缓、GDP 增长较慢（2015：138），而这些问题也成为中国从半边缘国家向中心国家转变过程中的转折点。非洲大陆人口众多，自然资源丰富，为中国完成转型提供了机遇，同时非洲国家同样也面临着从边缘国家转变为半边缘国家的挑战。“一个和平的大国，积极全面的改革，一个来自人民的执政党”等词汇营造下的“中国模式”，受到许多非洲领导人的欢迎，中非双方就技术、资本投资以及经济合作等方面达成一致共识。

尽管“中国模式”在现代化道路上存在争议，但依旧在非洲大陆盛行。在埃塞俄比亚，中国的一家制鞋企业——埃塞俄比亚华坚公司，雇用和培养了数千名当地工人，获得了可观的利润，被中国媒体报道为中埃合作的成功案例。埃塞俄比亚是非洲少数几个严格遵循“中国模式”发展的国家之一，作为撒哈拉以南非洲的第五大经济体，埃塞俄比亚现在被认为是“非洲崛起的典型”，并逐步成为非洲制造的中心，如同中国在亚洲的地位（Wangalwa，2014）。一些非洲的精英阶层将“中国模式”以及与中国的经济合作视为解决国家问题的灵丹妙药，并对中国政治制度印象深刻，将其视为西方民主的另一种政治哲学（Kebede，2017）。因此，中非的跨国精英阶层形成共识，以促进多边经济合作，树立非洲积极正面的形象。

张艳秋教授对于央视英语新闻非洲频道的新闻实践研究发现，其新闻报道风格在一定程度上是对上述中非多边关系理论阐述的回应。对于央视英语新闻非洲频道新闻方式的探讨研究，体现了研究者对于中国国家媒体在非洲的话语议程的关注。这种话语议程不仅与中非日益增长的交往互动密切相关，同样对于非洲国家、拉丁美洲以及亚洲大部分地区的未来愿景具有重要意义。因此，本研究旨在通过提供可靠的实证研究和分析来探讨央视英语新闻非洲频道的新闻框架。

四、研究设计及研究方法

本研究将央视英语新闻非洲频道作为研究对象，旨在发现该频道中对于中非关系的描述，对中国相关问题进行的典型报道以及对当地事务的报道，是否在一定程度上表现为一种新型的文化等级关系。进而，本研究继续提出了以下问题：(1) 央视英语新闻非洲频道在进行新闻报道的过程中是如何进行议程设置的？(2) 随着全球传媒业格局的不断变化，特别是在非洲进行跨国媒体实践中，央视英语新闻非洲频道是如何将新闻报道语境化的？(3) 跨国精英阶层的变化以及世界体系格局的不断变迁，央视英语新闻非洲频道的话语实践如何做到与之相联系？(4) 央视英语新闻非洲频道当前的语言体系与中非双方都不能轻易摆脱的意识形态之间的关系是什么？诸如“第三世界”“社会主义”“国际团结”等词汇是宣传方式还是表明了中非友好合作深厚的历史渊源？

基于以上的研究问题，研究者选择央视英语新闻非洲频道的经济新闻节目《Global Business (Africa)》作为研究内容。《Global Business (Africa)》是央视英语新闻非洲频道周一至周五播出的新闻节目，与该频道的其他节目不同，《Global Business (Africa)》聚焦于与非洲大陆有关的经济新闻。该节目由于与中国和非洲政府的核心经济利益直接相关，因此对分析央视英语新闻频道在建构和显示中非精英阶层之间的“利益和谐”时，《Global Business (Africa)》的话语陈述具有重要意义。

为了能够准确地回答以上问题并验证研究假设，本研究通过定性和定量研究相结合的方法，采用的主要方法为内容分析法。研究内容为央视英语新闻非洲频道的《Global Business (Africa)》节目，选取的播出时间为2016年5月25日至7月13日，36集节目的总时长为17小时。关于媒介内容的研究方法是多种多样的，而内容分析法的价值在于“本质上它通过结构化、系统化的编码方式对文本内容进行分类，进而从文本内容中得出结论”(Rose, Spinks, Canhoto, 2015: 1)。也有学者将内容分析法简单地定义为一种研究手段，其目的是从一系列被研究的文本中获得重复且有效的推论（Krippendorff，2014）。因此，内容分析法所得出的结论可以与其他研究方法所得出的结论进行有效联系，这种方法逐渐与社会学研究的定性研究本质相融合。尽管量化的数据确实能够提供明确结果的优势，但在第二次世界大战后，定性研究的方法变得更加强大以折中内容分析法产生的浅显结果。

在本研究中，内容分析法涉及两个相互关联但又分离的研究对象。通过对《Global Business (Africa)》节目中初见的受访者类型进行分析，研究人员统计了《Global Business (Africa)》中四类主要的受访者（见表1）。通过计算央视英语新闻非洲频道受访者的出场时长，在一定程度上能够展现该频道在代表某些阶层利益方面的话语议程。这种新闻内容的量化统计具有一定的局限性，因为受访者所代表的阶层是需要纳入考虑范围的，同时他们所传递的信息同样也具有重要意义，但是对于某些群体的大部分报道无疑显示了媒体对于一些群体的评价偏好。

表1　《Global Business (Africa)》的四种受访者类型

受访者类型	
普通民众	学生、客户、出租车司机、社区居民、农民、企业家等
商业精英	银行家、首席执行官、总裁、常务董事、商会等
政府官员	总统、部长、地方长官、发言人、议会委员会等
“观察员”	学者、研究人员、分析家、专家、经济学家等

本研究除了对《Global Business (Africa)》的节目数据进行量化分析，同时分析总结了《Global Business (Africa)》的节目内容新闻框架。这样的研究方法融合了内容分析以及框架分析两种研究方法。

框架分析不同于内容分析方法，内容分析法具有较为突出的定量研究特征，框架分析在某些情况下是定性的，甚至依赖于研究人员的感知，可能具有一定的主观性。正如恩特曼指出，“框架本质上涉及选择性和显著性”（1993：52）。框架在模糊一些因素的同时，又强调现实的某些方面，这可能会导致观众产生不同的反应（Entman，1993：55）。恩特曼认为受众从新闻语境中解读的意义或信息是一个完整的信息，而不是支离破碎的概念。因此，研究新闻框架并不是要量化地研究新闻要素。对于新闻内容或是大众传播内容的框架分析通常是根据由图像、声音、文本等构成的具体语境，提取信息的整体印象来分析信息的意义。“框架的感知和编码过程在很大程度上取决于研究者如何看待问题”（Matthes，Kohring，2008：260），因此框架分析在一定程度上受到研究者主观解释的影响。

为了降低研究者对框架提取过程中具有的主观优势，本研究中对央视英语新闻非洲频道《Global Business（Africa）》的框架分析沿用了 Marsh Vivien（2016）研究中的部分现有框架类别。经研究发现，在沿用现有框架类别的基础上，本研究添加了一个新框架，即“中国的积极参与”框架，使得框架类别更为完善，具体框架类别如表 2 所示。在框架分析的基础上进一步通过定量研究的方法进行分析，统计出每个新闻框架所占的比例并进行比较分析。本研究将这两步研究方法定义为“新闻框架内容分析法”，通过两种研究方法相结合的形式对《Global Business（Africa）》新闻报道的框架进行分析，既体现定性研究的特定，同时也结合了定量研究直观的量化数据。

表 2　《Global Business（Africa）》新闻框架

新闻框架	
冲突	这个故事是涉及各方（包括国家）之间的分歧或指责，还是涉及一个问题或问题的两个或多个方面？
有人情味的	这些报道是否从人的角度出发，是否显示了个人或群体受到的影响，或者描述了引发愤怒、同情或同理心的情景？
责任（原因）	该报道是否暗示某一个人、团体或一级政府应对该问题负责？
责任（解决方法）	报告是否指出了解决办法，或表明官员或政府有能力解决或缓解这个问题？
稳定	是否提及一个国家、政府或社会的稳定（或缺乏稳定），或对未来稳定的恐惧或希望？
中国的积极参与	是否提到中国的参与有助于推动问题的积极解决或取得积极成果？

两种方法相结合的研究方法使本研究能够具有量化研究的可读性以及确定性的特征之外，深入挖掘新闻内容意识形态层面的信息，将方法-内容分析法扩展到新闻框架研究中同样有助于提高研究效度。使用上述方法得到的研究发现将在下文中进行一一阐述。

五、媒体化的中非关系：以央视英语新闻非洲频道为例

（一）精英阶层的话语表达

如表2所示，该节目的特别栏目“草根系列”（Grass Roots Series）大多聚焦于“普通民众”这一群体，他们大多对大众创业发展持积极乐观的态度。该节目选择的小企业主大多是那些初创企业家且会将企业不断发展壮大的人。而企业家精神通常表现为会带来积极正面的社会影响，譬如伊斯兰社会中女性企业家数量的增加、失业青年拥有的机会增多、在第三方信息机构的帮助下社会保障水平的提高，等等。而在“商业精英”这一类受访者中发现，尽管并不是所有的“商业精英”都是大资本家或者处于企业高层管理的位置，甚至其中一些只是普通员工，但他们在谈及各自公司的核心利益时，表现出强烈的一致性和忠诚度（2016年7月2日的节目）。

而对于政府官员来说，涉及地方政府在经济发展中所起的作用等话题时，他们的声音也是非常统一的，但这并不意味着这档节目忽视了非洲社会中存在的矛盾和对抗。节目中采访的一些地方官员同样也表达了他们对“自我约束”方式下经济不平等发展的担忧。例如刚果的一位政府官员虽然并没有涉及具体的企业名称，但他谈到当地采矿产业不断被外国企业进行开发掠夺（2016年7月8日的节目）。第四类的受访者则是专家学者，本应是一种“独立”存在的声音。他们应当对一些特定的背景信息提供客观的解释说明，或者从学术角度出发对问题进行发掘，提出独到的见解。然而他们在节目中同样也主张关于经济发展和政治稳定的主流论述。正如尼日利亚一位学者在节目中曾提到，政策的统一和长期的国家计划是经济增长的关键（2016年7月13日的节目）。

根据各个类别受访者出镜的总时长计算，图2显示了2016年5月25日至7月13日期间，四种类型受访者所出现的时长比例。可以从中发现，商业精英、政府官员以及专家学者的总比例几乎是普通民众所占比例的四倍。在谈论经济危机以及失业率上升等一些社会问题时，央视英语新闻非洲频道大多聚焦于政府官员的意见，而不是从普通民众的角度解释这些问题的前因后果。尽管在某些情况下普通民众确实表达了他们对政府政策措施的担忧，但几乎

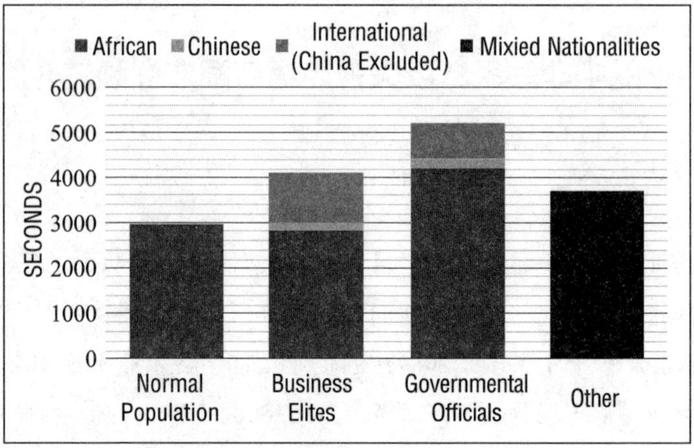

图2 《Global Business (Africa)》中受访者出镜时长所占比例

没有对政府持反对意见的声音出现。由此可见，该节目倾向于强调精英阶层的观点，而所有类型的受访者在一定程度上都是为了促进非洲社会经济的良好发展。这种以精英阶层为中心的新闻节目无疑体现了中国政府试图与非洲的企业家以及政府官员建立话语联盟。

除此之外，研究者还发现接受采访的商业精英和政府官员中，使用中文的比例大约是10%。尽管10%并不是一个庞大的数字，但中国作为一个单一的国家，在国家媒体央视英语新闻非洲频道制作的《Global Business (Africa)》节目中仍然占据着主导地位。对于非洲而言，旧帝国主义仍然在非洲具有一定的意义，历史上的非洲曾遭受殖民主义的侵蚀影响，而中国则是一个“新来者”。但即便如此，中国和非洲的政治经济互动已经非常普遍。而在分析《Global Business (Africa)》的新闻框架时，本研究发现央视英语新闻非洲频道将其话语议程隐藏在节目之中。

（二）中非报道的建设性框架

如表3所示，通过对节目内容进行分析总结出以上五种新闻框架。冲突框架“强调个人、团体或者机构之间的冲突，以此获得受众的注意”（Semetko，Valkenburg，2000：95）。在新闻制作中，会由于商业利益或者其他因素的驱动，简化各党派之间的立场和观点，而强调突出甚至制造冲突以此来提高收视率。然而，作为国家媒体机构，央视英语新闻非洲频道在进行新闻报道时倾向于将中非友好合作的外交任务置于收视率之上。在报道非洲冲突事件时，几乎不会呈现非常情绪化的表达和挑衅性的态度。冲突的报道在央视英语新闻非洲频道报道中同样也存在，如表 3 所示，17.4%的政治内容新闻使用了“冲突框架”，在所有框架中所占比例位列第三。“冲突框架”的比例在整个《Global Business (Africa)》节目中仅占 12.4%，因此通过虚构或制造冲突以此吸引受众的注意并不是央视英语新闻非洲频道的主要报道策略。

“人情味框架”则是“为事件、问题以及问题的呈现带来人情味或者更关注人在事件中的心态和情绪”，“人情味”已经成为新闻体现“人文关怀”的一个组成部分。李克强总理曾评价央视英语新闻非洲频道“中央电视台采纳了从非洲角度看非洲，并从非洲角度报道非洲的愿景”（CCTV News，2014；Marsh，2016：17）。前文提到特别栏目“草根系列”主要关注的是那些体现非洲经济活力的初创企业家，25.2%的“经济发展”的新闻报道采用了“人情味框架”，在所有框架中位列第二。与此形成鲜明对比的是，当新闻报道关注“经济/金融危机”时，这一比例下降至 13.2%，而“经济/金融危机”倾向于对当地情况进行负面报道。因此，央视英语新闻非洲频道的“人情味”是具有选择性和目的性的，“人情味框架”主要运用于群众在地方政府的某些政策中受益或是对市场经济具有信心时进行的一些报道之中。央视英语新闻非洲频道倾向于将经济危机从普通民众的日常生活中剥离，同时围绕市场经济的近期发展话题寻求民众的认同感。

表 3 《Global Business (Africa)》的框架分析

总体框架（211）	经济/金融危机（86）	经济发展（111）	政治新闻（14）
稳定 23.9%	责任（原因） 24.8%	责任（解决方法） 26.3%	稳定 39.1%
责任（解决方法） 23.2%	稳定 23%	人情味 25.2%	责任（解决方法） 17.4%
责任（原因） 18.7%	责任（解决方法） 21.1%	稳定 23.7%	冲突 17.4%
人情味 18.5%	冲突 17.3%	责任（原因） 12.2%	人情味 13%

续表

冲突 12.4%	人情味 13.2%	中国的积极参与 6.3%	责任（原因） 8.7%
中国的积极参与 3.3%	中国的积极参与 0.6%	冲突 6.3%	中国的积极参与 4.4%

这里需要特别注意的是“责任框架”的两个维度，评价“责任框架”的指标主要是在报道中是否提及了问题的责任方，即是否关注原因，相关方是否有能力解决问题以及是否提出了解决问题的方案等。两者对于“冲突”持不同看法，体现了西方传统批判新闻学以及建设性新闻学之间的区别。张艳秋教授认为央视英语新闻非洲频道的新闻报道原则体现了建设性新闻学中“积极报道并以问题解决为主”的报道理念。约翰·高通（Johan Galtung）则在谈及如何应对“冲突框架”时说：“和平新闻之路，侧重于冲突转型……在冲突中，人们有明显进步，利用冲突找到新的方式，发挥想象力，创造力，改变冲突，让机会占据上风。没有暴力。”

它们关键的区别在于是“以问题解决为目的的冲突”还是“作为进程/手段的冲突”。从表3中可以看出，“以解决问题为导向的责任框架”所占比例远超过了“以原因为导向的责任框架”，而和“稳定框架”相比，“冲突框架”所占比例较低。说明央视英语新闻非洲频道并未充分报道非洲大陆上具有争议性的问题。Gagliardone（2013）发现媒体刻意忽视了某些政治危机，诸如非洲工人罢工反对中国公司或者是中国象牙贸易以及非法偷猎等新闻报道，从未出现在央视英语新闻非洲频道中。张晓玲（2013）指出央视英语新闻非洲频道很少对有关中非交往过程中的负面新闻进行报道。

央视英语新闻非洲频道另外一个报道特点便是强调“稳定性”，《Global Business (Africa)》节目中“稳定框架”指的是“有关地方社会的稳定的叙述”。如表3所示，这一框架是所有框架类别中占据比例最高的一个，这类新闻框架直接反映了中国政府在非洲的主要政治和经济利益。劳动力成本上涨、环境污染以及钢铁水泥等产能过剩，都导致了中国陷入经济发展的困境，因此迫切希望和周边国家进行合作，以寻找更为廉价的劳动力、自然资源和新兴市场。而合作伙伴在政治环境以及经济市场上保持稳定也是双方进行合作的关键。中国政府认为经济的发展脱离不了社会的稳定，中国现有的经济发展和中国社会的稳定密切相关，而中国政府同样也希望非洲国家能够实现这种目标。尽管中国政府无法直接对非洲国家政治进行干预和影响，但它依旧将“稳定性”这种话语议程渗透到央视英语新闻非洲频道的节目制作中，同样也有可能影响非洲其他中国媒体的话语议程。

最后一个建立的新框架为“中国积极参与框架”，也可称作“中国参与框架”，在《Global Business（Africa）》节目中几乎所有与中国相关的信息都呈现出积极善意的信号。因此，在央视英语新闻非洲频道的话语体系中，中国的参与等同于给非洲社会带来积极正面的影响。如表3所示，在以“经济发展”作为报道内容中，“中国积极参与框架”所占比例（6.3%），相比在进行“经济/金融危机”等内容报道时，中国的参与便显得十分有限（仅占0.6%）。央视英语新闻非洲频道努力宣传中国在非洲的积极参与行为，双方都对此持肯定乐观的态度。中国方面认为央视英语新闻非洲频道在一定程度上提高了中国在非洲的形象，而非洲方面则认为央视英语新闻非洲频道的报道有利于增加海外投资，使得他们能够摆脱西方媒体主导的国际舆论中存在的腐败、暴力、饥荒等标签。

（三）新自由且非政治的话语：鼓励草根创业

不可否认的是，央视英语新闻非洲频道倾向于进行以解决问题为导向的报道，但另一方面央视英语新闻非洲频道也致力于提升中国政府和企业在非洲的形象，这在一定程度上降低了其采取真正具有建设性方法的可信度。软实力和公共外交的理论学家们无法合理解释央视英语新闻非洲频道的报道风格，而一些新闻学研究者同样也发现缺少对央视英语新闻频道提升本国形象这一说法的实证证据。从批判政治经济学的角度而言，这种矛盾恰恰能够界定央视英语新闻频道甚至是非洲的中国媒体进行新闻报道时的特色。而《Global Business（Africa）》中的特别栏目“草根系列”能够在一定程度上体现央视英语新闻非洲频道的真正议程。

“草根系列”（Grass Roots Series，GR）是《Global Business（Africa）》节目中大约三分钟的特别栏目。它主要采访了一些正在经营小型企业并取得一定进展的初创企业家。“草根”关注的是普通人群，而不是金融精英，这某种程度上体现了央视英语新闻非洲频道的“人文关怀”，同样增加了“人情味框架”的比例。“草根系列”的话题涵盖了方方面面，从埃及的街头小吃女商贩到南非的学生烘焙师，通过强调普通群体甚至是弱势群体的奋斗精神，“草根系列”为非洲当地社会经济的发展营造了积极向上的氛围。来自马拉维的女企业家罗斯比尔·萨莎（Rosebill Satha），她将自己的业余爱好变成了一项有利可图的事业，在节目中她表示“我们需要改变心态……这不是自上而下的，主要是自下而上的，来自兄弟、丈夫和邻居。”（CGTN，2016）这种自下而上的企业家精神以及对经济发展持乐观态度的报道，不仅符合中国政府“从非洲角度报道非洲”的愿景（CCTV News，2014；Marsh，2016：177），同时还宣扬了以经济发展为先的社会发展模式——“中国模式”。

此外，央视英语新闻非洲频道和其他在非洲的中国媒体一样，同样也有意避免报道政治冲突。吴玉山注意到，由于“中国媒体把促进中非友好发展作为任务”，所以“当报道非洲时，其他媒体倾向于报道中非关系中具有争议性的问题，而中国媒体则会倾向于报道积极正面的故事。”不仅是在中非关系上具有争议的问题，某些非洲国家内部具有争议的政治事件也有可能不加以报道。一位中国官员在央视英语新闻非洲频道“对话非洲”（Talk Africa）节目中表示“从政治诉求来看，完全由非洲国家和非洲人民来决定政府的形式究竟是什么样的以及将来会是什么样。”因此，中国被非洲领导人视为平等的合作伙伴（Hsu，2014）。

结论：站在十字路口

通过上述对《Global Business（Africa）》的节目内容进行分析发现，央视英语新闻非洲频道在进行新闻报道时，倾向于优先考虑文化外交的目的，而并非为了高收视率等牟利行为，具有明确的“中国立场”，强调建设性新闻的报道风格，专注于“解决冲突”而不是关注“冲突产生的原因”。央视英语新闻非洲频道对中国参与非洲地方事务持积极态度，对于“积极”或“建设性”的新闻报道不仅受到新自由主义全球化学者的支持，同样受到非洲部分精英阶层的赞扬，他们迫切希望能够摆脱非洲野蛮形象的标签。津巴布韦驻北京大使Paul Chikawa在一次官方研讨会上表达了对BBC纪录片《中国人来了》的反感，他认为该纪录片的负面构建破坏了两国之间和谐互利的合作，同时强调“中非应该直接对话”（2016年7月27日）。

然而迄今为止，这一跨国话语联盟试图强调的并不是中国拥有的优势，也不是“中国模式”的优越性，而是中国和非洲之间的历史渊源和当代纽带。中国前外交部长钱其琛曾说，“中国和非洲国家都是发展中国家，都曾遭受过帝国主义和殖民主义的压迫和剥削，很容易理解彼此对独立和自由的追求和渴望……有一种自然的亲密感”。尽管央视英语新闻非洲频道在进行报道时倾向于报道中国在非洲的积极参与行为，但西方国家由于某些文化以及知识优势在世界范围内扩张，因此央视英语新闻非洲频道的话语建构仍然十分重要。

因此，跨国文化流动和传播实践不仅处于世界体系和跨国阶级关系中，同样也处于意识形态斗争和权力转移的前沿，以此影响地缘政治和地缘经济的动态。中国领导人和非洲国家元首签署一系列双方协定时，西方政治家和媒体已经在全球范围内宣扬中国在非洲的新殖民主义，目的就是捍卫发达国家在非洲的主导利益。非洲许多民间社会团体同样也认为中国是“新帝国主义”，认为其和“十九世纪利用非洲资源的英国”没有任何区别。赞比亚的执政党爱国联盟甚至发起了一场反华煽动性运动。虽然多年来中国一直试图融入非洲本地新闻业当中，但非洲社会新闻专业主义的主流依旧高度西方化。在非洲的中国媒体依旧无法和 CNN、BBC、FOX 等西方主流媒体机构相竞争，在这样的背景下，央视英语新闻非洲频道的节目制作既受到中国在全球秩序结构和话语中较为被动的制约，同时也体现了中国自身寻求改变这一地位和世界体系结构的方法。

不同于西方主流媒体对自由民主、个人权利以及客观性的关注，央视英语新闻非洲频道选择借鉴社会主义、国际主义等概念，倡导“南南合作”“共同繁荣”“和谐发展”等方案。央视英语新闻非洲频道正以一种独特的中国式方式对非洲社会进行报道，这种方式与当前西方国家的态度和举措明显不同（Franks，Ribet，2009）。一方面，这是中国政府应对西方主义话语挑战的战略决策，同时吸引非洲的精英阶层使得他们在中国参与地方事务上达成共识。另一方面，吸收和采纳社会主义和国际主义的实践表明，这些理念是如何深深根植于葛兰西（1971）所提出的“常识”（common sense）中的，反霸权能够得到建立和进一步发展。在这方面，中国精英阶层试图通过社会主义和国际主义遗留的力量使他们在非洲大陆上的利益以及行为合法化，但这也在一定程度上限制了他们再造主导权力关系的能力。因此，央视英语新闻非洲频道的实践表明，中国媒体在非洲的新闻报道发展路径与西方媒体有着明显的不同，而这种去西方化的新闻路径将如何与中国在全球结构中的话语权力变化进行再一步的融合与互动还需要在更长远的时间线中进行观察和探索。

注

[1] 2016年12月31日，央视旗下的中国环球电视网（CGTN）正式成立，所有中国环球电视网旗下的频道都被重新命名。央视英语新闻非洲频道（CCTV-Africa）重新整合命名为CGTN-Africa。本研究的实证证据是在CGTN成立之前获得的，因此在本研究中，保留CCTV-Africa的名称，以表明本研究的数据来自CGTN成立之前。

参考文献

[1] CCTV News. Li speaks to CCTV News about China-African ties [OL], 2014. 〈www. china. org. cn/video/2014-05/12/content _ 32361564. htm.〉

[2] CGTN. Talk Africa: America relations with Africa [OL], 2014. 〈https: //www. youtube. com/watch? v=5k6xk2qtkwo.〉

[3] CGTN. Malawi woman turns hobby into profitable venture [OL], 2016. 〈https: //www. youtube. com/watch? v= _ jA04HRlVFk.〉

[4] Day Andrew. China's African media footprint [OL] . Polityorg. za, 2013. 〈http: //www. polity. org. za/article/chinas-african-media-footprint-2013-04-10.〉

[5] Entman, Robert. Framing: toward clarification of a fractured paradigm [M] . Journal of Communication, 1993, 43 (4): 51-58.

[6] Fan, Rui. China's excess capacity: drivers and implications [OL] . Stewart and Stewart, 2015. 〈http: //www. stewartlaw. com/Content/Documents/China% 27s% 20Excess% 20Capacity% 20-% 20Drivers% 20and% 20Implications. pdf.〉

[7] Feng, Bree. China strives to be on African minds, and TV sets [OL] . The New York Times, 2015. 〈http: //cn. nytimes. com/world/20150108/c08china-africa/en-us/.〉

[8] Fischer Stanley, Hernández-Catá and Khan Mohsin S. Africa: is this the turning point [OL] . IMF, 1998. 〈https: //www. imf. org/external/pubs/cat/longres. aspx? sk=2580. 0.〉

[9] FOCAC. Xi announces 10 major China-Africa cooperation plans for coming 3 years [OL], 2015. 〈http: //www. focac. org/eng/zfgx/dfzc/t1322068. htm.〉

[10] Fouly Mahmoud. Africa: China is world model for peaceful big pow-

er with positive reforms [OL] . CME Group, 2017. 〈http: //allafrica. com/stories/201702100241. html. 〉

[11] Franks, S. and Ribet, K. China-Africa media relations [M] . Global Media and Communication, 2009, 5 (1): 129-136.

[12] Friedman, E. How economic superpower China could transform Africa [M] . Journal of Chinese Political Science, 2009, 14: 1-20.

[13] Gagliardone, Iginio. China as a persuader: CCTV Africa's first steps in the African mediasphere [M] . Ecquid Novi: African Journalism Studies, 2013, 34 (3): 25-40.

[14] Galtung, Johan. A Structural Theory of Imperialism [M] . Journal of Peace Research, 1971, 8 (2): 81-117.

[15] Gorfinkel, Lauren, Sandy Joffe, Cobus van Staden and Yu-Shan Wu. CCTV's Global Outreach: Examining the Audiences of China's "New Voice" on Africa [J] . Media International Australia, 2014, 151: 81-88.

[16] Gramsci, Antonio. Selections from the Prison notebooks of Antonio Gramsci [M] . London, 1971.

[17] Hamlin Kevin, Gridneff Ilya and Davison William. Ethiopia becomes China's China in search for cheap labour [OL] . Bloomberg, 2014. 〈 http: //www. bloomberg. com/news/articles/2014-07-22/ethiopia-becomes-china-s-china-in-search-for-cheap-labor. 〉

[18] Hsu, Sara. China's model for Africa [OL] . The Diplomat, 2014. 〈http: //thediplomat. com/2014/08/chinas-model-for-africa/. 〉

[19] Jacobs, Andrew. Pursuing soft power, China puts stamp on Africa's news [OL] . The New York Times, 2012. 〈http: //www. nytimes. com/2012/08/17/world/africa/chinas-news-media-make-inroads-in-africa. html? pagewanted=all&_r=0. 〉

[20] Kebede, Alazar. Governance model made in China [OL] . Capital Ethiopia, 2017. 〈http: //capitalethiopia. com/2017/01/09/governance-model-made-china/#. WPFdJI61uCQ. 〉

[21] Keita, Mohanmed. Africa's free press problem [OL] . The New York Times, 2012. 〈https: //www. nytimes. com/2012/04/16/opinion/africas-free-press-problem. html? _r=1. 〉

[22] Krippendorff, Klausa. Content analysis: An introduction to its methodology [J]. London: Sage, 2004.

[23] Kuo, Lily. China's model of economic development is becoming more popular in Africa than America's [OL]. Quartz, 2016. 〈https://qz.com/820841/chinas-model-of-economic-development-is-becoming-more-popular-in-africa-than-americas/.〉

[24] Larmer, Miles, and Alastair Fraser. Of cabbages and king cobra: Populist politics and Zambia's 2006 election [J]. African Affairs, 2007, 106 (425): 611-637.

[25] Luce, Mathias. Sub-Imperialism, the highest stage of dependent capitalism [M]. P. Bond and A. Garcia (eds.) BRICS: An Anti-Capitalist Critique: 27-44. London: Pluto Press, 2015.

[26] Lyon, David. Good journalism or peace journalism? Conflict & communication online, 2007. 〈http://www.cco.regener-online.de/2007_2/pdf/loyn.pdf.〉

[27] 马国川. 邓小平三大战略思想现实意义：国家利益高于意识形态 [OL]. 腾讯新闻，2017.〈https://news.qq.com/a/20170219/033446.htm.〉

[28] Madrid-Maroles Dani. Why are Chinese media in Africa? Evidence from three decades of Xinhua's news coverage of Africa [M]. Xiaoling Zhang, Herman Wasserman and Winston Mano (eds), China's media and soft power in Africa: promotion and perceptions, Hampshire and New York: Palgrave Macmillan, 2016: 79-92.

[29] Mano, Winston. Re-conceptualizing Media Studies in Africa. Internationalizing Media Studies [M]. London: Routledge. edited by Daya K. Thussu, 2009: 277-293.

[30] Marsh Vivien. Africa through Chinese eyes: new frames or the same old lens? African news in English from China Central television, compared with the BBC [M]. Melanie Bunce, Suzanne Franks and Chris Paterson (eds), Africa's media image in the 21st century: from the "heart of darkness" to "Africa rising", Abingdon: Routledge. 2016: 177-189.

[31] Martínez Omar Bonilla. China's Geopolitical Oil Strategy in the Andean Region. In BRICS: An Anti-Capitalist Critique [M]. Edited by Patrick

Bond and Ana Garcia, London: Pluto Press, 2015: 135-148.

[32] McKenzie, David. Chinese media makes inroads into Africa [OL] . CNN, 2012. 〈http: //edition. cnn. com/2012/09/05/business/china-africa-cctv-media. 〉

[33] Matthes, Jörg and Kohring, Matthias. The content analysis of media frames: toward improving reliability and validity [J] . Journal of Communication, 2008 (58): 258-279.

[34] McKenzie, David. Chinese Media Makes Inroads into Africa [OL] . CNN, 2012. 〈 http: //edition. cnn. com/2012/09/05/business/china-africa-cctv-media. 〉

[35] Negi, Rohit. Beyond the "Chinese Scramble": The Political Economy of Anti-China Sentiment in Zambia [J] . African Geographical Review, 2008, 27 (1): 41-63.

[36] Qian, Qiche. Ten Episodes in China's Diplomacy [M] . New York: HarperCollins, 2005.

[37] Prashad, Vijay. The Poorer Nations: A Possible History of the Global South [M] . London: Verso, 2012.

[38] Rosen Jay. Getting the connections right: public journalism and the troubles in the press [M] . Hillsdale, NJ: Erlbaum, 1996.

[39] Semetko, Holli and Valkenburg, Patti. Framing European politics: A content analysis of press and television news [J] . Journal of Communication, 2000, 50 (2): 93-109.

[40] Stevis Matina. Ethiopian Premier, a China ally, calls Beijing a model for U. S. on job growth [OL] . The Wall Street Journal, 2017. 〈https: //www. wsj. com/articles/ethiopian-premier-a-china-ally-calls-beijing-a-model-for-u-s-on-job-growth-1486065701. 〉

[41] Taylor, Ian. The Forum on China-Africa Cooperation (FOCAC) [M] . London: Routledge, 2011.

[42] Tembe, Paul. The Temptations and Promotion of "China Dream": Calling for Africa's Home-grown Rhetoric. Policy Briefing, August, Centre for Chinese Studies [OL] . Stellenbosch University, 2015. 〈http: //scholar. sun. ac. za/handle/10019. 1/99157. 〉

[43] Verhoeven Harry and Gagliardone Iginio. Opinion: China's positive

spin on Africa [OL] . CNN, 2012. 〈http: //edition. cnn. com/2012/12/18/opinion/china-media-africa-verhoeven-gagliardone/. 〉

[44] Wallerstein Immanuel. Semi-peripheral countries and the contemporary world crisis [M] . Theory and Society, 1976: 461-483.

[45] Wangalwa Elayne. Ehtiopia's impressive economic growth [OL] . CNBC Africa, 2014. 〈http: //www. cnbcafrica. com/news/east-africa/2014/08/20/ethiopia-emerging-market/. 〉

[46] Wang, Huan. Huang, Jianyuan and Wang, Wei. 2014. Analysis on the labour supply with the change of demographic, industrial and employment structure [J] . Population and Economy , 2014: 96-105.

[47] Wang, Hui. Depoliticized Politics, Multiple Components of Hegemony, and the Eclipse of the Sixties [J] . Inter-Asia Cultural Studies, 2006: 683-700.

[48] 王磊，胡鞍钢 . 经济发展与社会不稳定之间关系的实证研究——基于跨国数据的比较分析 [OL] . 中央编译局，2010. 〈http: //www. cctb. net/llyj/llsy/llwz/201002/W020100224356069538578. pdf. 〉

[49] Wasserman, Herman. China's "soft power" and its influence on editorial agendas in South Africa [OL] . Chinese journal of communication, 2015: 1-13. 〈http: //www. tandfonline. com/doi/full/10. 1080/17544750. 2015. 1049953. 〉

[50] Wekesa, Bob and Zhang, Yanqiu. Live, talk, faces: an analysis of CCTV's adaption to the African media market [J] . Stellenbosch University, 2014. 〈http: //www. ccs. org. za/wp-content/uploads/2014/05/CCS _ DP _ CCTV _ Bob _ Wekesa _ 2014 _ Format. pdf. 〉

[51] Wildau, Gabriel. China Migration: At the Turning Point [OL] . Financial Times, 2015. 〈https: //www. ft. com/content/767495a0-e99b-11e4-b863-00144feab7de. 〉

[52] Wonacott, Peter. China Inc. Moves Factory Floor to Africa [N] . The Wall Street Journal, 2014.

[53] Wu, Yu-Shan. The rise of China's state-led media dynasty in Africa [J] . South African Institute of International Affairs. Occasional Paper No. 117, 2012. 〈http: //www. saiia. org. za/images/stories/pubs/occasional _ papers _ above _ 100/saia _ sop _ %20117 _ wu _ 20120618. pdf. 〉

［54］Xi，Jinping. Strengthen the foundation for pursuing peaceful development. Xi Jinping：the governance of China ［M］. Beijing. Foreign Language Press，2014：271-273.

［55］Yan，Hairong and Barry Sautman. "The Beginning of a World Empire"? Contesting the Discourse of Chinese Copper Mining in Zambia ［J］. Modern China，2013：131-164.

［56］Yick，Ronald. Chinese "soft power" expands in Africa with CCTV ［OL］. Global Voices，2012. 〈https：//globalvoices. org/2012/09/23/chinese-soft-power-expands-in-africa-with-cctv/. 〉

［57］Zhang，Ning. CCTV opens Africa office in Kenya. CCTV，2010. 〈http：//english. cntv. cn/program/newsupdate/20101126/103373. shtml. 〉

［58］Zhang，Xiaoling. How ready is China for a China-style World Order? China's state media discourse under construction. School of Contemporary Chinese Studies ［OL］. The University of Nottingham，2013. 〈https：//www. nottingham. ac. uk/cpi/documents/working-papers/working-paper-8. pdf. 〉

［59］Zhang，Xiaoling，Wasserman Herman and Mano Winston. China's media and soft power in Africa：promotion and perceptions ［M］. Hampshire and New York：Palgrave Macmillan，2016.

［60］Zhang Yanqiu. Understand China's media in Africa：from the perspective of constructive journalism ［OL］. CMI：CHR. Michelsen Institute，2014. 〈https：//www. cmi. no/file/2922-. pdf. 〉

［61］Zhang，Yanqiu and Wekesa，Bob. Live，talk，faces：An analysis of CCTV's adaption to the African media market ［J］. Stellenbosch University，2014.

［62］Zhang，Yanqiu，Matingwina，Simon. Constructive journalism：a new journalistic paradigm of Chinese media in Africa. Xiaoling Zhang，Herman Wasserman and Winston Mano (eds)，China's media and soft power in Africa：promotion and perceptions ［M］. Hampshire and New York：Palgrave Macmillan，2016：93-106.

［63］张子竹．在埃塞俄比亚的中资鞋厂里上班的非洲人［OL］. Da Feng Hao. 2017. 〈https：//wemedia. ifeng. com/10741088/wemedia. shtml. 〉

［64］Zhao，Yuezhi. The Life and Times of "Chimerica"：Global Press

Discourses on U. S. -China Economic Integration，Financial Crisis，and Power Shifts [J]. International Journal of Communication，2014：419-444.

【通讯作者】相雨：博士，上海大学新闻传播学院讲师；赵欣妤：上海大学新闻传播学院硕士研究生；张晓星：加拿大西门菲莎大学传播学院博士候选人。

稿件收录时间：2019年7月

另类的"政治菜鸟"
——美国主流媒体中特朗普的形象建构

赵士林　张亚琼　郭宁

摘要：特朗普在大选期间打着"美国优先"的旗号通过推特即兴发言，在移民、妇女、全球化等问题上不断发表挑衅性的声明，是美国总统选举历史上最具有争议和热度的候选人。本文以2016年美国总统选举结果揭晓前后共两周的纽约时报、洛杉矶时报和华盛顿邮报有关特朗普的报道为研究资料，重点考察了媒体对于特朗普的形象结构。研究发现，美国媒体对特朗普的报道以中性和负面为主。作为另类的"政治菜鸟"，特朗普被建构为传统秩序和道德的破坏者，同时又是一个民粹主义的胜利者。

关键词：特朗普　美国主流媒体　形象　建构

引言

2016年的美国总统共和党候选人特朗普以一种反常规的、区别于以往所有候选人的形象出现在全世界的视野中。身为商业巨头的特朗普口无遮拦、不断发表"政治不正确"的挑衅性言论，在意识形态方面"扮演"了一个不折不扣的"民粹英雄"。他在Twitter即兴发言的方式以及"美国优先""让美国再次伟大"的竞选口号也吸引了大量底层人群的注意，也成为历史上最不受美国媒体欢迎的总统候选人。英国学者布拉勒姆和卡瓦纳有关政治传播的第三个时代的断言[①]能够很好地解释特朗普现象：在一个媒介富余的时代，反精英的民粹主义盛行，公民对政治传播的反应也更加多变和不稳定。

① Jay G. Blumler and Dennis Kavanagh, "The Third Age of Political Communication: Influences and Features", Political Communication, vol 16, no. 3, 1999, pp. 209-230.

新闻天生的公共性特征，成为人们认识世界、理解世界的必不可少的框架。新闻媒体报道除了反映既有的社会文化，也提供协商性的价值规范的场域。新闻专业主义及在此指导下进行的新闻叙事展现了新闻机构的公共性与社会建构的属性。但是面对特朗普的即兴发言和“政治不正确”，美国主流媒体出现了一面倒的现象。《纽约时报》记者吉姆·路滕伯格如此评价本次总统竞选中集体沦陷的美国主流媒体：“在过去的一个月中，他们不再是记者，似乎成了啦啦队员。他们自己先得出结论，然后到处寻找证明希拉里大概率取得胜利的证据。”但是竞选结果并没有按照媒体的愿望进行，尽管特朗普在大选中获得选民的票数少于自己的竞争对手希拉里，但是凭借足够的选举人票当选2016年的美国总统。

长期以来，西方新闻界在竞选报道奉行“去政治化”“去意识形态化”“去党派化”的方针，把新闻的客观性原则和中立性原则奉为圭臬。媒介作为与公众沟通、社会启蒙、政治运作不可分割的重要领域，在维系和传播核心价值观中发挥着不容忽视的作用。因此，以往有关竞选报道的研究，无论是媒体报道的议程分析、媒体报道的框架分析还是媒体报道的效果分析，考察的重点主要是报道的专业性、中立性和平衡性。近些年来，越来越多的学术研究批评大众媒体对选举活动的报道对选民没有任何帮助。

特朗普共和党内强硬的对手不仅仅指责他威胁美国的利益，而且指责他违背了基本的美国价值观——围绕他呼吁禁止所有穆斯林进入美国以及其他形式的言论展开。特朗普的性格、政策主张和竞选言辞以及他的亲密顾问的分裂观点在报道中被格外突出地呈现，塑造了一个打破常规的“另类代表”。正如赫伯特．阿特修尔（J. Herbert. Altschull）所说，“对根本目标和价值发出挑战的情况极其罕见”。这种强烈的维护意识背后，是美国媒体意识形态在起作用。作为一定团体中所有成员的共识，思想、信仰、价值、意识形态是这个团体中每个成员对周围世界以及团体本身的基本认知，反映了该团体的利益取向和价值取向，直接映射在新闻报道或所制作的节目中，而其背后，起决定作用的，则是媒体控制人的价值观和利益诉求。

价值观是人们关于社会关系的判断，是一个价值认同体系，其中反映最基本的、需要长期稳定的社会关系的就是核心价值观。价值观具有相对稳定性和持久性，如塞缪尔·亨廷顿所言，美国人在种族、宗教、文化等方面存在显著的多样性，但是也有主导其社会方向的主流价值观：新教伦理、启蒙思想和美国建国中形成的边疆精神，其核心是平等、自由和个人奋斗。“自由、民主、人权、精英统治”一直是美国意识形态的核心价值，这种核心价值有利于巩固一个由美国领导的全球秩序以确保美国的安全和利益。

特朗普在意识形态上显示出突出的民粹主义和单边主义，在总统选举过程中口无遮拦地侮辱妇女，同时表现出对伊斯兰民族直白的仇视和对美国老兵公开的不敬。这些极富有争议的话题超乎了自 1970 年代以来由美国左派政治家、媒体与学术界发展出来，并被默认为标准的“政治话语体系”[①]。作为美国核心价值观的捍卫者，传统报纸本质上是精英利益的维护者。特朗普的偏激言论违反了美国的主流价值观和精英利益，传统媒体必然进行反击，这就使得美国新闻业偏离了“民主看门狗”的核心角色。传统媒体打破了近百年不为候选人背书的传统，纷纷公开呼吁读者支持希拉里。面对这样的一个“异类”，作为新闻专业主义的起源之地的美国媒体在此次选举报道中陷入一种困境：对特朗普的报道媒体如何做到公正客观？相关的报道如何平衡媒体的专业取向和价值取向？媒体建构特朗普的形象如何“真实”？

媒体如何报道特朗普及其政治主张，体现了处在认知困境中的记者对新闻专业主义的再思考，折射出美国主流社会的价值观，影响着美国大众对于该候选人的认知。甘斯指出新闻工作者是社会的道德守护人，新闻机构通过报道公众人物及机构如何违反社会上被广泛接纳的道德观念，社会上显存的道德观念会得到强化[②]。本文选择了 2016 年美国总统大选结果揭晓日 11 月 8 日为中心点，以结果揭晓前后共两周即美国时间 11 月 1 日至 15 日期间“纽约时报”“洛杉矶时报”“华盛顿邮报”三家美国知名媒体（线上新闻官网）中有关特朗普的新闻报道作为分析对象，共收集 982 篇报道。剔除其中纯评论性质的文章，得到了供分析的文本为 742 篇。这三份报纸是美国具有影响力和代表性的报纸，三份报纸以良好的权威性、公信力和新闻声誉而著称，三份报纸都在近几年获得普利策奖。

一、媒体报道的议题及话语分析

（一）媒体报道的议程分析

议程设置理论可以追溯到 1963 年科恩（Cohen）在《新闻界与外交政策》

---

① 胡瑛，陈力峰．美国总统大选的新媒体传播策略［J］．新闻战线，2016，8（15）：142-145.

② ［美］赫伯特·甘斯．什么在决定新闻［M］．石琳，李江涛，译．北京：北京大学出版社，2009.

这本书中的一段话：很多时候，媒介也许在告诉人们“怎样想”（what to think）方面都不大成功，但在告诉读者去“想什么”（what to think about）方面却惊人地成功。麦库姆斯认为“议程设置”理论之所以能够不断获得发展并建立一个日益完善的学术图谱，是因为议程设置理论能够吸纳并完善一些相关的传播概念和理论，其中包括授予地位、形成刻板印象、建构形象，涵化分析以及沉默的螺旋理论也可以看成是议程设置理论的补充①。

在广泛阅读的基础上，围绕着竞选和候选人的活动来挖掘分类的词汇和主题，最终将议题分为性格、政府管理、意识形态、社会政策、公民自由、外交事务和赛马7个议题。(1) 性格是指特朗普以及团队的性格，暗示着积极的特点（例如，编码词汇包括“勇气”“诚实”“信任”“自信”“领导”）和消极的（如“傲慢”“狡猾”“粗鲁”“指控”“软”），以及与候选人有关的具体丑闻（如“性侵”“侮辱”“偷税”）。(2) 政府管理包含了与一般国家治理、国际有关的所有经济、军事问题的讨论（例如，编码词包括“工作”，“通货膨胀”），包括联邦预算和赤字（例如：“债务”“政府关门”“赤字”）、税收、金融利益（如“美联储”“优惠利率”）和贸易协定。(3) 意识形态是建立在强调意识形态的修辞学基础之上的，因此，包括了资本主义、保守派和自由主义者等议题的讨论。编码词汇包括“左”和“右”，以及党派性。(4) 社会政策关注和讨论的是更广泛的社会问题，包括了医保议题和环境议题的相关讨论，以及更广泛意义上的教育、移民、枪支管理、毒品等社会议题。(5) 公民自由主要讨论的问题，包括个人权利、道德和伦理，包括堕胎（例如，编码词包括“亲生命”“支持堕胎”）、“同性婚姻”、“安乐死”和“枪支管制”（如“攻击性武器”“枪支”）。虽然这些问题肯定具有社会政策含义，但它们被列为单独的类别，因为竞选话语主要集中在个别公民的行为上。(6) 外交事务包括所有涉及美国外国利益的话题，如中东的危机（例如，“伊斯兰国”“巴勒斯坦”）、“巴尔干”和“波斯尼亚”，以及与墨西哥、欧盟、中国、韩国和以色列的关系。(7) 选举活动包含了所有关于竞选活动的讨论，包括初选、会议、投票（例如，编码词汇包括“登记选民”“边缘”“调查”）、选举团和专家（如“势头”“人气”“领跑者”“滑坡”）。

---

① [美] 麦库姆斯著．议程设置：大众媒介与舆论 [M]．郭镇之，徐培喜，译．北京：北京大学出版社，2010：104-105.

表 1　特朗普报道的议题构成

议题	频数	百分比	累计百分比
社会政策	249	33.6	33.6
政府管理	144	19.4	53.0
性格	111	15.0	68.0
公民自由	78	10.5	78.5
外交	64	8.6	87.1
意识形态	30	4.0	91.1
赛马	27	3.6	94.7
其他	39	5.3	100.0
合计	742	100	

就具体的议题来看，社会政策、政府管理、性格和公民自由占据了整个新闻的主体部分，其中有关社会政策的报道占据了报道量的三分之一，是媒体最关注的议题。

1. 性格和公民自由议题

性格和公民自由这两个议题相关的报道集中讨论了美国社会中重新涌现的种族歧视、LGBT 人群的权力，以及女性堕胎权利等问题，报道关注特朗普本人的个性道德，如特朗普侮辱性侵女性的行为、作为商人的偷税行为、深陷官司等。

特朗普对移民一直持强硬态度，竞选期间，特朗普便誓言“禁止所有穆斯林进入美国”，主张在美国墨西哥边境修建“隔离墙”，墨西哥移民大多是“毒贩”和“强奸犯”，上台后兑现竞选承诺，采取一系列强硬的移民政策，打击非法移民，在美国社会引发巨大争议。特朗普胜选之后，《纽约时报》马上发文，称特朗普以惊人的反建制之道当选总统。《华盛顿邮报》认为特朗普当选美国总统造成了社会分裂，“法西斯主义”、“偏执狂”和“仇外者”等词成为《韦氏在线词典》中搜索量最大的词汇，紧随其后的是“种族主义”“社会主义”“复兴”“仇外”“厌女症”。

2. 社会政策和政府管理议题

社会政策和政府管理这两个议题集中讨论了健康与医疗保险、计划生育政策、税收政策和贸易政策等议题。在社会政策和政府管理的相关议题中，特朗普被框架成为一个政治菜鸟，他不熟悉美国的政治管理，反对自由贸易，冲击奥巴马相关“遗产”，质疑美国长期联盟的价值，并称赞普京是一个强有力的领导人。

与竞选对手希拉里这个“政治老手”的对比，无论是政治理念还是从政经验，特朗普都显得很不成熟。媒体也抓住各种机会，在政府管理议题上把特朗普塑造成一个“政治素人”，并暗示特朗普的政策将会给社会造成灾难性的后果。《纽约时报》在选举前社评中力撑希拉里当总统，在报道中称赞她有深厚的政治和政策经验（deep political and policy experience），而她的对手特朗普则被指政纲空泛，只会开空头支票，直斥特朗普为“美国近代史上最差的总统”（worst US presidents ever）。《华盛顿邮报》报道希拉里将加大对基础设施的投资，帮助减轻学生贷款负担，并扩大负担得起的医疗服务，而特朗普的主要政策理念是为富人减税，这是一贯失败的涓滴经济（Trickle-down economy）的重演。他计划对进口商品征收高额关税，这将引发一场贸易战，导致大量工作岗位流失。他誓言废除《平价医疗法案》，这可能会让多达2000万人失去医疗保险。

（二）媒体报道的话语分析

“white”一词也在高频词前30中，多篇新闻报道了白人至上主义者高举带有种族主义色彩及印有纳粹标志的旗帜，参加大规模的集会活动与反对者发生冲突，特朗普并未立即直接谴责白人至上主义者，报道称因为特朗普深知他就是白人至上主义的最大受益者，而正是这骨子里具有的白人至上主义，撕裂了美国社会，导致美国社会的尖锐对立与冲突。《洛杉矶时报》将特朗普的移民政策称为“制造恐怖”，“‘特朗普会修墙！’男人们喊道，在人们的眼中看到了一种多年未见的恐怖。”“特朗普获胜的消息传出后，一波又一波的震惊情绪在拉美裔人中蔓延开来，接着是一种原始的恐惧。”特朗普曾把墨西哥移民形容为罪犯，蔑视一名墨西哥裔美国法官，并承诺取消一项保护近80万人免遭驱逐的计划。自周二特朗普当选总统以来，美国各地数千人在恐惧和愤怒的驱使下（spurred by fear and outrage）走上街头，举行了基本上非暴力的抗议活动（non-violent protests）。“California”一词同样在高频词前30中，加州的移民政策是全国最自由的，已经允许他们获得驾照、儿童健康保险和州内学费，加州和特朗普在非法移民问题上发生冲突，《华盛顿邮报》报道了周四，特朗普当选的第二个晚上，数千名抗议者聚集在全州的城市，谴责特朗普领导的美国的想法，并高呼：“不是我的总统!”在社交媒体上发布“今天，我们醒来时感觉就像陌生人在异国他乡。”因为移民政策，特朗普被加利福尼亚州的人权活动家起诉，高呼要使加利福尼亚独立成为自己的国家。《洛杉矶时报》呼吁“不，加州人，你们不能脱离联邦，也不能搬到加拿大，这个国家属于你们。”将特朗普描绘为国家分裂制造者，而报纸本身则是站在民众一边共同抵抗这位国家“罪人”。

《华盛顿邮报》报道，与伊斯兰国和基地组织都有关联的社交媒体网站也称赞特朗普的成功，称这是美国“黑暗时代”（dark times）的开始，标志着国内动荡和新的外国军事行动，这些行动将削弱美国超级大国的实力。同时在报道中有意“替民众发声”称特朗普当选总统的前景引发了人们的迫切担忧，担心这个“任性的疯子”（egotistical maniac）、“妖怪”（bogeyman）带给这个国家的法西斯主义倾向。“法西斯主义”在全部文本中共出现20次，但全部高频关键词均有意指向特朗普“法西斯主义者”的形象建构。

在新闻研究领域，甘斯在研究美国媒体所蕴含的价值观时，提出将新闻中难以甄别的价值分为“话题性”（topical）与“恒久性”（enduring）这两种类型的价值。传统的新闻学强调新闻的客观性，认为新闻价值原本就附着于新闻事件上，是新闻事件的特质，记者只能根据这些特质来选择新闻。然而，后来的研究发现，媒介组织、意识形态、记者主观因素等都会影响特定新闻事件的报道，许多学者从诠释社会学的角度主张新闻报道与新闻价值都是记者建构出来的。Tuchman指出，新闻是主、客观辩证关系中产生出来的社会真实。新闻价值即是记者合理化新闻选择的工具，个人和组织利用媒介建构社会事件，通过对新闻报道事实的界定、选择、强调或省略来重新定义事件的意义，使得本来杂乱无章的社会事实变得条理化、秩序化和规范化。

美国主流媒体在有关特朗普的报道中，通过隐喻、引语、反讽甚至直抒胸臆的方式表达自己的立场，形塑了特朗普一系列“政治不正确”的行为，同时不断提醒公众特朗普的这种行为是对整个美国价值的冲击，“在此之中新闻文本中的隐喻，及物性、主被动语态、词汇以及衔接手段等内容都成为新闻媒介架构报道的元素”[①]。

隐喻作为修辞工具，承担着“描述性隐喻”的客观描述功能和“评价性隐喻”的解释功能。媒体报道中多篇报道直接或者间接将特朗普比作“阿道夫·希特勒”，如“一名海湾区的教师在将特朗普与希特勒进行比较后被停职”、“一位大屠杀学者将唐纳德·特朗普比作希特勒”、德国人对特朗普和希特勒进行对比是怎么想的？“不要选择唐纳德·特朗普（Donald Trump），否则你将拥有自己的阿道夫·希特勒（Adolf Hitler）”等。这样的表达通过将特朗普与希特勒两者进行联系，体现出传播者的“修辞意图”，构成了一种新的、更广泛的意识形态批评与正义伸张。在这些报道中，媒体将希特勒与特朗普的众多特点进行联系，将其隐喻为十恶不赦的民粹主义者、种族主义者，一个善于摇唇鼓舌 ，通过察言观色来煽动群众的心理的投机者。不仅如此，媒体在报道中还将特朗普计划在墨西哥边界建墙与代表着德国纳粹时期民族分割与伤痕的“柏林墙”进行类比。

转述话语（reported discourse ）即直接引语与间接引语，作为新闻语篇中的核心，它在新闻文本中的作用是文本内容职业规范更加突出，增强报道的真实感，显示报道的客观性，使读者确信报道者并未掺杂个人观点[②]。新闻文本将不同个体的直接引语的运用，更多的声音被纳入话语场域，扩展了话语的对话空间，也从某种程度上增加了报道的真实性和平衡[③]。在大选报道中，大多数引自受害者、抗议者以及反对他们的专家，而对特朗普的引用极少。选择特朗普影响下受害者如少数族裔作为主要的消息来源，是站在弱势群体立场表达其诉求，体现了话语建构主体的价值取向。公共叙事中穿插了大量的本体（个人）叙事，均直接引语或间接引语的形式呈现，其中直接引语居多。

标题对新闻内容的核心概括，和导语一起统括了新闻报道的主题。通常情况下，标语题目简明扼要地反映了新闻报道的核心内容，是新闻内容的集中和概括。使用反讽性的标题以及“正词反用”，如“特朗普的经济处方，首

---

① FAIRCLOUGH，N. DISCOURSE AND SOCIAL CHANGE [M]. CAMBRIDGE：Polity Press，1992.

② 辛斌．新闻语篇转述引语的批评性分析 [J]．外语教学与研究，1998 (2)：11-16.

③ Volosinov V N. Marxism and the Philosophy of Language [M] // Logic and the philosophy of language /. Cambridge University Press，2013：509-559.

先就是伤害”“随着特朗普建立起自己的团队，右翼获得了自己的未来蓝图”“在唐纳德·特朗普时代如何拯救地球?”“梵蒂冈祈祷上帝‘启迪’唐纳德·特朗普”“特朗普赢得了全美各地学生的抗议和抗议活动”，突出巨大的冲突与矛盾感。有的标题则直接表达观点或立场，如“今年媒体决定可以称呼一个总统候选人一个彻头彻尾的骗子”“特朗普到底知不知道如何阅读一篇收益报表?”“纽约时报想要您了解一件关于特朗普的事情：他是不牢靠的”。这些标题通过语篇的宏观策略，既概括和暗示了新闻主题，又向读者传递了隐藏在文本的总体倾向和价值判断。

二、媒体建构的特朗普形象分析

框架（frame）概念发源于认知心理学领域，英国人类学家贝特森（Gregory Bateson）最早采用了框架概念，认为人们依赖主观认知的不同面向看待事物，不同框架会唤起受众对相关事物的不同认知。高夫曼（Goffman）是较早且较具影响力地明确提出框架概念的学者之一，在其1974年出版的《框架分析：一种经验组织论》一书中将框架解释为“提供理解经验事件意义的惯例和原则，通过这些惯例和原则，认知被组织成基本的社会和自然框架”。①

新闻框架提供了一个范式，用以指导记者采集事实，引用其他新闻故事的要素进入一个新的故事，以及对观众的解读的导向。从概念上来说，框架是基本的认知结构能够引导认知并呈现现实。新闻框架能够集中组织“新闻文本的中心思想”（Tankard，2001）②，提供上下文并“通过使用选择，强调，排斥和细化”提出议题，作为最重要的新闻文本的特征③（Entman，1991；Pan &Kosicki，1993）。在记者工作的过程中能够对信息进行快速选择、分

① Goffman，E.（1974）：Frame anlysis：an essay on the organization of experience，Masschussets：Havard university press，p. 242.

② Tankard，James W. Communication theories：[M]．Addison Wesley Longman，2001.

③ Zhongdang Pan，Gerald M. Kosicki. Framing analysis：An approach to news discourse [J]．Political Communication，1993，10（1）：55-75.

类、包装并将它有效传递给他们的观众（Gitlin，1980）[①]，因此框架能够帮助受众“定位、感知、识别和标签信息的流通”（Goffman，1974），为受众提供标准去判断政治候选人，评估政治的意义和目的（Iyengar，1991；Iyengar& Kinder，1987）[②]。媒体通过对特定负面取向信息的强调，暗示特朗普应该为这些负面后果负责，从而把特朗普塑造成社会失序的引火者。媒体报道中有关特朗普风流艳史的八卦新闻，有关人权、宗教的集中讨论，都不断质疑特朗普的道德标准。而面对特朗普的“乱拳打死老师傅”的竞选活动和过激言论，媒体也显得无可奈何，甚至形成了一种自我怀疑和自我否定的话语，认为特朗普是一个“民粹主义”的胜利者。

1. 社会失序引火者——特朗普

本文同时对消息取向和情感/口吻取向进行了研究。在消息取向上，报道信息的每一部分都被评估，涉及可能对美国社会的好消息或坏消息，或者是对新闻中提到的某一特定政策的命运的好消息或坏消息，以及对特朗普团队或共和党的帮助或伤害程度的判断。

表 2　消息取向

		Frequency	Percent	Valid Percent	Cumulative Percent
Valid	中性	468	63.1	63.1	63.1
	负面	262	35.3	35.3	98.4
	正面	12	1.6	1.6	100.0
	Total	742	100.0	100.0	

其中，负面消息占所有报道比例的35.3%，主要内容包括特朗普竞选所引发的全国性的游行抗议、地区性的混乱以及种族歧视等，社会失序是美国报纸在这一段时间的关注点。美国新闻媒体通常对社会失序新闻保持着强烈的兴趣，关注非暴力与非政治性示威。主导国内社会失序新闻的活动主要是种族骚乱以及反战游行、示威和“破坏”。从某种角度来看，游行和示威都是

① Gitlin T. The whole world is watching：mass media in the making & unmaking of the New Left：with a new preface［J］. Foreign Affairs，1980，98（4）.

② Iyengar S，Kinder D R. More Than Meets the Eye：TV News，Priming，and Public Evaluations of the President［J］. Public Communication & Behavior，1986：135-171.

抗议活动，但新闻几乎总是将它们看作对于社会秩序的潜在或实际的威胁。“暴力”，以及麻烦，都被看成反对建制内的法定权威的行为。期间大量的公共秩序以及可能卷入针对生命或财产的暴力或暴力威胁的活动被广泛报道，部分新闻文本将特朗普认定为失序行为负责人。

正面消息所占比例仅为1.6%，这些报道主要关注了金融行业在特朗普当选后各项指数的回暖，以及部分中下层蓝领由于特朗普的当选对未来经济形势充满希望。大部分的报道为特朗普在政治、经济、环境生态、科技、国际关系、社会领域所做出的改革的客观事实的陈述，所占比例为63.1%。

在报道的情感取向上，多数报道为客观性的描述议题，中性所占比例为73.3%，而带有负面情感/口吻的文章所占比例26.3%。这些负面情感的报道多集中于对于特朗普本人的个性、做事原则相关的报道，而带有正面的情感的报道仅为0.3%，这些报道所关注的是特朗普新政对社会经济带来好的转机。

2. 道德失序者

媒体在塑造任何社会、政治领袖或人物形象方面扮演着重要的角色。有美国学者认为，政治领袖的形象塑造在很大程度上是建立在国家意识之上的新闻报道上。长期以来，媒体对政府官员、总统、白宫感兴趣，因为它们象征着一个国家的凝聚力以及社会稳定。

在对特朗普竞选以及新政的相关报道中，社会、政治、经济、文化领域的报道所占比例分别为43%、31%、10.2%、0.7%，特朗普所引起的社会动荡和“特朗普新政”是报道的重点。同时值得关注的是，有关特朗普八卦性质的报道所占比例为13.2%，集中于侮辱、性侵女性丑闻，商人身份的协调，个人深陷官司，妻子以及子女的绯闻等，此类消息多为负面的道德失序消息。

表3　报道领域

		Frequency	Percent	Valid Percent	Cumulative Percent
Valid	社会	319	43.0	43.0	43.0
	政治	230	31.0	31.0	74.0
	八卦	98	13.2	13.2	87.2
	经济	76	10.2	10.2	97.4

续表

其他	14	1.9	1.9	99.3
文化	5	0.7	0.7	100.0
Total	742	100.0	100.0	

在报道的价值取向上，Shah和他的同事提出了一种不同的方法来将价值观划分为子类别，政治精英所使用的两套价值观来证明他们的政策立场是正确的：道德价值观，在话语中往往最为明显表现为关于权利、道德和基本原则；物质价值，在经济学、语用学和实践性的讨论中经常表现出来。他们认为记者是在权利与道德的语言中或者经济学和语用学，或两者建构政策辩论，以简化新闻制作，并使信息向更广泛的公众传播。关注了论据是否支持以“人权和价值观”的框架（ethical frame human rights and values），或以“物质价值和实用性”（material frame financial value and practicality）为基础的价值取向。

表4　价值取向

		Frequency	Percent	Valid Percent	Cumulative Percent
Valid	物质价值和实用性	298	40.2	40.2	40.2
	个性道德	242	32.6	32.6	72.8
	人权和价值观	150	20.2	20.2	93.0
	其他	52	7.0	7.0	100.0
	Total	742	100.0	100.0	

对某一问题赋予价值性解释时，考虑的是人权、公民权利、宗教道德或个人道德，突出是非感。个人对某一问题做出物质性解释时，考虑到的是在经济、权宜之计和实际情况下对社会的实际关注，即有关团体或个人自身利益的实际问题。与社会失序一样，道德失序新闻也往往成为新闻媒介关注的重点，尤其是出现在总统候选人和政府官员身上，在这种情况下，新闻媒体变成了道德秩序的守护者；结果是，即便记者并不是在挖掘道德失序新闻，他们也还是被看作秩序的代表。

3. 民粹主义的胜利者

在本文中，我们通过“平台/政治”议题（platform/political Issues）和

"个性/能力/形象议题"(character/competence/image Issues)来考察美国媒体在总统选举上的报道范围。"平台/政治"议题被定义为竞选活动的实质性问题，例如候选人所选择的平台议题，以及候选人对过去、当前或未来政策问题的立场。"个性/能力/形象议题"倾向于刊登更多关于候选人性格的故事而不是总统候选人政治议题上所做出的决策。

《纽约时报》刊登了一篇题目为"特朗普时代来临，如何保持心理健康"的充满谩骂，极其讽刺、戏谑的报道，开头为"Well, wow. We've got a president-elect who a great many Americans regard as the spawn of Satan(撒旦之子). A dimwitted(愚蠢的), meanspirited(心胸狭隘的)spawn embodying the nation's worst flaws(缺陷), failings(失败)and nightmares(噩梦)."同时列举了"为特朗普当选总统做心理调整的10个步骤"。整个文本尽失严肃政治报道之风，颇具小说与魔幻主义色彩。多篇报道还采用如下句式"This country has elected a president who, during the campaign, demonstrated outright misogyny(厌恶同性恋), homophobia(恐同性恋), xenophobia(仇外心理), nationalism(民族主义), racism(种族主义)and authoritarian(独裁主义)tendencies."引用希拉里的支持者和特朗普的反抗者的语言为特朗普"画像"。

表5　框架

		Frequency	Percent	Valid Percent	Cumulative Percent
Valid	平台和政治议题	405	54.6	54.6	54.6
	个性/能力/形象议题	294	39.6	39.6	94.2
	难以判断	43	5.8	5.8	100.0
	Total	742	100.0	100.0	

与特朗普相关的报道在"平台和政治议题"和"个性/能力/形象议题"分别有54.6%和39.6%。事实上，由于特朗普本身在竞选中通过打破常规的政治路线，如他反对堕胎，但同时认为"计划生育"(planned parenthood)项目让数百万女性受益；他支持经济民族主义，反对共和党长期坚持的自由贸易观念，要求废除美国签订的区域贸易协定，保护美国的就业机会不被其他国家夺走；他还攻击华尔街和大银行，说它们剥削了人民却几乎完全不缴税，因而他不愿放松对金融行业的管制。特朗普最鲜明的主张体现在他对非

法移民的态度上，他指责非法移民摧毁了美国，要求墨西哥出钱在美墨边境修筑一道隔离墙，还要求禁止穆斯林进入美国。虽然特朗普的意识形态算不上十分保守，但他在许多单一议题上态度却非常极端，因而在新闻报道上，美国媒体也对特朗普的政治决策和施政方针进行大篇幅的报道。

对于美国来说，一场总统选举往往是媒体报道的狂欢，特朗普激进的政治见解成功地消解了社会政治和娱乐的界限。“民粹主义在美国的政治历史上的出现是建立在对经济体制或者政治体制不满的基础上的”①，特朗普大选期间利用美国民众的不满情绪，打着“美国优先”的旗号通过 Twitter 即兴发言，在移民、恐怖主义、全球政治、医保等问题上不断制造撕裂性的对立。特朗普后来甚至把主流媒体也变成自己的对立面。他利用争议，通过挑衅性的声明赢得了更多的社会注意，把自己成功塑造成一个民粹主义的英雄并最终赢得了选举。媒体在报道特朗普的行为时，甚至形成一种自我否定的话语：发生在特朗普身上的很多事情对于“正常的美国总统”甚至“正常人”都是不可想象的，但是因为遇到了特朗普这个“疯子”，一切都不需要再解释。

结语

尽管新闻界将保持客观性当作信仰，但无论实际的经验性工作能在多大程度上保持价值中立，或者记者所谓的“超然”，新闻从业者与社会学家最终都无可能在事件中彻底地排除价值或者避开价值暗示。由于新闻从业者在大多数情况下并不会故意将价值插入新闻之中，这些价值必须通过“推断”的方式才能获得。记者从事专业实践，但是由于与普通人一样，新闻从业者也无法离开价值行事。

实际上，由于新闻以一种高度“拟人化”的方式来构想国家和社会，即认为它们是怀有意志并且是由各类的道德凝聚在一起的，社会秩序才得以维系，因为它根植于道德价值，而背离这些价值就会一步步走向政治与社会的瓦解。归根结底，尽管社会和道德负面报道无论是在主题还是报道对象方面都有所不同，但鉴于二者之下的价值并无二致；简言之，社会负面报道负责监测公民对权威的尊重程度，而道德负面报道则用于衡量权威人物是否遵从

---

① ［英］保罗．塔格特．民粹主义［M］．袁明旭，译．长春：吉林人民出版社，2005：58.

平民大众的规则。

特朗普作为一个异类的“政治菜鸟”是一种偶然性的现象，还是一个新的时代的到来，媒体的自身变革以及“后真相时代”的来临是否会对美国总统选举活动及主流媒体选举报道产生颠覆性的影响，还需要进一步观察。

【通讯作者】赵士林：上海大学新闻传播学院教授；张亚琼、郭宁：上海大学新闻传播学院研究生。

稿件收录时间：2019年5月

图书在版编目（CIP）数据

世界传媒产业评论.第13辑 / 吴信训主编. —北京：中国国际广播出版社，2019.11
ISBN 978-7-5078-4578-5

Ⅰ.①世… Ⅱ.①吴… Ⅲ.①传播媒介－产业经济学－世界－文集
Ⅳ.①G219.1-53

中国版本图书馆CIP数据核字（2019）第237398号

世界传媒产业评论（第13辑）

主　编	吴信训
责任编辑	杜春梅
版式设计	国广设计室
责任校对	张　娜
出版发行	中国国际广播出版社［010-83139469　010-83139489（传真）］
社　址	北京市西城区天宁寺前街2号北院A座一层
	邮编：100055
网　址	www.chirp.com.cn
经　销	新华书店
印　刷	环球东方（北京）印务有限公司
开　本	710×1000　1/16
字　数	270千字
印　张	15.5
版　次	2019年11月 北京第一版
印　次	2019年11月 第一次印刷
定　价	58.00元

CRI 中国国际广播出版社 欢迎关注本社新浪官方微博 官方网站 www.chirp.cn